Linda, Sexy e Rica!

Prezado leitor,

Queremos saber sua opinião sobre nossos livros. Após a leitura, acesse nosso site (www.editoragente.com.br), cadastre-se e contribua com sugestões, críticas e elogios.

Boa leitura!

Norma Sit

Linda, Sexy e Rica!

Atitudes e
estratégias para
ter **MUITO**
dinheiro durante toda
a sua vida

Tradução
Sally Tilelli e Ingrid Schlindwein

Gente
editora

Gerente editorial
Alessandra J. Gelman Ruiz

Editora de Produção Editorial
Rosângela de Araujo Pinheiro Barbosa

Controle de Produção
Adriane Aoqui de Sousa

Produção Editorial
Sieben Gruppe Serviços Editoriais

Projeto Gráfico e Diagramação
Cissa Tilelli Holzschuh e Sally Tilelli

Tradução
Sally Tilelli e Ingrid Schlindwein

Preparação de Texto
Renata Truyts

Revisão
Cissa Tilelli Holzschuh

Capa
Ine Nakamura e Nelise Cardoso | Estúdio Nine

Ilustração da capa
Sérgio Ribeiro Lemos (Seri)

Impressão
Paulus Gráfica

Título original: *Gorgeous, sexy and rich*

Rua Pedro Soares de Almeida, 114
São Paulo, SP - CEP 05029-030
Tel: (11) 3670-2500
Site: http://www.editoragente.com.br
E-mail: gente@editoragente.com.br

Dados Internacionais de Catalogação na Publicação (CIP)
(Câmara Brasileira do Livro, SP, Brasil)

Sit, Norma

Linda, sexy e rica! : atitudes e estratégias para ter muito dinheiro durante toda a sua vida / Norma Sit ; tradução de Sally Tilelli e Ingrid Schlindwein. -- São Paulo : Editora Gente, 2011.

Título original: Gorgeous, sexy and rich.
ISBN 978-85-7312-731-7

1. Assertividade (Psicologia) 2. Autorrealização (Psicologia) em mulheres 3. Mulheres - Conduta de vida 4. Mulheres - Finanças pessoais 5. Mulheres - Guias de vida I. Título.

11-01098 CDD-332.0240082

Índices para catálogo sistemático:
1. Mulheres : Finanças pessoais : Economia 332.0240082

Sumário

Prefácio

As mulheres de hoje dispõem de muito mais oportunidades que nossos antepassados poderiam imaginar. Diferente de antigamente, agora podemos nos tornar astronautas, corretoras de bancos de investimentos, CEOs de multinacionais comandando bilhões de dólares em recursos, primeiras-ministras ou presidentes de países, ou felizes arquitetas e engenheiras. Com educação e mente aberta, uma mulher pode ir longe. Nós podemos sonhar e tornar nossos sonhos realidade.

Vivemos em uma era na qual um em cada três ou quatro casamentos está fadado ao divórcio. Ainda assim, nós sabemos quão maior é a disposição das mulheres em abrir mão de bons empregos para dedicar-se à família e ao marido. Também sabemos quantas mulheres promissoras no universo corporativo colocariam de lado a chance de uma promoção para preservar seu casamento. Apesar desses sacrifícios, as estatísticas indicam que uma porcentagem maior de mulheres que de homens tornam-se financeiramente falidas após um divórcio ou a morte do cônjuge. Ainda pior, a maioria das mulheres, mesmo aquelas que construíram uma carreira, não são financeiramente independentes.

Por que mulheres bem-educadas se permitem entrar numa situação de dificuldade financeira? Por que as mulheres não se protegem financeiramente tendo em vista que sua expectativa de vida é mais elevada que a dos homens? O que impede as mulheres de serem financeiramente inteligentes?

Em seu livro, Norma define a independência financeira como um estado em que a pessoa pode manter seu estilo de vida sem precisar trabalhar mais. Ser financeiramente independente é bom tanto para homens quanto para mulheres. Elas precisam aprender a lidar com o dinheiro, a ganhá-lo, mantê-lo e fazê-lo crescer. É imperativo para as mulheres encontrar a liberdade financeira. Sem essa liberdade, elas não são livres e ficam sujeitas às decisões de outros, não importa quem sejam.

Estou feliz pela iniciativa da Norma de escrever este livro. Ela disse que aprendeu várias coisas me observando como sua mentora. É bom saber que sua liberdade de escolha tem origem em sua liberdade financeira. Convoco todas as mulheres a serem como ela.

Dato* Doutora Jannie Tay
Cofundadora e vice-diretora da The Hour Glass Ltd.
Fundadora da Save the Planet
Presidente do Fórum de Negócios da Asean
Presidente da Commonwealth Business Women Network
Presidente-fundadora do Fórum Internacional de Mulheres em Cingapura
Presidente-fundadora e presidente da Women Business Connection

* Este é um título honorífico malaio outorgado ao cidadão do país que se destaca em suas atividades. (N.E.)

Introdução

POR QUE EU AMO AS MULHERES SUPERBEM-SUCEDIDAS

Oprah Winfrey. Martha Stewart. Ellen DeGeneres. Tyra Banks. Supermulheres do nosso tempo.

Muitas de nós as amamos ou as odiamos. Eu amo todas elas. Elas são superbem-sucedidas, bonitas e cheias de ideias sobre como podemos tornar nossa vida melhor. Eu gosto especialmente da Tyra.

Tyra... a supermodelo mais famosa do mundo, de acordo com a revista *Forbes*, e criadora e apresentadora do programa de TV *America's Next Top Model* e do *The Tyra Banks Show*. Em 2008, Tyra declarou dispor de uma renda de 23 milhões de dólares!

Uau! Sim, uau. Então deixe-me explicar por que eu adoro Tyra.

Ela é, sem dúvida, superlinda, supersexy e super-rica. E o mais importante, ela é cheia de vida e parece verdadeira e acessível, apesar de ter porte de modelo. Ela abraça, chora, demonstra empatia, corrige e cria um modelo para as mulheres que participam de seu programa. Mesmo quando veste uma roupa que, apesar de muito cara, obviamente não combina com ela, eu não posso deixar de amar seu estilo e sua autoconfiança. Cada vez que Tyra aparece, eu grudo na tela da TV e a vejo rir e chorar com os espectadores. Ela é maravilhosa, não apenas fisicamente, mas porque ela se projeta como uma pessoa completa.

Eu realmente acredito que as mulheres bem-sucedidas têm forte consciência do que elas querem para sua vida, e lutam por isso. Elas definem suas metas e trabalham para isso, dando tudo de si. E elas definitivamente pagam o preço do sucesso.

Sabendo disso, se nós queremos obter sucesso, por que não fazemos o mesmo? Por que não definimos metas de vida claras e, com um plano nas mãos, trabalhamos prontamente rumo ao sucesso? No final, todas vamos pagar algum preço de qualquer maneira, não importa que tipo de vida vivamos, com sucesso ou com monotonia. Por que, então, não escolher o sucesso?

Esse é o tema de todos os programas de pensamento positivo – autovisão, metas, objetivos, mapas do caminho: a descoberta do preço do sucesso e seu devido pagamento. Estou de acordo com tudo isso. Acredito que o sucesso reside dentro de nós. Com clareza de propósitos, podemos lutar e alcançar nossas metas. Sem clareza, nossa vida pode se tornar uma caminhada sem rumo, tomando a direção dos acontecimentos de cada dia.

Para mim, como uma mulher, o sucesso significa ser independente, bonita, amada e respeitada.

O MODELO DE INSPIRAÇÃO

Sempre me perguntam quem é o meu modelo de inspiração. Eu não tenho um, mas vários. Aprendo lições de vida o tempo todo com estranhos e com amigos. Algumas lições são remédios difíceis de engolir. Outras são cutucadas suaves na minha consciência para encarar a vida.

Se, no entanto, eu precisar nomear uma pessoa como modelo para a minha vida, ela será a mulher descrita na Bíblia no livro dos Provérbios, capítulo 31, versículos 10-31. Ela é a minha inspiração. Ela é forte, virtuosa, respeitada; é uma líder. Tem uma família e lida bem com ela. Ela se levanta todas as manhãs e cuida de suas necessidades. Examina e compra propriedades. É rica, perseverante, sábia e salutar. Ela anda bem-vestida e é admirada na sociedade em que vive. É casada e seu marido a ama.

Uma mulher assim é grandiosa. Talvez não seja tão linda e sexy como Tyra Banks, mas é uma grande mulher, com virtudes, riqueza e amor. Essas coisas caminham de mãos dadas com ser bonita e rica. É essa a mulher que aspiro ser e é essa a visão pela qual trabalho diariamente.

Adquiri algumas dessas características sobre as quais estou escrevendo. Fui citada em jornais e revistas, entrevistada na televisão, ganhei bolsas de estudos e prêmios e fui convidada para falar em palestras das quais tenho prazer em participar. Ao procurar no Google por "Norma Sit", é possível encontrar mais de uma página de resultados, e sou vista como alguém de sucesso considerável. Ainda, quando tudo está dito e feito, meu verdadeiro sucesso na vida é a minha independência financeira.

Foi por isso que escrevi este livro. Quero dividir *Linda, sexy e rica!* com você. Quero que você sinta que está no topo do mundo, vivendo ao sabor da vida; que compreenda o quanto é bonita, sabendo que seja lá o que a vida oferecer a você, estará pronta para o que der e vier. Quero que você conheça a mágica de viver uma vida livre financeiramente.

Neste momento, devo apresentar Keon, coautor de muitas das partes sobre finanças e investimentos do livro. Ele é autor do best-seller *Make your money work for you* [Faça seu dinheiro trabalhar por você], um livro sobre finanças e investimentos publicado pela Marshall Cavendish. É também o meu marido, até o momento.

Sobre nós, Keon e eu temos três filhos e um cachorro. Tivemos de dar nossa gata incorrigível porque, apesar de amá-la muito, ela estava mastigando toda a fiação elétrica da casa. Algumas vezes na vida, mesmo que nos doa, precisamos ser práticos. A administração da vida e do dinheiro apresentam muitas lições paralelas. Certas vezes, precisamos ser emocionalmente firmes para seguir em frente. Eu tenho saudades da gata, mas ela tem um ótimo lar agora, e eu tenho minha fiação elétrica intacta.

Agora, vamos juntas iniciar a nossa jornada para nos tornarmos lindas, sexies e ricas.

PARTE UM

Ser mulher

Capítulo 1

O QUE AS MULHERES QUEREM?

– Norma, você é uma mulher. Conte para mim, o que as mulheres querem? – o CEO de uma grande empresa de eletrônicos me fez esta pergunta em uma sessão de plenário de uma importante conferência.

Eu respondi:

– Ter sucesso no trabalho, é claro!

Ele balançou a cabeça e disse:

– Amor. As mulheres querem amor mais do que qualquer outra coisa no mundo. Se você pedir à minha esposa que escolha entre todo o meu dinheiro e todo o meu amor, ela irá escolher o meu amor.

Eu não tinha certeza do que ele estava de fato tentando me dizer, mas eu estava ficando desconfortável com aquilo que eu sentia ser a típica resposta do ego masculino. Sem intenção de mostrar meu desconforto, no entanto, respondi:

– Se a sua mulher pensa que o seu amor é mais importante que dinheiro para ela, o que é mais importante para você?

Ele riu discretamente.

– Poder – disse –, com o poder vem todo o resto: esposa, mulheres, amor, dinheiro. Quando você tem poder, você tem tudo.

Quanta injustiça, pensei. Coitada da mulher dele.

Nós sabemos que homens e mulheres querem coisas diferentes. Para mim, nada demonstra tão bem essa diferença como a conversa que tive com esse CEO. Talvez nem todos os homens queiram poder, e talvez nem toda mulher tenha o amor como prioridade. Mas o que cada sexo quer é diferente.

As diferentes prioridades de homens e mulheres os levam a fazer escolhas de maneira diversa frente a uma decisão importante. Por exemplo, é comum encontrarmos mais homens que mulheres que julgam mais importante trabalhar que passar tempo com os filhos. Embora alguns homens consigam balancear essa posição, tal descompasso é histórico e frequentemente causa desentendimentos entre casais.

James Walsh, um blogueiro britânico que escreve sobre divórcios, postou que homens e mulheres na Grã-Bretanha tendem a divorciar-se por razões diferentes (www.allydirectory.com). Os homens, diz ele, divorciam-se da esposa pela falta de atenção representada pela falta de sexo. As mulheres divorciam-se do marido por razões ligadas ao dinheiro, ou melhor, pela insegurança provocada pela ausência dele. Ele conclui que tanto homens quanto mulheres têm expectativas em relação ao casamento, mas elas são simbolizadas de maneiras distintas por cada sexo.

Este livro não é sobre o que os homens querem. É sobre o que as mulheres querem. Até que tenhamos clareza quanto ao que queremos na vida, ficará difícil definir um alvo para alcançá-lo.

Cresci com uma paranoia em relação ao dinheiro. Ele era escasso na minha família. Quis várias vezes, naquela época, ter nascido menino. Os garotos pareciam ter tudo. Eu não era uma "maria-sapatão", mas eu achava que quem nascia homem poderia ir mais longe na vida. Afinal, todas as mulheres adultas que eu conhecia eram donas de casa e todos os homens adultos pareciam ser muito mais importantes que suas esposas ou secretárias. Os homens detinham todo o "dinheiro importante" na carteira. Eles dirigiam seus *sedans*, enquanto suas esposas passeavam em carros compactos presenteados pelos maridos.

Durante minha infância, eu achava que se quisesse dirigir um carrão, fazer coisas importantes e discutir assuntos de relevância, eu precisaria me tornar uma maria sapatão ou ser tão boa quanto os garotos eram. Lembro-me de quando descobri que os meninos eram melhores em matemática que as meninas, e então decidi cursar essa disciplina para o meu certificado de ensino médio. Ser tão boa quanto um garoto era importante, já que eu queria alcançar minha independência rapidamente e não precisar depender dos meus pais para obter recursos. Eu não queria ter de me preocupar se teria dinheiro suficiente para um novo par de sapatos para a escola no ano seguinte, ou se eu poderia participar do próximo acampamento escolar. (Descobri, mais tarde, claro, que as garotas eram e sempre foram tão boas quanto os garotos, mas em aspectos diferentes. Aprendi a valorizar as coisas em que cada um era naturalmente habilidoso.)

Lutando com esses pensamentos, percebi algo importante quando fiz 13 anos. Minha tia Catherine, que viera de Perth, Austrália, para nos visitar, me disse:

– Norma, a coisa mais importante na vida é a sua educação. Nada do que você aprende pode ser tirado de você – aquele foi um momento muito importante. Gravei suas palavras.

Desde então, equilibrei uma boa educação com a minha independência. Eu descobrira a chave da independência e da liberdade. Na maior parte da minha vida, a educação, o desenvolvimento pessoal e o meu desempenho profissional me sustentaram e fizeram de mim quem eu sou. Persegui o sucesso apaixonadamente porque eu perseguia a independência financeira do mesmo modo.

Portanto, enquanto algumas de minhas amigas percebiam a universidade como um local de caça ao marido ideal, eu foquei em obter boas notas. Como resultado, tive uma vida universitária relativamente chata. Estava focada demais.

Para as mulheres, o casamento é, muitas vezes, o caminho para a segurança e o sucesso financeiro. A carreira pode ser o mal necessário que logo será derrubada na escala das prioridades depois da chegada do primeiro bebê. Esse nunca foi o meu caso.

Ter o meu próprio dinheiro sempre foi tão importante quanto amor e casamento. Essa dupla meta criou várias barreiras e desafios para mim e para o meu casamento. Saber o que eu quero e como eu sou ajudou-me a entender minhas ações e reações às coisas da vida; mas era preciso ser um homem bem seguro para aceitar o modo como eu enxergava a vida e o sucesso pessoal.

Não estou dizendo que o casamento não era importante para mim, mas, naquela época, alguém teria realmente de cortar as minhas pernas antes de conseguir me transformar em uma dona de casa. Eu só queria ter o meu próprio dinheiro. Para mim, já era muito assustador ter de depender de alguém para receber amor e segurança emocional. Eu não poderia depender de alguém para ter amor e dinheiro ao mesmo tempo!

Então, as perguntas para você são: o que você quer? O que quer na vida? O que pensa a respeito do dinheiro? Se tudo isso não estiver claro para você, será difícil que isso se transforme em uma meta de vida.

POR QUE "LINDA, SEXY E RICA"?

Meu editor me perguntou: por que "Linda, sexy e rica"? Eu disse ao pessoal da editora que era o que as mulheres queriam. Isso o fez levantar as sobrancelhas.

Você sabe o que eu quero dizer, não sabe? Já existem muitos bons livros de finanças na praça, e qualquer livro que seja aplicável aos homens serve também para as mulheres. O dinheiro não tem gênero, e os princípios da administração financeira são verdadeiros para homens e mulheres. Ainda assim, por que as mulheres não estão mais bem-informadas financeiramente?

A resposta? Elas precisam ler além da página dez de todos os livros no mercado.

Na verdade, eu disse a Keon que o seu livro mais vendido, *Make your money work for you*, era, provavelmente, mais lido por homens que por mulheres, apesar de ser bom e fácil de entender. Eu expliquei: as mulheres querem saber o que é relevante para a sua vida como um todo, não apenas a parte financeira. Somos muito mais complexas sobre o que queremos saber para ficarmos ricas, termos boa aparência e segurarmos nossos maridos. Nós também queremos nos divertir, rir e viver!

Sim, a maioria das mulheres não quer apenas ser rica. Queremos também ser lindas e sexy. Deixe-me explicar o porquê:

- *as mulheres geralmente gastam muito dinheiro todos os anos para ficar bonitas.* Não importa a idade ou a cultura, nós queremos ser amadas pelo que somos e ser admiradas por quem importa pela nossa aparência. A pergunta é sempre se devemos gastar tanto. Deveríamos comprar aquela bolsa? E aquela blusinha? Sentimos que precisamos usar o dinheiro para outras coisas além de nós mesmas. Nós nos sentimos culpadas. Nossos filhos precisam mais do dinheiro que nós. Nossos pais também. Talvez a caridade. Como nós gastamos o nosso dinheiro é uma coisa. Como nós gostaríamos de gastá-lo é outra coisa;
- *as mulheres geralmente têm um desejo secreto de serem atraentes.* Por que outro motivo *lingeries* custam tão caro? Qual a razão de tantas rendas e laços se uma roupa de baixo lisa e monótona poderia funcionar da mesma maneira? Admita, queremos ser uma *femme fatale* para o homem da nossa vida. Queremos ser

adoradas e mimadas. E também que o nosso homem nos ache mais desejável que a Cindy Crawford nos seus melhores dias. É por isso que a série *Sex and the city* atrai o público feminino. Se pudermos pagar, vamos querer as bolsas, os sapatos, os cortes de cabelo, os decotes e as amizades. Assistimos à série porque queremos ser aquelas mulheres, aproveitando a amizade que têm, rindo das besteiras que os homens fazem e correndo atrás do amor de nossa vida;

- *as mulheres querem ser ricas.* Quando usamos a palavra "rica" neste livro, nos referimos a ser financeiramente independente. Não queremos sentir que precisamos manter um emprego se detestamos a maneira como o chefe nos trata. Não queremos sentir que precisamos manter um casamento ruim só porque não temos ideia de como sobreviver financeiramente sem o marido.

A pergunta é: podemos ficar lindas, atraentes e ricas e nos manter assim? Acredito que uma mulher pode ser fantástica por toda a vida, desde os animados 20 anos até o descanso dos 80. É um estado de espírito. Conhecemos avós cheias de charme, que riem e servem à comunidade. Com 70 anos, muitas delas são mais vivazes que seus amigos mais jovens. Sua beleza não é momentânea nem partirá com os anos, mas interior e duradoura, imersa em lembranças felizes e em um senso de bondade. Espero que seja isso o que você deseje para a sua vida. É o que eu desejo para a minha.

VIVA UMA VIDA FANTÁSTICA

As mulheres podem e devem se sentir bem consigo mesmas. Devemos nos sentir atraentes independentemente de nossa idade ou de quantas linhas de expressão tenhamos na face. Precisamos de segurança suficiente para ser femininas e para redefinir essa palavra como o "novo feminino". Devemos ser felizes, rir e nos divertir com a vida, assim como a Carrie e suas amigas em *Sex and the city*. As mulheres devem ter uma vida de significado e independência financeira.

Uma vida assim, entretanto, acontece somente depois que assumirmos a responsabilidade pela questão do dinheiro em nossa vida. Não importa que carreira escolhemos, se somos decoradoras ou mulheres de negócios. São escolhas de carreira. Qualquer escolha traz consigo a necessidade de tomada de decisões financeiras para que a mulher se certifique de que ela pode cuidar de si mesma financeiramente a qualquer momento. Se o marido a abandonar de repente, ou a empresa em que ela investiu sua vida profissional resolver mudar para a China para reduzir os custos de produção e ela for forçada a se aposentar mais cedo, a mulher deve estar preparada financeiramente para encarar esses desafios. Sem esse preparo, é difícil ser feliz e se sentir bem.

O que complica as coisas para as mulheres é que elas tendem a desempenhar diferentes papéis e fases em uma única vida. Cada fase acarreta diferentes responsabilidades e necessidades. Cada etapa é encarada com intensidade – encontrar o homem certo, casar com um cara legal, carregar um bebê dentro de si, dar à luz, criar e alimentar seus filhos até que eles estejam prontos para partir e, depois, viver o resto da vida acompanhada pela alegria ou por uma sensação de vazio.

Para nós, as nossas funções e fases da vida trazem muitas escolhas e decisões. Destas, quais nos são as mais importantes, as que irão afetar nosso bem-estar anos depois? Neste livro, falaremos sobre as decisões que irão afetar financeiramente seu futuro.

A PEDRA ANGULAR

A pedra angular é a primeira pedra colocada na construção de uma loja maçônica. É uma pedra decisiva, já que todas as outras serão colocadas em referência àquela primeira pedra, determinando assim o resultado de toda a construção.

A independência financeira pessoal é a pedra angular de uma vida de sucesso. Se não buscarmos isso, todas as outras pedras ou tijolos da nossa vida não terão referência ou alicerce e tenderão a ficar mal posicionados.

Eu não estou dizendo que devemos nos tornar mercenárias ou pensar somente em dinheiro. A INDEPENDÊNCIA FINANCEIRA É A CHAVE. Se você fosse um fazendeiro e sua colheita sofresse algum problema em determinada estação, você poderia passar fome. Assim, você iria focar em reservar uma parte do seu campo para os meses mais fracos a cada estação. Se você fosse um caçador, se certificaria de que a carne da última caçada duraria todo o inverno. De alguma maneira, à medida que a sociedade se desenvolveu, nós perdemos aquele senso de prevenção financeira. O que ganhamos, geralmente, gastamos. Na vida moderna, nos esquecemos de lutar pela independência financeira e do que isso pode significar para nós.

Como, então, definir a pedra angular da nossa vida? Este é o assunto deste livro.

DEFINA METAS FINANCEIRAS

Nos próximos capítulos, discutiremos a autopercepção e a definição de metas para a vida. Quando feita de maneira holística, incluindo o aspecto financeiro, a autopercepção determina o seu sucesso na vida. Quanto mais forte sua capacidade de autoperceber-se, maior será a sua motivação para fazer tudo acontecer para você. Da mesma maneira, quanto mais claras forem as suas metas de vida, maiores serão suas chances de alcançá-las. A incerteza se apoia muito no acaso, levando você a ficar à deriva, sem realizações e sem marcos definidores.

Persiga suas metas diariamente

Definir metas não é o suficiente. Para se tornar financeiramente independente, uma pessoa deve trabalhar por isso. Essa independência não acontece por acaso; faz parte das suas escolhas e da sua determinação.

COMECE AGORA

A não ser que você tenha nascido rica ou se casado com um milionário, tornar-se livre financeiramente pode levar alguns anos. Muitas conseguirão isso somente em torno dos 40 anos e assim poderão se aposentar vinte anos mais cedo que suas amigas, se esse for o seu desejo. Outras podem ter um golpe de sorte e ser capazes de se aposentar aos 30 anos. Algumas não poderão se aposentar nem aos 65, porque suas finanças não permitirão isso.

A melhor aposta é começar o mais cedo possível. Na verdade, COMECE AGORA! Ficar rica ou financeiramente independente não acontece por acaso. Nós mulheres – especialmente as que já são mães – estamos muito ocupadas para lembrar de perseguir isso como meta. Estamos muito envolvidas com a nossa rotina do dia a dia. Por isso mesmo devemos ser determinadas e trabalhar duro. Não se esqueça, ninguém irá fazer isso por você.

Suas metas financeiras são tão importantes (se não mais) que sua meta de encontrar um grande amor.

AS MULHERES, MAIS QUE OS HOMENS, PRECISAM ADQUIRIR HABILIDADES FINANCEIRAS

As mulheres, mais que os homens, precisam priorizar sua independência financeira; considerá-la sua meta principal. Estatísticas nos Estados Unidos (www.efmoody.com) mostram que mais de 75% das mulheres tendem a ficar viúvas já aos 56 anos e cerca de 90% das mulheres, tanto por causa de divórcio, morte do cônjuge ou mesmo porque nunca se casaram, serão as únicas responsáveis pelo seu sustento em algum ponto de sua vida.

O que podemos perceber com isso é que, em algum momento da vida, você será a única responsável por você mesma e por sua situação financeira. Seu marido não estará lá. Seus pais poderão já ter morrido. Você poderá até ter filhos, mas eles serão dependentes do seu apoio financeiro. É você quem vai garantir o sustento da casa.

Se isso ainda não é ruim o suficiente, outras estatísticas mostram que:

- 53% das mulheres não estão cobertas por nenhum tipo de pensão, comparado a apenas 22% dos homens;
- quase 25% das mulheres passa por dificuldades financeiras dois meses após o falecimento de seu cônjuge;
- desconcertantes 87% dos idosos em situação de pobreza são mulheres;
- as mulheres têm uma queda de 27% do seu padrão de vida depois de um divórcio. Os homens, no entanto, têm uma melhora de 10%.

Essas estatísticas são sombrias. Querem dizer que mais mulheres estarão em situação de desespero financeiro que homens. É muito injusto pensar que são exatamente elas que cuidam dos filhos e da família. São também elas que serão deixadas na pobreza e na solidão, possivelmente para o resto de sua vida.

Confirmando a posição de liderança dos homens no mundo das finanças, o estudo sobre a riqueza, produzido em 2007, pela Merrill Lynch e pela Capgemini Asia-Pacific mostrou que a maioria dos grandes detentores individuais de bens em qualquer mercado é formada por homens. As mais elevadas proporções concentram-se na Índia, Austrália e Coreia do Sul, com mais de 80%. Taiwan, contudo, tem a maior proporção de mulheres entre os maiores detentores de bens, com 43%.

Com essas estatísticas, é nossa responsabilidade como mulheres nos tornarmos aprendizes de finanças e cuidarmos do nosso dinheiro. Não podemos delegar essa função a mais ninguém. Ter um bom marido não afasta essa responsabilidade. Apenas torna o peso menor. Nunca se deixe convencer de que isso não é mais sua responsabilidade.

INTELIGÊNCIA FINANCEIRA – UMA TENDÊNCIA CRESCENTE

As mulheres estão, cada vez mais, adquirindo educação e conscientização financeira; trata-se de uma tendência, até certo ponto, em crescimento. Com o aumento das taxas de divórcio, o número de domicílios gerenciados por mulheres tem crescido nos últimos anos e quase se equipara ao número de domicílios controlados pelos homens. As financeiras já estão vendendo novos produtos financeiros para mulheres como público-alvo e procuram cada vez mais ajudá-las a entender finanças.

O fato de estar lendo este livro é uma prova de que você é uma dessas novas mulheres dispostas a descobrir como cuidar de suas finanças. Meus parabéns! O que você precisa fazer agora é mergulhar de cabeça na decisão de se tornar independente.

Ser financeiramente independente é sua responsabilidade.
Não caia na besteira de achar que alguém
vai tomar conta de você para sempre.

Capítulo 2

DUAS PALAVRAS ATRAENTES

Duas palavras atraentes – *independência financeira*. Isso teve significados diferentes para mim ao longo dos anos. Quando eu era criança, detestava que me dissessem o que eu tinha de fazer e odiava precisar pedir dinheiro aos meus pais. Na minha cabeça, se eles me dessem dinheiro, eu teria de obedecer às suas ordens. Como eu era uma menina de personalidade forte, queria ser financeiramente independente – e rápido. Eu sonhava com o dia em que eu não precisaria mais pedir dinheiro aos meus pais e o dia em que eu seria totalmente independente.

Hoje, entendo a beleza da interdependência e valorizo isso tanto quanto valorizo a independência. A verdadeira interdependência, no entanto, acontece somente depois de alguém se tornar independente. É assim que funciona.

NÍVEIS DE INDEPENDÊNCIA FINANCEIRA

Durante a minha época de faculdade na Austrália, trabalhava como garçonete em um restaurante chinês por três dias na semana. O negócio do meu pai passava por um período de instabilidade, e, no meu terceiro ano de graduação, ele não dispunha de dinheiro suficiente para me bancar. Meu emprego de meio período me pagava 30 dólares australianos de salário e 10 dólares australianos em gorjetas a cada noite de trabalho. Isso rendia 120 dólares australianos por semana ou 480 dólares australianos por mês. Era uma quantia generosa, que pagava pela minha alimentação, parte do meu aluguel e gerava em mim uma ótima sensação de liberdade. Foi o início de minha jornada em direção à independência financeira.

Durante dois anos após a graduação, depois de começar a trabalhar em tempo integral, o significado de independência financeira tornou-se "ganhar o suficiente para pagar minhas contas sem ajuda de ninguém".

Quando o meu salário aumentou e eu comecei a poupar uma parte dele todo mês, uma nova visão de independência financeira surgiu. Alguém me contou que a independência financeira significava ter pelo menos seis meses de salário na poupança para os momentos difíceis. Isso fez sentido para mim quando eu tinha meus 20 anos. Eu pensava que, se perdesse o meu emprego, ou tivesse um problema de saúde, os seis meses de salário iriam me segurar. Meu salário naquela época era de 1.500 dólares por mês. Agonizei tentando imaginar como eu iria poupar a grande soma de 9 mil dólares o mais rápido possível. Eu era uma mulher jovem com um grande apetite para compras de sapatos, roupas, maquiagem e bolsas. A única maneira que eu encontrei para construir essa poupança de segurança e continuar comprando foi criando um plano de gastos.

Hoje, alguns gurus financeiros falam em rede de segurança de nove meses. Outros consultores dizem que para cada 10 mil dólares anuais, você precisa de um reforço de um mês de salário para procurar por um novo emprego. Portanto, se você ganha entre 40 mil e 60 mil dólares anuais, seu reforço deve ser de quatro a seis meses de salário. Se você já tem um padrão de vida melhor e ganha entre 300 mil e 500 mil por ano, seu reforço deve ser entre 30 e 50 meses de salário!

Esse conselho pode parecer ridículo para algumas de vocês. Mas um *headhunter* não me ofereceria outro emprego se eu estivesse ganhando 300 mil por ano? Sim, é possível, mas provavelmente o novo emprego não me ofereceria a mesma quantia. Você aceitaria ganhar menos? Além do mais, os *headhunters* costumam procurar por pessoas que estão trabalhando e dificilmente nos localizam quando realmente precisamos de um emprego.

Nos últimos dez anos, passei a entender a independência financeira de duas novas maneiras:

1. Independência financeira é o total de números de meses ou anos que você consegue viver mantendo seu padrão de vida confortável depois de parar de trabalhar.
2. Independência financeira é quando o retorno de seus investimentos cobre as suas despesas, enquanto você mantém ou aumenta seu capital.

Alguém poderia imaginar que uma pessoa tão paranoica com relação a finanças como eu teria pensado em todas essas coisas quando criança. Bem, eu não pensava. Levei anos para aprender essas lições.

QUATRO NÍVEIS DE INDEPENDÊNCIA FINANCEIRA

Agora, vamos discutir os quatro níveis de independência financeira. Façamos desses níveis suas metas financeiras desejadas.

- *Nível 1:* Financeiramente independente de seus pais. Isso significa que você ganha o equivalente às suas despesas.
- *Nível 2:* Financeiramente independente o bastante para ficar sem emprego por seis meses. Isso significa que sua poupança e seus investimentos equivalem a pelo menos seis meses de salário no banco.
- *Nível 3:* Financeiramente independente o suficiente para não precisar trabalhar pelos próximos dez ou vinte anos ou pelo resto de sua vida. Isso significa que sua poupança e seus investimentos equivalem ao número de anos que você não precisará trabalhar se você se aposentar hoje, neste caso, dez ou vinte anos, ou mais, dependendo da sua idade.
- *Nível 4:* Financeiramente independente e rica, pois seus investimentos geram renda suficiente para as suas despesas enquanto você mantém ou aumenta o

seu capital de base. Isso significa que sua renda de investimentos é igual ou superior à sua despesa.

A maioria das mulheres está no nível 1. Elas estão felizes pensando que não precisam pedir dinheiro aos pais.

Algumas de vocês, se já estão trabalhando há alguns anos, estão no nível 2, com seis meses de salário na poupança.

Outras são sortudas o bastante para estar no nível 3. Parabéns para vocês! Se estão no nível 3, vocês são ricas. São algumas das poucas pessoas que não precisam trabalhar pelo resto da vida se quiserem e terão o suficiente para manter seu padrão de vida. Usando essa definição, eu sou, portanto, considerada rica.

Se você também está no nível 3, por favor considere como poderíamos retribuir à sociedade usando o nosso tempo e talento para ajudar aqueles com menos sorte. É por isso que, hoje em dia, estou profundamente envolvida com trabalhos sociais.

Se você está no nível 4, isso é maravilhoso. Por favor, entre em contato comigo. Eu estou trabalhando nessa meta e quero aprender com você.

Para todas as que estão no nível 1 e 2, leiam.

ESTADO INICIAL, META E COMO CHEGAR LÁ

Por sorte, assuntos financeiros podem ser resolvidos sistematicamente e de maneira lógica na maior parte dos casos. Uma pessoa pode definir os passos para mudar as coisas e se mover de um estado financeiro para outro. Com um plano nas mãos, é necessário ter força de vontade e determinação para executar o plano de mudança, não importa se com rapidez ou lentidão. Isso não é ótimo?

Se você está lendo este livro, existem três estados iniciais financeiros nos quais você pode estar:

1. *Quebrada:* você está falida e precisa encontrar uma saída.
2. *Remediada:* você não está tão mal assim. Precisa aprender como se tornar financeiramente independente.
3. *Próspera:* você está indo bem e quer medir o quão bem está.

Vamos lidar com os primeiros dois casos. Você está quebrada ou remediada. Você quer sua independência financeira. Não quer trabalhar pelo resto de sua vida e gostaria de se aposentar cedo.

Agora, vamos identificar qual é o ponto final em que você deseja chegar. Voltaremos aos quatro níveis de independência financeira para isso. Escolha um dos níveis. Eu sugiro que você escolha o nível 3 (veja a Tabela 2.1 a seguir). Tudo o que você precisa fazer agora é calcular o que é necessário para movê-la do estado atual para o seu ponto final. Você tem um caminho pela frente.

TABELA 2.1. NÍVEIS, ALVOS E CAMINHOS EM DIREÇÃO À SUA META FINANCEIRA.

Nível	*Seu estado financeiro e alvo*	*O caminho*
1	· Sua renda mensal = sua despesa. Você quer ganhar o suficiente para cobrir suas despesas mensais.	Crie e fixe uma planilha de gastos. Se você ganha salário mínimo, a chave para ter um salário maior é a educação, a liderança, o bom desempenho e as competências únicas.
2	· Sua renda mensal > sua despesa. · Poupanças e investimentos = seis meses de salário no banco. Você quer poupar seis meses de salário para servir de reforço.	Foque no capítulo de planilha imediatamente (capítulo 5).
3	· Sua renda mensal > sua despesa. · Poupanças e investimentos = o número de anos que não vai precisar trabalhar se se aposentar hoje. Você quer ser capaz de se aposentar cedo e não trabalhar pelo resto de sua vida, vivendo de sua poupança e seus investimentos.	· Tenha disciplina para poupar e faça uma planilha. · Invista. · Tenha consciência dos riscos e do que você tem condições de investir em diferentes estágios da sua vida.
4	· Sua renda mensal > sua despesa. · Poupanças e investimentos = o número de anos que não vai precisar trabalhar caso se aposente hoje. · Sua renda de investimentos = sua despesa. · Ou, melhor, sua renda de investimentos >> sua despesa. Você quer ter tanto dinheiro que os juros gerados por sua poupança e seus investimentos sozinhos cubram suas despesas mensais pelo resto de sua vida.	Para a maioria dos assalariados, não importa se você ganha 3 mil dólares ou 30 mil dólares por mês, essa é uma meta além do seu alcance. Uma das maneiras de ficar fabulosamente rica sem herdar uma fortuna ou se casar com um cara rico é se tornar uma empreendedora bem-sucedida.

PLANILHA E POUPANÇA: DOIS CAMINHOS CRUCIAIS PARA FICAR RICA

Como você pôde ver na Tabela 2.1, não importa se o eu estado inicial é quebrada ou remediada, a independência financeira ou o ato de tornar-se rica sempre começa pela PLANILHA. Coloco ênfase aqui: se você não consegue fazer seu planejamento financeiro, você não vai ficar rica. Depois de aprender a planejar, você precisa aprender a investir.

Há alguns anos, um bom amigo, Yaw Nam, me disse:

– Você sabe que nós nunca ficaremos ricos dessa maneira.

– Como assim?! – foi a minha resposta.

– O dinheiro que ganhamos não é o suficiente. Precisamos administrar nosso dinheiro para ficarmos ricos. Ninguém vai nos ensinar a fazer isso. Precisamos fazer nós mesmos. E também precisamos vigiar o número de horas extras que fazemos, porque não temos tempo a perder para cuidar de nossa posição financeira. Ou de gerar a nossa renda passiva.

Sim, nós não podemos ficar ricas se planejamos como loucas, trabalhamos sem parar e nos esquecemos de administrar nosso dinheiro e nossa vida. Entendeu? Espero que sim.

De volta ao planejamento, VOCÊ deve fazê-lo. Muita gente que eu conheço ignora a planilha. Mais gente ainda acredita que as coisas vão se ajeitar de alguma maneira. Essas pessoas estão iludidas.

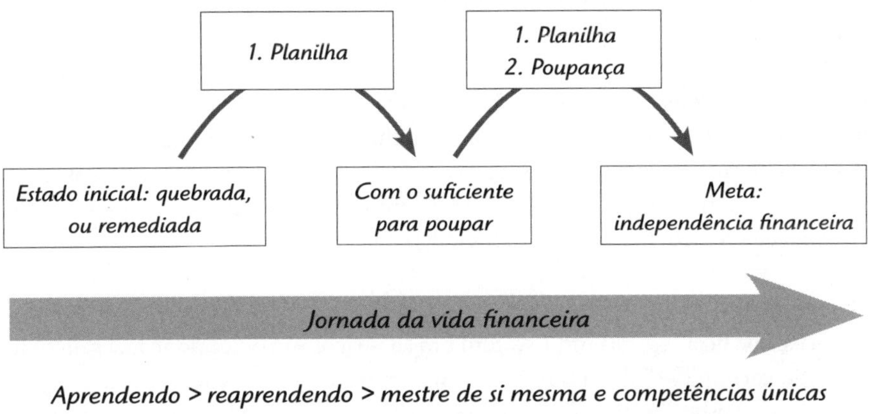

Figura 2.1. Passos para a independência financeira.

Financeiramente cega e iludida

Um dos meus consultores e amigos, Max, contou-me que atende diariamente clientes que querem se aposentar e ter uma renda mensal de 5 mil dólares para manter seu padrão de vida. Ele me disse que costumava perguntar aos clientes quanto dinheiro eles tinham na poupança. Quais eram os investimentos de seu portfólio? Se já quitaram o financiamento do imóvel, se tinham filhos ou outros dependentes. Como cuidariam da educação de seus filhos?

Max disse que encontrou várias pessoas que não faziam a mínima ideia do quanto precisavam ter para se aposentar aos 65 anos com uma renda mensal de 5 mil dólares, ajustada anualmente pela inflação. Ele relatou que o planejamento financeiro dá a ele a oportunidade de ajudar muitos dos que são financeiramente cegos a enxergar o que o futuro lhes reserva, para não terminarem velhos, falidos e sem teto.

OUTRAS MANEIRAS DE FICAR RICA

Se você leu o livro até aqui, imagino que seja uma mulher sensata e que concorde sobre a importância de se tornar financeiramente independente. Todavia, você pode se recusar a acreditar que manter uma planilha e poupar sejam fatores críticos para que você atinja seu objetivo. Além disso, você deve estar se perguntando: "Como ficarei rica rapidamente?" Aqui estão outros caminhos para enriquecer.

Herança

Você pode ser financeiramente independente se for uma pessoa de sorte que nasceu herdeira de uma fortuna. Alguns de nós já nasceram com uma fortuna! Se esse fosse o seu caso, suas preocupações seriam bem diferentes das nossas, meras mortais que precisam ganhar o próprio sustento para manter a independência financeira, por meio dos níveis 1, 2 e 3.

Conheço algumas mulheres que já nasceram ricas. Nunca precisariam trabalhar pelo resto de sua vida se quisessem. Elas foram, entretanto, criadas de modo a trabalhar e viver por seus próprios meios, com o dinheiro que elas batalharam para ganhar. Não se fala de sua herança. Eu sempre me surpreendi com o autocontrole das minhas amigas ricas na hora de fazer compras. Alguém me disse que quem é realmente rico nunca parece ser rico. Pensando nelas, eu acredito nisso.

Casar-se com um homem rico

Sim, você pode ficar rica casando-se com um cara rico. Sim, você pode fazer disso uma decisão de carreira. – "Mas isso não é uma contradição?" – Você vai me perguntar. "Você não está advogando pela independência? Casar-me com um homem rico não vai me prender à fortuna dele? Que independência é essa?"

Não, isso não é uma contradição. A independência existirá se o seu marido lhe disponibilizar a riqueza dele, dependerá do quanto ele irá compartilhar com você, e do fato de existirem, ou não, condições pré-estabelecidas para isso.

Se casar-se com um homem rico for a sua escolha de carreira, prepare-se para o que é necessário para tornar-se financeiramente independente dessa maneira. Na verdade, procure por um bom advogado, especializado em divórcios, antes mesmo de se casar como parte de sua estratégia. Esquadrinhe bons conselhos sobre o que é necessário para obter sua "porção merecida" do dinheiro dele, já que a lei tem muito a dizer sobre a divisão de riquezas em caso de divórcio, sobre o que é direito da esposa por sua contribuição (veja o capítulo 18, sobre divórcio). Você não precisa esperar até o divórcio acontecer para traçar um plano.

Hoje, com os acordos pré-nupciais, homens e mulheres podem chegar a um acordo sobre o que será de cada um em caso de divórcio. Ter ou não um acordo desses pode ser importante, dependendo da personalidade do seu futuro marido. Nós trataremos desse tema na parte cinco deste livro.

Ganhar na loteria

Algumas das leitoras do livro são compradoras contumazes de bilhetes de loteria, na esperança de enriquecer. Até que, um belo dia, isso acontece. Você ganhou o prêmio! Você é uma em 15 milhões!

Existem três erros nessa imagem. Primeiro, ser um em 15 milhões é uma probabilidade bem desfavorável para você. Segundo, a não ser que você acerte sozinha as seis dezenas da Mega-Sena acumulada, a soma total pode não tornar você financeiramente independente. Terceiro, as pesquisas mostram que indivíduos que enriquecem muito rapidamente por sorte, normalmente não conseguem manter e administrar sua fortuna repentina. Portanto, mesmo que se torne rica dessa maneira, precisa ler este livro para descobrir como se manter rica e, melhor ainda, tornar-se ainda mais rica!

Ter pequenas necessidades

Uma mancira de alcançar a independência financeira bem rapidamente é manter suas necessidades ao mínimo. Bem poucas mesmo. Quanto menos, melhor.

Os jornais de Cingapura divulgaram há algum tempo um artigo sobre um homem de 45 anos que disse poder viver com mil dólares por mês pelo resto de sua vida. Assim, com pouco mais de 400 mil dólares, ele iria se manter financeiramente independente se continuasse a ter uma vida frugal e se conservasse seu dinheiro em uma aplicação segura e que rendesse juros, como títulos do governo. Com alguma sorte, a inflação não comeria sua poupança.

Criar e construir riqueza

Robert Kiyosaki, em seus livros, discute quatro tipos de rendas pessoais, das quais duas são riqueza criada por meio da geração de renda passiva e riqueza construída a partir da construção de negócios.

Um exemplo do primeiro caso são os escritores, artistas e inventores que criam algo de valor, registram sua patente e recebem *royalties* por isso. Empreendedores desenvolvem negócios como um caminho para a riqueza. Eles abrem uma empresa e retiram uma renda regular para se tornarem ricos ou criam algo inovador para vender por muito dinheiro.

Você pode manter seu emprego e envolver-se com esse tipo de criação de riqueza. Seria necessário, no entanto, que terminasse de ler este livro se você não souber montar um planejamento financeiro e investir o dinheiro que ganhou.

Trabalhar, poupar, trabalhar... e poupar de novo

Algumas mulheres não têm ideia de quando poderão parar de trabalhar e aproveitar a vida e os frutos do seu trabalho. Essa meta é possível? A maioria das pessoas não acredita que vai trabalhar pelo resto da vida e talvez até mesmo depois da aposentadoria. Essas questões são importantes porque quase todas nós precisamos trabalhar para manter o nosso sustento. Poucas nascem ricas e poucas se casam com ricos. A maioria de nós não quer ter poucas necessidades. Queremos conforto, não excessos, mas conforto. Como a maioria de nós trabalha, precisamos aprender a fazer o dinheiro trabalhar para nós. Trabalhar e poupar é, por isso, a rota mais difícil, porém, a mais segura para a liberdade financeira.

Tenho certeza de que tudo o que eu disse até agora estimulou os pensamentos de muitas de vocês sobre como ficar rica. Posso até ter criado caçadoras do tesouro, jogadoras de loteria, escritoras, artistas ou empreendedoras. Eu reforço que as duas últimas rotas – criar e construir riqueza e trabalhar e poupar – são as mais sustentáveis. Uma não exclui a outra e, na verdade, eu não acredito que seja possível construir riqueza sem trabalhar e poupar.

A PONTE ENTRE "PENSAR RICO" E SER RICO

Quando navegamos pela internet em busca de informações sobre como enriquecer, somos inundadas por sites que vendem a ideia de "pensar rico" de Napoleon Hill. Livros como *A lei universal da atração* (Sextante, 2007) são *best-sellers*. Esse gênero enfatiza o pensamento positivo e como pensar no seu caminho para o dinheiro. Alguns até prometem que o dinheiro vai entrar pela porta se você crer o suficiente.

Acredito fortemente no poder da visualização para o atingimento de metas. Muito do que somos é gerado pelo modo como pensamos. Se pensarmos negativamente, nos tornaremos céticas e derrotistas; nos tornaremos negadoras e não perseguiremos nossas metas. Se pensarmos positivamente, iremos adquirir energia para lutar por elas.

O que muitas pensadoras positivas se esquecem de dizer foi sabiamente capturado por um artigo do *Straits Times* sobre um negociante malaio, Peter Lim, que descreveu o multibilionário Robert Kuok. Peter Lim disse que Robert Kuok não apenas tinha uma visão, mas que ele sabia o passo a passo necessário para realizar tal visão.

Se você é um dos muitos que leram livros do gênero "Pense rico para ficar rico", o meu conselho é que esse conceito exige mais que pensamento; demanda também a parte do fazer. Alguém disse: "Pense e depois faça, mas realmente faça."

AFINAL, POR QUE A INDEPENDÊNCIA FINANCEIRA É SEXY?

Você se lembra do filme *Mulheres perfeitas*, no qual os homens decidiram transformar suas espertas e bem-sucedidas esposas em robôs peitudos que obedeciam a todas as suas vontades pelo controle remoto?

Uma nova pesquisa mostra que a verdade está longe disso. Homens e mulheres estão mudando suas atitudes um em relação ao outro, já que o dinheiro faz parte da vida de ambos hoje em dia.

De acordo com o artigo "Os homens realmente preferem mulheres sexy, inteligentes e diferentes das mulheres de Stepford", das doutoras Rosalind Chait Barnett e Caryl Rivers, os homens são mais flexíveis hoje. Antes, eles preferiam mulheres não muito inteligentes. As duas pesquisadoras descobriram que o divórcio atualmente é duas vezes mais provável se a mulher não trabalha fora.

Não dispor de renda alguma pode ser arriscado para uma mulher, não apenas em relação à estabilidade do seu casamento. Uma esposa que deixa a força de trabalho e se mantém por um longo tempo fora do ambiente profissional nunca irá recuperar essa perda econômica, mesmo que volte a trabalhar. E pior, se a renda do marido sofrer uma queda – muito comum nos dias de hoje – o casal poderá sofrer problemas, tanto financeiros quanto emocionais.

Você é financeiramente independente?
Se você parar de trabalhar amanhã, por quantos anos poderá manter o padrão de vida de sua escolha?

Capítulo 3

QUEBRANDO SUAS PRÓPRIAS BARREIRAS

No capítulo 1, falei sobre os motivos pelos quais as mulheres devem se preocupar com finanças e se tornar financeiramente independentes. Nós vivemos mais e é bem provável que fiquemos solteiras de novo – por causa do divórcio ou pelo falecimento do marido. Além do mais, as mulheres sofrem mais financeiramente nesses eventos que os homens, porque estão menos preparadas.

Neste ponto, precisamos perguntar: por que tão poucas mulheres planejam o seu futuro? Por que elas se permitem sofrer financeiramente? Mesmo que cerca de 42% das mulheres casadas nos Estados Unidos ganhem mais que o marido, por que parece que não fazemos melhor? Criamos famílias e fazemos milagres todos os dias, coordenando mil coisas. Por que não percebemos a importância da independência financeira? O que nos impede? Somos financeiramente idiotas?

Uma resposta possível: homens e mulheres dão valor ao dinheiro de maneira diferente. Como eu sei disso? Duas grandes pistas: o modo como as mulheres percebem o ato de fazer compras e o como encaram o investimento.

AS MULHERES E AS COMPRAS

A irmã de Keon chama-se Ping, era consultora de shopping centers e estava por trás do sucesso de vários shoppings de sua região. Em sua recente viagem a Kuala Lumpur, sua família estava comparando o sucesso de diferentes estabelecimentos. Ping fez a pergunta:

– Por que você acha que o Shopping A é muito mais cheio e bem-sucedido que o Shopping B? Afinal, o Shopping B é muito mais elegante que o A e tem as melhores lojas da cidade.

Keon respondeu:

– O Shopping B é muito masculino.

Os olhos de Ping quase saltaram das órbitas.

– Uau! Você é esperto! – ela disse.

Os shoppings não são como são por acaso. Eles pagam especialistas em varejo para fazer o melhor mix de lojas e entender quem são seus clientes. Eles até planejam a quantidade de passos que a mulher compradora comum conseguirá caminhar com seus saltos altos antes de entrar em uma loja para descansar, comprar algo ou tomar um chá.

Em todos os países, as estatísticas mostram que as mulheres ganham menos que os homens. Então, se os homens são mais bem-remunerados, por que construir enormes complexos focados na mulher como principal consumidora? Não é ilógico para um shopping ter as mulheres como alvo?

Não. Por quê? O fato: homens e mulheres gastam de forma diferente. As mulheres veem o dinheiro como um meio facilitador de um estilo de vida para elas e para as pessoas que ama, e sua disposição para gastar é mais elevada que a dos homens. Elas são o alvo principal de shopping centers, liquidações, bazares e todos os truques que levam ao consumismo. As mulheres são definitivamente alfa no quesito compras. São elas que dominam. Compram para elas mesmas, para o marido, os filhos e por aí vai.

Recentemente, alguns shoppings começaram a se voltar para o homem metrossexual. O consumidor primário, entretanto, ainda é a mulher. A ala principal de qualquer loja de departamentos é sempre reservada a cosméticos, joias e roupas femininas. Eu nunca entrei em nenhuma loja que tivesse seu espaço principal dedicado a roupas ou sapatos masculinos, ou mesmo roupas ou calçados infantis. Perceba que são poucas as lojas de calçados apenas masculinos! Isso não acontece por acaso.

O item de maior movimento, com a maior margem por centímetro quadrado, é o que vai para a ala principal. Isso é economia e puro senso comum. Você nunca vai vender potes e panelas na entrada ou no andar térreo de uma grande loja. A fórmula básica é: ATRAIA MULHERES PARA DENTRO DA LOJA! As mulheres sempre encontram uma razão para comprar; você precisa apenas sugerir isso ao seu subconsciente.

De acordo com a pesquisa de monitoramento de estilo de vida realizada pela Cotton Incorporated, 23,6% dos homens que responderam ao questionário gostavam de fazer compras, em comparação a 53,4% das mulheres que participaram da pesquisa. Mesmo escrevendo isso, eu sei que faço parte dos outros 46,6%. Enquanto isso, Keon faz parte dos outros 76,4% da participação masculina, exceto em relação a uma determinada marca de roupa masculina!

Foi divulgado que as mulheres gastam 4 trilhões de dólares anualmente e respondem por 83% do gasto com consumo dos Estados Unidos, o que equivale a dois terços do produto interno bruto da nação, de acordo com a WomenCertified, uma organização de defesa e treinamento em varejo para mulheres com sede em Hollywood, Califórnia (divulgada em 28 de novembro de 2007, em Knowledge@Wharton).

No livro *O milionário mora ao lado: os surpreendentes segredos dos ricaços americanos* (Manole, 1999), de Thomas J. Stanley e William D. Danko, os autores chamaram a atenção para o fato de que os homens milionários nos Estados Unidos geralmente eram casados com mulheres frugais, que poupavam e colecionavam cupons de desconto quase que religiosamente. Suas esposas se vestiam de maneira sóbria e, normalmente, eram as planejadoras financeiras das famílias.

O problema em fazer compras não está nas compras. O problema é que os gastos excessivos ou as vontades constantes, ao contrário das necessidades, reduzem o poder aquisitivo das mulheres. Como elas caem nessa cilada de comprar excessivamente? Vamos examinar as armadilhas que os varejistas nos oferecem.

Se as mulheres resolvessem parar de fazer compras, todos os shoppings iriam à falência. As mulheres podem não saber consertar computadores, mas são especialistas em encontrar bolsas com design exclusivo no e-Bay.

Armadilha do dinheiro n. 1: Viver sem amarras

Esta recebe vários nomes: "manter as aparências" ou "viver sem amarras". Os comerciais nos bombardeiam com imagens do que significa ser bem-sucedida. A mulher é adornada com diamantes nos dedos, nas orelhas e até em suas roupas. Ela carrega uma bolsa ostentosa e veste sapatos Jimmy Choo e um vestido justíssimo de última moda. O homem está ao lado de um carro esporte ultrapolido, com um computador, um celular ou um smartphone. Assistimos a estrelas de cinema em noites de premiação e nossos ídolos estão brilhantes e confiantes. Queremos estar lá. Queremos viver essa "vida de brilhos".

Não há nada errado com o desejo por essas coisas. Mas olhando os diamantes nas mãos das estrelas, imagino quantos zeros, antes da casa decimal, essas pessoas têm em suas contas bancárias. Ao andar pela cidade em um sábado à noite, imagino quantos dos grandes gastadores que eu vejo em bons restaurantes e nas baladas da moda estão atolados em dívidas.

Ninguém conversa sobre isso. Todo o mundo encoraja todos os outros a se divertir. Para acompanhar a turma, pessoas legais podem ter feito dívidas para aquela saída de sábado ou estão vendendo o almoço para comprar o jantar.

Armadilha do dinheiro n. 2: O caríssimo corte de cabelo "sinto-me ótima"

A maioria das mulheres ama salões de beleza e a sensação de se sentirem valorizadas quando fazem o cabelo. O melhor sentimento do mundo é aquele de quando o seu cabelo está ótimo. Seu rosto parece mais vivo, suas roupas ficam mais bonitas, você se sente como uma princesa indo para o baile. Eu já saí de salões centenas de dólares mais pobre, mas sentindo-me maravilhosa. Já fui louca o suficiente para gastar 500 dólares em uma tarde no salão. Já estive nos melhores salões de Cingapura, Kuala Lumpur e Hong Kong. Eram propriamente uma aventura. Serviço e decoração de primeira classe. Eu era realmente muito jovem e tola.

Agora, suponha que alguém peça a você que gaste 50 dólares no salãozinho do bairro, em vez de fazer o seu cabelo naquele salão chiquérrimo do shopping, onde somente os aluguéis são três vezes mais caros que os do salão de bairro. Você iria? E se essa pessoa dissesse que lhe daria mil dólares para você fazer isso? Você iria? Talvez.

Como você se sentiria se o dinheiro que gasta nesses salões caros fosse investido em ações, e essa quantia rendesse ano a ano? Você ficaria rica! Agora, substitua as idas ao cabeleireiro, às manicures, massagens e aos jantares em ótimos restaurantes. Veja que você tem vivido uma vida de princesa. Está explicada a sua falta de dinheiro!

Armadilha do dinheiro n. 3: Comprar um pacote para economizar

Outra coisa que eu aprendi a evitar – os pacotes. Salões vendem tratamentos para o cabelo que custam 200 dólares cada um. As garotas são treinadas para convencê-la a comprar um pacote de dez tratamentos, para que o custo de cada um caia para 100 dólares. Assim, você se enforca em mil dólares para pagar pelas dez sessões. Você acha que economizou fazendo isso, mas, na verdade, você apenas garantiu o futuro do salão e seu relacionamento com ele.

Deixe-me contar sobre os meus tratamentos caríssimos em um salão de classe média em Cingapura, quando, em 2004, eu gastei cerca de mil dólares em um tratamento com uma determinada linha de produtos para cabelos. Cada tratamento em separado custaria 180 dólares. Com o pacote, eu pagaria cem dólares por sessão. Pela minha frequência em salões – uma vez a cada três meses –, eu adquirira o equivalente a três anos de tratamento. Eu me prendi a um único fornecedor por três anos. Muita estupidez.

Nas primeiras três sessões, no período de um ano, correu tudo bem. Meus cabelos estavam ótimos, mas como toda mulher, eu nunca estava satisfeita. Decidi fazer um permanente de cerâmica e me enforquei em outros 350 dólares. Era um novo processo e as fotos dos cabelos de quem já tinha feito estavam tão boas!

Meus cabelos, naturalmente cacheados e que batiam na cintura, ficaram frisados depois do permanente e começaram a quebrar e a cair. Tive de cortá-los bem curtos. Não pus os pés no salão por meses. Mas eu ainda tinha um crédito de 700 dólares a meu favor. Se não fosse por esse dinheiro, eu provavelmente jamais teria voltado lá. Quando meus cabelos finalmente chegaram aos ombros, eu pedi a eles que convertessem parte do crédito em sessões de tintura, já que não me sobrava muito cabelo para o tratamento primeiramente comprado. Eles concordaram. Meus cabelos foram, assim, assassinados pela segunda vez. Eu não sei o que eles fizeram, mas os cabelos ficaram frisados novamente. Duas semanas depois, tive de cortar tudo de novo. Fiquei bem nervosa dessa vez. Mas o que eles podiam fazer? Colocaram a culpa na textura do meu cabelo e disseram:

– Por favor, volte. Nós lhe daremos um tratamento de graça em sua próxima visita.

De graça? Só por cima do meu cadáver! No total, eu tinha gasto 1.350 dólares por três sessões de tratamento e uma tintura de cabelo. Eu deveria ter ficado com os 180 dólares por sessão, sem o pacote. Teria sido bem mais barato. Agora, todas as vezes que passo em frente ao salão, sinto um frio na espinha. Passo as mãos pelos meus cabelos inconscientemente, grata por eles finalmente terem crescido de novo. Não compro mais pacotes de qualquer tipo de salão – nem cabelo, nem spa, nem manicure.

Se você compra pacotes, certifique-se de estar adquirindo serviços de confiança e de que o salão tem boa reputação. Existem certas economias que valem a pena. Não foi o meu caso.

Armadilha do dinheiro n. 4: Comprar mais do que precisa

Essa é a maneira mais rápida de vender. Na terminologia do comércio, é vender para o mesmo cliente duas vezes. É fácil e rápido. Aumenta as vendas a baixo custo de captura de clientes. Se bem executada, é poderosa. Pense no McDonald's e sua política de fazer você levar uma quantidade maior do que você originalmente pediu.

Isso funciona até em restaurantes chiques. Keon e eu estávamos certa vez almoçando em um restaurante novo, e o garçom, muito persuasivo, tentava incrementar o nosso pedido: "Que tal isso, senhora?", "Você gostaria de experimentar aquilo, senhor?", "Essa é uma novidade no cardápio. Os clientes adoram". Eu deveria ter contratado aquele garçom para o meu time de vendas.

A tática do "compre mais" acontece muito em salões de beleza. Eles sempre dizem que o seu cabelo está muito seco, muito oleoso, muito desbotado, muito desidratado e, por isso, você precisa disso, daquilo, daquele outro e também daquele lá. Concluí que devo parecer presa fácil. As cabeleireiras ficam me rodeando, mostrando o último xampu, condicionador e creme para tratamento. Elas se deliciam ao me contar como os meus cabelos estão estragados e difíceis de lidar. Em pânico, acabo comprando. Eu tenho atualmente vidros de xampu rosa, roxo e laranja no meu banheiro. Um tira o frizz, outro reconstrói, outro mantém a cor intacta e outro dá aroma à minha vida, com um perfume cítrico arrebatador.

A manobra do "compre mais" acontece também em caixas de supermercados. Leve em conta a atração das novas lâminas para depilação feminina, doces e aparelhinhos que ficam dispostos no caixa e você vai perceber que os consumidores são tentados o tempo todo a comprar mais. Acontece até pela internet. Veja na parte inferior da página de vendas o que está escrito: "Outras pessoas que compraram o que você está levando também compraram um outro item por 10 dólares, e o valor total ficou em 50 dólares. Você gostaria de adicionar este item ao seu carrinho de compras?" Sim, não é verdade?

Lembre-se, "comprar mais" significa mais dinheiro para eles e menos para você. Se você tem o hábito de cair nessas ofertas, vai terminar sem dinheiro e com a casa cheia de coisas de que você não precisa. Cada vez que você se deixa levar é mais um pouquinho do seu dinheiro que vai embora. É como essa prática funciona. Adicione um pouco "disso e daquilo" à sua compra original; no final, não sobra nada na sua conta bancária. E você se pergunta por que está sem dinheiro?

Armadilha do dinheiro n. 5: Comprar duas vezes

Vou contar uma história de como eu saí para comprar uma mala e voltei para casa com TRÊS! Isso aconteceu na década de 1980 e eu estava em um shopping conhecido por suas ofertas e liquidações.

Eu já tinha passado por cinco lojas quando decidi comprar uma mala de que tinha gostado por 100 dólares. Eu paguei por ela e saí da loja, observando as outras vitrines. Foi quando vi a mesma mala em outra loja do segundo andar.

O vendedor me perguntou quanto eu pagara pela mala. Ele me disse que com os 100 dólares, ele teria me vendido a mesma mala e mais outra menor. Nervosa, eu voltei à primeira loja e perguntei ao vendedor por que ele me vendera a mala por 100 dólares. Ele riu e disse que a outra loja jamais me venderia duas malas por 100 dólares. Eu perguntei se ele me devolveria o dinheiro se eu conseguisse comprar as outras duas malas por 100 dólares. Ele concordou.

Eu voltei para a segunda loja e comprei as outras duas malas por 100 dólares. Agora, armada com três malas, eu voltei à primeira loja e pedi o meu dinheiro de volta. O vendedor ficou chocado e disse que eu provavelmente comprara algo do estoque antigo, que fora importado sob outra taxa de câmbio. Ele disse que não poderia devolver o dinheiro, porque seu chefe não permitiria. Depois de uma longa discussão e de eu ameaçar denunciá-lo ao órgão de defesa do consumidor, ele concordou em devolver 30 dólares, já que a mala maior deveria ter custado 70 dólares e a menor 50, totalizando 120 dólares. O que eu poderia fazer? Eu fiquei com os 30 dólares. Como alguém sai para comprar uma mala e volta com três? "Você está ficando louca?", meu marido perguntou.

Mas espere aí: nós mulheres fazemos isso o tempo todo! Talvez não de forma tão maluca quanto eu fiz. Você se lembra de quando comprou aquela calça por 200 dólares? Imediatamente depois da compra, você achou outra da mesma marca por 50 dólares? O que você fez? A maioria das mulheres teria comprado a outra, de cor diferente. Juntas, as duas custariam 250 dólares, mas cada uma sozinha teria custado 125 dólares. Na média, você se sentiria menos enganada.

Isso é totalmente maluco e ilógico! Mas, sim, é o que as pessoas fazem. Na próxima vez que isso acontecer com roupas, bolsas, assessórios, potes e panelas, cortinas e roupas de cama, PARE! VOCÊ NÃO PRECISA DE DOIS! Guarde o dinheiro!

COMPRAR FAZ ALGUM SENTIDO?

Então, o que estamos dizendo? Pare de comprar e tenha a vida de um monge budista? Fazer compras não é ruim. Eu faço compras. Na verdade, para alguns de meus amigos, eu não faço compras, eu compro. Eu tinha o hábito de comprar várias peças do mesmo item em cores diferentes. Os vendedores me amavam. Eu fazia isso simplesmente porque o tempo era escasso e porque procurar pelo item certo, com o design certo, o melhor tamanho e o preço certo era chato demais.

Acredito em pessoas que foram treinadas para o trabalho. Brian Tracy, em seu livro *The psichology of selling* [A psicologia das vendas], disse que "extraordinários 95% da primeira impressão que você cria em seu cliente são determinados pelas suas roupas. Isso acontece porque, na maioria dos casos, as suas roupas cobrem 95% do seu corpo". Tracy continua, dizendo que quando uma pessoa está bem-vestida, bem treinada, com os sapatos polidos e aparenta profissionalismo, o cliente, inconscientemente, assume que essa pessoa trabalha para uma ótima empresa e que está vendendo um produto ou serviço excepcional. Portanto, vista-se para o seu trabalho com propósito. Vista o seu trabalho. Na verdade, vista-se para o cargo que quer conquistar ou para o qual quer ser promovida. A autoimagem é importante. Mas, por favor, não exploda sua conta bancária ou estoure o seu cartão de crédito. Aqui estão algumas dicas espertas para a hora de fazer compras:

- nunca compre nada que não sirva em você, imaginando que vai perder peso para entrar na roupa;
- nunca compre algo apenas porque está na liquidação. Compre na liquidação coisas de que você já precisava antes;
- espere pela liquidação, quando você poderá comprar roupas básicas com bons preços. A maioria das pessoas não percebe a qualidade das roupas que você está vestindo, mas quase todos sabem se você está usando sapatos ou bolsas de baixa qualidade. Se seus sapatos e sua bolsa de trabalho parecem

baratos, tudo o que você estiver vestindo parecerá barato também. Sapatos e bolsas de qualidade são investimentos importantes. E, claro, um bom relógio de pulso;

- não se sinta compelida a seguir a última moda e ser uma escrava das tendências. Crie o seu próprio estilo. Mulheres em busca de uma carreira deveriam procurar vestir-se consistentemente e criar um estilo distinto e próprio. Desenvolver o seu próprio estilo, entretanto, não significa ter todas as novidades do *prêt-à-porter*. A não ser que você trabalhe com moda e beleza.

Essas são minhas cinco máximas para gastar com sabedoria:

1. *Invista em uma boa educação.* Isso deve ser sua principal prioridade na lista de compras.
2. *Invista em línguas e em como falar em público.* Faça um curso de como se articular corretamente, falar bem e escrever bem.
3. *Invista na sua mente.* Aplique tempo e dinheiro nisso. Leia, assista a documentários, envolva-se em conversas que lhe tragam novos conhecimentos.
4. *Invista nos seus dentes para garantir um hálito fresco.* Faça *check-ups* regulares. Por favor, nada de mal hálito e dentes quebrados ou desalinhados.
5. *Invista em bons relacionamentos.* Despenda tempo com a sua família e procure realmente conhecê-los.

Para mudar a maneira de gastar seu dinheiro você precisa valorizar os produtos financeiros e os investimentos no SEU FUTURO tanto quanto o faz (senão mais) por aquele novo par de sapatos. Para atingir essa meta de maneira sustentável você precisa criar e manter uma forte visão do seu FUTURO EU, por quem irá trabalhar e lutar. Você precisa atentar a esta visão para perceber mais claramente suas metas financeiras.

MULHERES E INVESTIMENTOS

Em sua pesquisa, a professora-assistente de finanças da Insead, Lily Fang, mostrou que 80% das mulheres não se envolvem ativamente em planejamentos financeiros. Ela disse também que mulheres com uma carreira profissional, mesmo as de sucesso, tendem a delegar o planejamento financeiro ao marido! Ainda que as mulheres vivam mais que os homens, levando em conta as estatísticas, elas deveriam se envolver mais com planejamento financeiro e investimentos.

Em pesquisas sobre as preferências pessoais de investimentos, as mulheres demonstram sua exiguidade. A Tabela 3.1 mostra que, geralmente, mais mulheres que homens consideram o processo de investimentos complicado demais ou não estão dispostas a assumir riscos com seu dinheiro.

TABELA 3.1. MULHERES/HOMENS: SENTIMENTOS EM RELAÇÃO A INVESTIR.

Impressões	*Elas concordam*	*Eles concordam*
Eu acho que investir é muito complicado	66%	44%
Não quero assumir riscos com meu dinheiro	24%	11%
Posso assumir algum risco	25%	40%

Fonte: www.efmoody.com

"As mulheres foram ensinadas a investir em estilo de vida e filhos. Os homens, a investir em coisas que detêm valor – uma casa, aposentadoria," diz Ruth Hayden, conselheira financeira e autora do livro *For richer, not poorer: the money book for couples* [Para enriquecer, não empobrecer: o livro do dinheiro para casais]. A autora destaca que a maioria das mulheres gasta dinheiro em coisas que tornam o dia funcional, mas o problema é que muitos desses itens não têm valor de troca (www.bankrate.com).

AS MULHERES PODEM FAZER MELHOR

Muitos estudos, incluindo os realizados por Lily Fang, indicam que, as mulheres não fazem pior que os homens em se tratando de poupar e investir. Alguns estudos na verdade mostram que as mulheres apresentam desempenho melhor que os homens.

Um estudo acadêmico de seis anos realizado pelos professores norte-americanos Terrance Odean e Brad Barber, em 35 mil contas do mercado de ações, mostrou que os portfólios de investidoras apresentavam desempenho 1,4% melhor que a de seus colegas do sexo masculino a cada ano.

Duas pesquisas do site Digital Look, uma em 2001 e outra em 2005, analisaram 100 mil portfólios e descobriram que as mulheres apresentavam melhor desempenho que os homens em ambos os períodos. Do início do ano até 27 de março de 2005, a Digital Look descobriu que os portfólios de mulheres apresentaram, em média, 18% de retorno, enquanto os dos homens retornavam 11%. No mesmo período, o índice FTSE* subiu 13%. Na verdade, os estudos mostram que as mulheres:

- preocupam-se com detalhes e fazem pesquisa;
- são mais cautelosas que os homens;
- estão mais dispostas a pedir ajuda e informações;
- compram e vendem com menos frequência que os homens;
- são menos egocêntricas no quesito investimento (o egocentrismo dos homens entra em choque com sua capacidade de fazer julgamentos financeiros sensatos);
- repetem menos seus erros.

Ao contrário da sabedoria convencional, a pesquisa mostra que as mulheres realmente podem ser melhores investidoras que os homens, se elas tentarem. "Todo o mundo comete erros", disse Hannah Grove, diretora de marketing do banco Merrill Lynch,

* Financial Times Stock Exchange. (N.E.)

"mas investidores de sucesso aprendem com os próprios erros." De acordo com uma pesquisa conduzida pelo Merrill Lynch, em 2005, a habilidade das mulheres de aprender com seus erros era uma das razões pelas quais as investidoras demonstravam mais sucesso. Elas evidenciam menos probabilidade de repetir os mesmo erros. Os homens, por causa de seu ego, revelam maiores possibilidades de continuar a fazer algo apenas para provar que eles estavam certos (www.sptimes.com).

O QUE IMPEDE AS MULHERES DE APLICAR SEU DINHEIRO?

Se as mulheres são boas poupadoras, o que as impede de investir?

Falta de confiança

Uma pesquisa da Charles Schwab, por exemplo, mostrou que apenas 52% das mulheres demonstravam autoconfiança em relação à sua habilidade de investir, comparados a 82% dos homens. Por que as mulheres são menos autoconfiantes?

- *Relutância em conversar sobre dinheiro ou assuntos financeiros.* "Eu não quero conversar sobre isso!" é uma frase comum. Poderia essa resistência geral a conversar sobre finanças residir no fato de que as mulheres não entendem o jargão do mundo de investimentos? É importante entender os termos e os seus significados para fazer seu dinheiro crescer. Você precisa sentir o mesmo conforto para falar sobre fazer dinheiro que você tem para gastá-lo. Conversar sobre dinheiro permite que você receba boas ideias de outras pessoas e a ajuda a avaliar os seus investimentos com mais clareza, para o bem ou para o mal. Para investidores novatos, aprender por meio de conversas com colegas e amigos é mais barato que cometer erros no mercado. Faça o seu dever de casa antes de aplicar.
- *Autoimagem negativa.* Nós mulheres definimos imagens negativas sobre nossas habilidades. A maioria de nós acredita que é péssima em matemática, e, muitas vezes, essa pressuposição dificulta nosso trabalho com números. Pesquisas demonstram que essas afirmações negativas, expectativas sociais e fatores do ambiente reduzem o desempenho das mulheres para algo inferior ao seu potencial nessa área. De acordo com um estudo sobre os universitários da Brown University, o desempenho das mulheres é até 12% melhor em problemas de matemática quando testadas em ambientes sem homens. A pesquisa da Brown University não tinha a intenção de determinar se as mulheres se beneficiariam ou não de escolas exclusivamente para mulheres. Os dados, entretanto, sugerem que as mulheres podem se beneficiar de aulas de matemática em salas exclusivas para elas. Por que as mulheres exibem desempenho abaixo de seu potencial em certos campos na presença de homens? Talvez estejamos programadas pelo nosso meio a acreditar que os homens são melhores.

Motivação insuficiente

A maioria das mulheres casadas que conheço deixa as decisões relativas a investimentos a cargo do marido. Parece ser muito mais fácil para elas conversar sobre gemas de pedras preciosas, polimento, transparência e cores do que falar sobre comprar 20 lotes de ações de uma grande empresa. Percebo isso em muitas das mulheres com quem converso nos programas de desenvolvimento feminino que coordeno. As mulheres mais bem-vestidas sempre pareciam refletir aquela atitude "meu marido toma conta desse assunto" ou "Não tenho tempo para isso".

Mas por que é assim? As mulheres são, no final das contas, caçadoras motivadas quando o assunto é comprar coisas que elas realmente desejam. Aqui está um exemplo: eu estava no aeroporto de Copenhague aguardando pelo meu voo quando minha colega me chamou animadamente e disse:

– Eu preciso comprar um Rolex neste aeroporto.

Ofegante e caminhando mais rápido do que fez em todas as nossas reuniões, ela disse:

– Os relógios Rolex são mais baratos aqui!

O que me espantava era como ela sabia exatamente onde e o que comprar.

As mulheres sabem quando e quanto tempo cada liquidação vai durar. Elas sabem qual loja em qual rua de Hong Kong vende aquela roupa e sob qual preço em que época. As mulheres podem se encontrar por todo o mundo procurando o melhor preço em bolsas, relógios, roupas e até joias, mas quando se fala em produtos financeiros, elas fazem um olhar assustado. Por quê? Não sabemos que precisamos muito mais dos produtos financeiros que de bolsas? Não sabemos?

Vou fazer uma analogia entre investimento e futebol. Talvez o mesmo desconforto que sentimos nas conversas sobre dinheiro aconteça também durante as conversas sobre futebol. O que é esse tal de "impedimento" ou uma "cobrança de escanteio na linha de fundo?" Uma amiga chamada Sandra um dia decidiu que iria aprender isso tudo. Ela acompanhou o marido a todos os jogos de futebol, assistiu aos que passavam na TV com ele e dedicou essa decisão a ele, como forma de demonstrar o seu amor. Hoje, Sandra conversa tranquilamente sobre futebol com qualquer homem, e eles a adoram por isso.

Veja, se você estiver motivada a fazer algo, irá aprender. Sandra estava motivada a aprender sobre futebol. Eu estou motivada a ganhar com meus investimentos, portanto, gasto tempo aprendendo o jargão e tudo o mais necessário para ganhar. Quanto mais eu aprendo, mais apetite tenho para mais informações sobre esse tópico.

> Investir não tem a ver com estar certo ou errado, mas com fazer dinheiro. As mulheres conseguem ignorar seu ego à mesma proporção que os homens têm dificuldade em fazê-lo. Essa habilidade de preterir o próprio ego faz das mulheres grandes investidoras.
>
> *Mike Hamilton, editor e fundador do Global Investment Institute.*

A MUDANÇA E A QUEBRA DE BARREIRAS

Portanto, se quiser alcançar sucesso, talvez precise refletir para remodelar sua autoimagem e responder a algumas perguntas difíceis sobre como enxerga a si mesma, as mulheres e suas funções *versus* como você enxerga os homens. Assim poderá concluir que ser independente e bem-sucedida financeiramente é tão importante quanto ter uma família feliz e irá perceber que está sabotando seu próprio futuro. Pesquisas mostram que sabotamos nossas metas de vida se elas não estão alinhadas a nossos valores e a nossas crenças.

No próximo capítulo, vamos guiá-la em seus primeiros passos para encontrar sua própria autoimagem.

Pense sobre a última armadilha financeira em que você caiu.
O que você comprou? Quanto tempo durou a sua satisfação?
Quanto dinheiro você gastou? Quão útil foi a compra?
Quais outros golpes estão presentes hoje
no mercado de consumo?

Capítulo 4

UMA NOVA VOCÊ

Como em qualquer negócio, a elaboração do exercício de nossa própria vida deveria se iniciar com uma VISÃO. É engraçado como facilmente adotamos esta prática positiva no trabalho e não em nossa vida. Para que a visão se torne REALIDADE, uma série de passos cuidadosamente planejados, determinação e ações são necessaários. Toda pessoa bem-sucedida dispõe de uma "autovisão". Para os empreendedores, a autovisão está normalmente ligada à visão de seus negócios e de sua empresa.

UMA AUTOVISÃO FORTE

Uma autovisão forte é indispensável para o direcionamento do foco de nossa mente e nosso coração ao que desejamos nos tornar. Em muitas culturas antigas e tradicionais, os jovens passam por uma série de experiências planejadas, que podem incluir a solidão, para que obtenham a autovisão que irá lhes proporcionar uma vida adulta consciente. Esse ritual de experiências planejadas, algumas vezes conhecida por "busca pela visão", desapareceu da vida urbana. Naquelas culturas antigas, o ritual marca a transição da juventude para a vida adulta.

Uma autovisão fraca ou inexistente resulta em uma vida sem propósitos. Viver sem propósitos é como pegar o seu carro, colocar a chave na ignição, descer a rua em linha reta e dirigir até bater em algo, ou até que algo bata em você.

A autovisão não pode ser completa sem uma clara percepção de quanto dinheiro você tem, de onde ele vem, de como se sente tendo-o à sua disposição e de como ele será empregado para que você leve uma ótima vida.

VISÃO NÃO EQUIVALE A AMBIÇÃO

Com frequência, nossa autovisão é prejudicada pelo autojulgamento, pelas autocríticas e imagens materiais provocadas pela manutenção de aparências. Para a maioria de nós, é comum confundir ambição com autovisão. A autovisão é mais poderosa que a ambição. A ambição tem apenas uma dimensão. A autovisão é holística; ela perpassa múltiplas facetas do ego e reposiciona toda a pessoa aos olhos da mente. Aqui está um exercício simples de autovisão para você fazer.

1. *Dê a você mesma duas semanas para ler algumas revistas.* Recorte fotos ou textos relacionados a coisas que você ama (incluindo coisas materiais), lugares aos quais você gostaria de ir e pessoas que admira ou das quais gosta

porque elas possuem qualidades que você gostaria de dispor, como bondade, generosidade, inteligência e humor.

2. *Reserve um tempo nessas duas semanas para refletir.* Se você tem o seu caminho na vida, existiria UMA pessoa em quem você gostaria de se espelhar? Não faça uma análise superficial. Não se imagine uma Victoria Beckham, por exemplo, a não ser que você deseje também o seu estilo de vida e, se for isso mesmo, escreva em uma folha de papel. Não existe certo ou errado, apenas o que você realmente quer em seus desejos mais íntimos. Você pode até querer tirar uns dias de férias para fazer isso. Faça uma caminhada na praia. Reflita.
3. *Em cada dia, feche os olhos por dois minutos e imagine você mesma daqui a cinco, dez e 25 anos.* Quem você quer ser? Agora que você tem uma visão de si mesma daqui a cinco anos, qual é a sua autovisão financeira? Quanto dinheiro você quer ter? Qual será o valor dos seus bens? Você terá uma casa própria? E um carro? Quanto de liberdade financeira você teria? Você consegue enxergar um meio de chegar lá?
4. *Guarde essas imagens na sua cabeça.* Escreva-as em uma folha de papel. Cole as fotos que você recortou. Faça um quadro de declarações e coloque-o em algum lugar de destaque da casa, onde você possa revisá-lo constantemente. Pode ser até em um álbum de fotografias sobre seu criado-mudo, ao lado da cama.
5. *Todas as manhãs, ao levantar, e todas as noites antes de dormir, olhe para as fotos da Nova Você e revise o que quer para si.* É necessário planejar os passos para adquirir o que deseja.

SUBDIVIDINDO A VISÃO EM PASSOS DEFINIDOS

Depois de definir uma forte imagem mental da Nova Você é preciso estabelecer os passos para alcançar essa visão. Como em qualquer plano de negócios, você pode trabalhar os passos de trás para frente, do estado desejado para o estado presente, para determinar o que lhe é necessário para chegar lá.

Claro, a vida não é um mar de rosas, e, à medida que você colocar em prática esses passos no dia a dia, surgirão reviravoltas e imprevistos. O que o plano faz é ajudá-la a identificar os principais marcos ou pré-requisitos de que você precisa para o sucesso.

Não seja impaciente com você mesma enquanto se aplica nessa atividade. Para efetuar um exercício completo de autovisão são necessários alguns capítulos do livro. Aqui eu dei um pontapé inicial para o seu novo eu. É um início importante, mas apenas um início. Faça mais o seu dever de casa nessa área. É necessário que você mesma encontre quem realmente quer ser. Para mais exercícios de autovisão, procure uma boa palestra sobre desenvolvimento pessoal, ou visite meu site: www.gorgeoussexyrich.com.

CRENÇAS

O escritor e palestrante Harv Eker definiu o raio X financeiro de uma pessoa em sua série de palestras e livros sobre a mente do milionário. Nós apresentamos esse raio X em nossa essência. É importante entendê-lo para que possamos mudá-lo e quebrar seu padrão.

Em um treinamento voluntário que realizo para mulheres de baixa renda, falo sobre imagens autolimitadoras que carregamos conosco. Em um slide, por exemplo, mostro fotos de uma família feliz e financeiramente segura ao lado de uma família pobre. Depois, pergunto às participantes com qual família seu coração se identifica. Muitas dessas mulheres se enxergam como a família pobre, lutando por dinheiro o tempo todo.

Qual imagem você carrega na sua cabeça? Essa foto que você guarda pode, de fato, tornar-se a sua realidade. Muitos estudos indicam que nossos pensamentos dominantes determinam os resultados em nossa vida. Surpreendente, não é? Aqui estão alguns modelos mentais de crenças com os quais tive contato:

- *Pâmela, a pobre.* Nós somos pobres e sempre seremos pobres. Não tenho dinheiro suficiente para comprar uma bolsa nova. Essa aqui, velha e rasgada, vai quebrar o galho.
- *Bárbara, a batalhadora.* Tenho apenas o suficiente todos os meses para colocar a comida na mesa para a família. Gostaria de ter apenas um pouquinho mais.
- *Denise, a defensiva.* Preciso proteger tudo o que tenho. Devo ter cuidado com quem eu converso e com o que eu digo. As pessoas querem tirar o que me pertence. Elas querem sempre me enganar.
- *Lúcia, a lutadora.* Eu tenho que lutar por tudo na minha vida. Se eu quero uma promoção, preciso lutar por ela. Se quero um aumento, preciso lutar por isso.
- *Vera, a vencedora.* Eu sou bem-sucedida. Eu pareço e sinto-me fantástica. As pessoas escutam quando falo porque sou ótima!

Essas crenças influenciam nosso modo de agir. Pâmela, a pobre, por exemplo, pode nunca perceber uma oportunidade à sua frente porque não acredita nessa possibilidade. Ela poderia nem perceber se uma nota de 100 dólares fosse deixada na porta da sua casa. E se ela visse e pegasse essa nota, ela não a utilizaria em um investimento. Provavelmente gastaria todo o dinheiro e retornaria ao seu estado de pobreza. As crenças nos transformam naquilo em que acreditamos ser.

Você deve estar rindo de mim por ter pensado que existe alguma oportunidade em uma nota de 100 dólares. Eu conheço uma mulher determinada, Aini, que tinha seus altos e baixos. Quando ela ganhou 100 dólares, decidiu mudar sua vida. Trabalhou duro e fez pacotinhos de temperos para vender em uma praça de alimentação. Ganhou 700 dólares naquele fim de semana. Agora ela pensa em viver disso e tem planos para abastecer dez praças de alimentação em dois anos. Viu o que 100 dólares podem fazer quando você pensa positivo?

Não importa se chamamos de estilo financeiro, ou raio X financeiro, o modo como enxergamos o dinheiro está lá no fundo de nossa psique. Muito desse condicionamento vem da nossa família. O método de Harv Eker e outros programas bem-sucedidos sobre dinheiro expõem como as pessoas são condicionadas desde novas a pensar sobre dinheiro. Todos somos condicionados de uma maneira ou de outra. Como você é condicionada? Você sabe?

Aqui estão alguns exemplos comuns de crenças que carregamos em nossa mente:

- "Gente rica não é feliz. Seus casamentos são um fiasco. Se você é rico, é bem provável que o seu cônjuge não seja confiável e que seu casamento irá falhar."
- "Se você venceu, apenas teve sorte. Você deve comemorar sua sorte comprando para você um presente superlegal."
- "Se você ganhar, deve doar tudo para a caridade para fazer uma boa ação."
- "É melhor ser pobre e feliz a rico e infeliz."
- "Dinheiro não é tudo. Não precisamos dele para ser felizes."
- "Desde que tenhamos comida o suficiente e roupas para vestir, podemos ser felizes."

E a lista continua. Ouvimos essas crendices todos os dias. Seu fim financeiro será o resultado da maneira como você continuar a pensar e se comportar em relação ao dinheiro. Não importa se somos Britney Spears, Bill Gates, Warren Buffett ou Jeffrey Skoll, agiremos de acordo com nossas crenças financeiras, tendo ou não consciência disso.

VOCÊ TEM O PODER PARA MUDAR

Vários livros disponíveis no mercado já falam sobre o poder do pensamento positivo, o poder de atrair coisas positivas para a nossa vida por meio da reflexão. Sem repetir todas essas técnicas neste livro, eu concordo com a maioria delas. Por favor, invista seu tempo na leitura desses livros para mudar a maneira como você vê o mundo. Há muitas pedras a serem polidas. Procure aprender bastante sobre isso.

A melhor notícia é que qualquer um pode mudar suas crenças e a maneira como se comporta. Estudos mostram que se você faz algo de modo consistente e previsível durante o período de trinta dias, esse novo padrão se fixa em seus processos sinápticos e você aprende um novo comportamento. Uau! Nós temos o poder para mudar! E, sim, isso pode ser feito. Podemos ensinar a nós mesmas como ser diferentes. Podemos nos reprogramar.

Eu li e reli os escritos de Gandhi e seu biógrafo, Louis Fisher. Fisher disse que Gandhi não foi sempre a pessoa que conhecemos. Ele começou a mudar aos 37 anos. Antes da mudança, ele era mal-humorado e gritava com a esposa. Ler isso me deu uma grande esperança de que qualquer um pode decidir mudar e se tornar uma nova pessoa. Qualquer um.

AÇÃO E MAIS AÇÃO

Qualquer indivíduo pode visualizar o que quer. Qualquer um pode fazer vários planos e orçamentos. Mas antes de alcançar a disposição para colocar os planos em prática, visões e planos são inúteis. É a ação que torna a realidade possível. Os maravilhosos livros motivacionais de Napoleon Hill, Wallace Wattle e muitos outros, mostram que FAZER é tão importante quanto pensar. Além disso, se você falhar na primeira vez, CONTINUE TENTANDO. Tente fazer diferente. Faça funcionar, não importa o quê. Você irá se tornar financeiramente independente se for determinada o bastante. Pequenas derrotas não irão pará-la; eles nada poderão. Se você é determinada e age de acordo com a sua visão para o futuro, ninguém irá segurá-la.

> Qualquer um pode mudar suas crenças. Baseie-se no lema de Vera, a vencedora: Eu sou bem-sucedida. Eu pareço e sinto-me fantástica. As pessoas escutam o que eu falo porque sou ótima!

VOCÊ NÃO PODE DELEGAR O SEU PLANEJAMENTO FINANCEIRO!

Eu conheço algumas mulheres que nunca fizeram uma declaração de imposto de renda em toda a sua vida. Elas dependem do marido para fazer isso por elas. Eu me lembro de fazer a minha primeira declaração com o meu primeiro marido. A experiência, eu admito, foi bem intimidante na primeira vez. Mas eu decidi, depois disso, que fazia mais sentido fazê-la sozinha e, assim, aprendi.

Sua responsabilidade

Se você é casada, não deixe que o seu marido decida o que é melhor para os dois quando se fala em dinheiro. Principalmente se você é uma dona de casa, ou mãe que decidiu deixar a vida profissional para cuidar dos filhos. Participe sempre. Encontre uma maneira de se fazer ouvir sobre como o dinheiro da família deve ser administrado. Faça isso junto dele.

Caso seu marido faleça repentinamente, você não desejará sofrer grandes choques. Não fará sentido e será tarde demais para culpar em um homem morto por sua falta de cuidado em relação a você mesma. Você deve a si própria cuidar do seu futuro interessando-se pelos assuntos financeiros da sua unidade familiar. É sua responsabilidade saber e planejar enquanto ele está vivo.

(Aos homens que lerem isto, eu peço que sejam responsáveis e estimulem suas esposas a se interessar pelos assuntos financeiros caso sejam donas de casa. Não tomar essa atitude é ser egoísta.)

Mei, uma amiga querida, é uma mulher maravilhosa. Seu marido, Jonathan, era um bem-sucedido proprietário de uma empresa de reformas. Mei costumava trabalhar como sua coordenadora de projetos e design. Quando encontrei Mei por acaso, recentemente, soube que Jonathan faleceu depois de lutar por dois anos contra um câncer. Mei ficou sozinha e descobriu que a casa deles fora usada como garantia para um empréstimo da empresa. A conta-corrente da família estava próxima do zero. As despesas médicas consumiram 200 mil dólares da poupança da família. Se a casa fosse vendida, ela não teria nem moradia, nem dinheiro e, pior, ela era beneficiária de uma empresa devedora e uma casa ainda hipotecada para o banco.

Mei não sabia de nada disso quando seu marido estava vivo. Ele escondera aquela informação dela. E o pior, depois de sua morte, ela descobriu que Jonathan teve um caso com sua secretária quando era saudável. Imagine o seu choque e a sua sensação de ter sido traída. Mei entrou em depressão. Finalmente, depois de alguns anos, conseguiu lutar contra tudo isso. Ela definiu passos para colocar a velha empresa em ordem e renegociar as dívidas, e abriu sua própria empresa de reformas. Ela reconstruiu sua vida. Mas isso levou tempo e uma grande batalha emocional. Eu admiro muito Mei por sua beleza e força interior.

Tome a dianteira

Ter um marido ou parceiro para cuidar de você é ótimo. Ter pais que cuidem de você também é ótimo. Mas VOCÊ precisa tomar a dianteira quando o assunto é o SEU dinheiro e o SEU futuro financeiro.

Você precisa criar seu próprio planejamento, não importa se é solteira ou casada. Se for divorciada ou viúva, espero que já tenha um plano em prática. É muito doloroso, nesses casos, não ter um planejamento financeiro, poupanças ou investimentos. É muito solitário. Perder o seu amado já é triste o suficiente. Saber que está quebrada e sozinha dobra o sofrimento. Eu odiaria pensar em acordar um dia e me perceber sozinha e sem dinheiro.

Para as que ainda acreditam que devem apenas depender do marido ou parceiro, aqui estão algumas questões:

1. E se ele morrer de repente? E se ele a deixar quando você estiver hospitalizada?
2. E se você ficar doente de repente? E se ficar hospitalizada por quatro meses sem renda ou se engravidar amanhã?
3. E se ele for demitido? E se você for demitida?
4. O que vai acontecer com os seus filhos quando eles fizerem 18 anos? Quem vai pagar pelos seus estudos?
5. Como é o financiamento de sua casa? Para quem ficará a casa se qualquer um dos dois morrer?
6. Você tem algum seguro? Quem é o beneficiário?
7. Quanto em bens possui o seu marido? E a sua família?

É sobre mim, eu mesma e apenas eu!

Antes de um avião decolar, os comissários explicam os procedimentos de emergência. Eles instruem os passageiros a cuidar de si mesmos antes de cuidar das crianças, em especial para colocar a máscara de oxigênio primeiro em si próprios e depois nas crianças. Da mesma maneira, se você está solteira, casada ou divorciada, quando se fala em planejamento financeiro e liberdade, você precisa ser egocêntrica. Você precisa pensar que "isso é sobre mim, eu mesma e apenas eu!" Apenas depois de ajudar a si mesma a se tornar financeiramente independente, você poderá ajudar os outros, incluindo as pessoas da sua família.

A maioria das mulheres comete o erro de se preocupar com todo o mundo primeiro e depois consigo mesmas. Errado, errado e errado! Cuide-se primeiro, depois, dos outros.

PENSAMENTOS PARA A NOVA VOCÊ

Ao longo do livro dividirei alguns pensamentos com você.

Ser rica é seu direito de nascença

Antigamente, os homens saíam para caçar e as mulheres ficavam em casa para cozinhar, alimentar a família e arar a terra. Arando a terra, as mulheres eram donas dela e dos frutos que ela produzia. Semeavam e colhiam os cereais e armazenavam a produção. Eram elas também que alimentavam e domesticavam os animais. Eram as mulheres que construíam o sustento de longo prazo para as famílias. Foram elas que criaram a "renda" e a "renda recorrente". O comércio de escambo surgiu para possibilitar transações entre famílias, tribos e vilas. Para mim, portanto, as mulheres dominavam a verdadeira riqueza naqueles tempos.

Os homens eram apenas os caçadores. Eram as tropas enviadas para matar o tigre gigantesco que ameaçava a vila. Somente quando as armas foram inventadas os homens começaram a pilhar terras cultivadas por outras comunidades e a transferência de poderes entre homens e mulheres aconteceu.

Levando em conta a antropologia, você tem o direito de ser rica por ser uma mulher. É seu direito de nascença. Você sabia disso?

Deixe-me provocá-la com a próxima pergunta. Se os homens, historicamente, por meio de armas, tomaram o poder sobre a riqueza das mulheres, de vilas, estados e nações, o que as mulheres devem fazer se querem um futuro diferente para a humanidade? Acredito que elas deveriam voltar para a liderança, desse modo os valores e o pensamento seriam balanceados. Graças a Deus, a guerra pela riqueza hoje não é mais disputada apenas com o poder de fogo, mas também como o poder da mente.

Quem se preocupa com o que as falidas pensam!

À medida que você começar essa jornada para construir seu novo eu, existirão pessoas invejosas. Umas tentarão pedir dinheiro emprestado assim que souberem que você o tem. Outras irão contar histórias de terror sobre gente que perdeu tudo. Algumas tentarão tirar você do caminho.

Mas por que as pessoas fazem isso? Elas não gostam de mudanças. É muito trabalhoso mudar com sucesso para uma direção positiva. Elas gostam ainda menos quando alguém muda para um patamar mais bem-sucedido que elas. O que você precisa é manter-se no curso. Continue firme.

Aqui está uma história (adaptada) do guru financeiro Dave Ramsey:

Um jovem rapaz chamado Luke se casou com uma noiva muito bonita. Os dois se mudaram para um pequeno apartamento sobre um estacionamento. Eles ganhavam 80 mil dólares por ano e poderiam financiar uma casa própria. Decidiram que comprariam uma casa usando o dinheiro que tinham, sem recorrer a um empréstimo de banco. Os dois trabalharam duro para isso. Cortaram suas despesas para 30 mil dólares por ano. No curso de três anos, tinham poupado 150 mil dólares. Em alguns estados, isso é o suficiente para comprar uma casa decente. Compraram a casa que escolheram pagando à vista. A esposa de Luke tinha 26 anos de idade quando isso aconteceu.

Durante o período de poupança, os amigos de Luke acharam que ele era louco. Todos eles pagavam financiamento de casa e de carro e compravam tudo a crédito. Não é difícil imaginar que, depois de ter sua casa própria e manter um rígido orçamento de 30 mil dólares por ano, além de um aumento de salário de ambos, eles foram capazes de acumular riqueza bem rápido. Depois da primeira casa, eles conseguiram comprar a segunda, a terceira e a quarta propriedades. Com tudo isso, acumularam riquezas muito além da imaginação de seus amigos.

Ramsey termina a história perguntando, "Quem se importa com o que os falidos pensam?". Está certo. Quem se importa? Seu trabalho é acumular dinheiro para que se torne financeiramente independente. Mantenha o foco. Faça isso. Ninguém mais fará isso por você.

Não se preocupe com coisas pequenas

Existem muitas pessoas boas que se preocupam tanto com coisas pequenas em sua vida que não percebem o grande panorama. Conheço mulheres que ficam nervosas por levar uma multa de trânsito, ou por serem desprezadas em uma festa.

Foi o que o meu antigo colega Heng me ensinou. Ao final de um almoço junto ao pessoal de nosso departamento, nós caminhávamos em direção ao seu carro quando encontramos, no para-brisa, um aviso de que o carro fora multado. Ele pegou o aviso, leu, amassou e jogou fora. Meu Deus! Eu fiquei estarrecida. Heng disse: "Eles enviarão uma carta daqui a alguns dias, então, pagarei. Coisa pequena. Não deixe isso estragar o ótimo almoço que tivemos."

Cada vez que sou multada, crio um aviso mental para ser mais cuidadosa da próxima vez. Depois disso, amasso mentalmente o aviso, jogo fora e digo a mim mesma para seguir adiante. Afinal, eu vou ter de pagar de qualquer maneira. O erro já foi feito. Para que ficar nervosa com o passado? O evento já passou. Siga adiante.

Em administração financeira, "não se preocupar com coisas pequenas" também pode ser traduzido em "por favor, não gaste muito tempo negociando um desconto de 20 centavos no preço do peixe a não ser que você pretenda comprar toneladas dele para um restaurante e os 20 centavos sejam para cada quilo ou cada 100 gramas". Seu tempo é dinheiro e você precisa encontrar o equilíbrio entre descobrir a melhor oferta e o valor do seu tempo.

Faço a maior parte da minha compra de supermercado pela internet para ganhar tempo. Sim, pago alguns dólares pela entrega, mas se eu fosse até lá, eu teria de pagar pela gasolina e pelo estacionamento. Portanto, eu navego pelo site do supermercado uma vez por mês e compro todos os produtos não perecíveis assim. Isso economiza o meu aborrecimento. Adoto essa filosofia de consciência do tempo para muitas coisas. Não gastaria metade do meu dia para economizar 100 dólares, porque sei que o meu tempo, teoricamente, vale mais do que isso se eu investi-lo para aprender algo ou ganhar dinheiro.

Minha mãe me liga a cada quinze dias para avisar que a minha empregada doméstica, possivelmente uma das melhores de Cingapura, está comendo demais e assaltando a minha geladeira. Minha resposta a ela é que não vou perder tempo policiando a minha funcionária para ver o que ela come se a diferença na minha conta de supermercado provavelmente não passaria de 10 dólares por semana.

Esqueça o passado, siga adiante

Todo o mundo conhece alguém que fica preso às perdas do passado, lamentando, sempre que encontra alguém, sobre a fortuna que perdeu.

Uma das melhores coisas que você pode fazer a si mesma é esquecer o passado, não importa se foi bom ou ruim, e seguir adiante. Por essa razão, adoro aquele desenho da Disney, *A família do futuro*. O lema do desenho é "continue seguindo adiante". Parece que Walt Disney também seguia esse lema.

Sim, você já ouviu isso muitas vezes. Mas você consegue fazer isso? Você consegue comemorar os sucessos e depois colocá-los de lado para focar o próximo sucesso? Você consegue aprender com os fracassos e insucessos e, depois de aprender a lição, colocar tudo de lado e focar na próxima meta à frente?

Já cometi muitos erros e coloquei todos eles de lado para continuar seguindo em frente na vida. Por exemplo, vendi uma linda casa quando o mercado não estava muito bom. Em vez de receber 1,5 milhões de dólares por ela, eu mal consegui repor o meu investimento. Em outra ocasião, consegui perto de um milhão em uma negociação de um imóvel, mas vendi muito cedo e poderia ter ganhado mais 500 mil dólares, ou talvez mais. Investi 100 mil dólares em um novo negócio e confiei no diretor para comandar tudo. Quando ele falhou, tive de arrumar a bagunça, já que era membro fundadora. Já emprestei 10 mil dólares a um colega porque sua mãe estava doente. Ele me deu algumas notas promissórias e cheques pré-datados que voltaram. Até hoje, ele não me pagou. Tentei fazer contato com ele, mas ele não retorna minhas ligações nem responde aos meus e-mails.

Eu penso algumas vezes nesses enganos, mas não deixo que eles tomem conta da minha vida e me desencorajem. O mais importante é que nos anos que se seguiram, eu não abaixei a cabeça. Para mim, a questão era perseguir o mercado e me certificar de não ficar para trás. Em outras palavras, tive de garantir que minha posição mínima de sucesso fosse a que acompanha o mercado.

Como a nova você, aprenda com os erros passados. Não deixe o seu passado assombrá-la. Esqueça seus enganos. Siga adiante. Caminhe para a frente.

Se você tomou uma decisão financeira ruim,
aprenda a lição e siga adiante.
Se você nunca tomou decisões financeiras na sua vida
e se arrepende dessa ausência de autonomia, levante-se hoje
mesmo e comece a trabalhar para o seu futuro.
A única maneira de mover-se para a frente
é começar e continuar seguindo em frente.

Mantenha o equilíbrio

Keon e eu salientamos que a vida deve ser equilibrada. Keon enfatiza isso mais que eu, e o tempo todo.

Mulheres atendem a seminários e workshops e saem deles reenergizadas, motivadas a mudar. Em alguns casos, essa carga de energia é tão poderosa que as faz desejar reorganizar sua vida completamente. Isso é ótimo. Entretanto, para que a mudança perdure, ela deve ser encarada com equilíbrio. Em sua disposição a se transformar em uma nova pessoa, por favor, considere o equilíbrio.

Não se preocupe com coisas pequenas.
Foque no grande panorama e nas grandes metas.
Valorize seu tempo. Valorize a si mesma. Esqueça o passado.
Continue seguindo adiante. Essa é a nova você.

PARTE DOIS

Fundamentos do dinheiro

DA VISÃO PARA A REALIDADE

Na parte um, nós falamos sobre a importância de ter uma forte autovisão, que também inclui uma visão financeira, para você alcançar suas metas na vida. Destacamos que o caminho da visão para a realidade é a ação. Idealmente, como todos os grandes visionários, você pode montar seu planejamento de trás para a frente para determinar os passos que precisa seguir.

Em seu livro, *Como ficar rico* (Campus, 2004), Donald Trump fala sobre sua teimosia enquanto perseguia acordos e negócios. Ele escreveu sobre a sua visão de transformar o Hotel Commodore, em 1974, em um hotel moderno e sofisticado. Ele tinha um plano dividido em seis etapas. Cada uma indicava claramente o que ele precisava fazer para criar riqueza ao longo da transformação.

As partes listavam ações classificadas em "a fazer", "para mudar", "para investir". O espantoso é que esse grande homem transformou uma visão em realidade em seis etapas e em dois anos. É isso o que ele quer. Ele cria uma lista de afazeres para chegar lá. Depois, ele se levanta, vai lá e faz. O bilionário Peter Lim e o bilionário Robert Kuok também fizeram o mesmo.

Você quer chegar lá? Então precisa identificar o que quer. Em seguida, crie um cronograma do fim para o início e elabore um plano de ação de seis a dez itens. Depois é só levantar-se e começar a agir. O meu trabalho neste livro é apenas dar a você algumas ferramentas básicas e caminhos para a sua estreia.

As partes dois, três e quatro não serão fáceis. A parte cinco é simples; ela descreve as passagens da vida pelas quais uma mulher tem a expectativa de passar. Entretanto, se você quer ser financeiramente independente precisa ler a parte difícil. Deve começar sua compreensão sobre a riqueza. Entender a linguagem do dinheiro irá ajudá-la a alcançar sua visão financeira.

CONHECIMENTOS BÁSICOS PARA QUALQUER INVESTIDOR

Você precisa saber ou entender o que vem a seguir para se tornar uma investidora:

- visão pessoal – metas de vida e metas financeiras;
- administração do orçamento financeiro pessoal e gerenciamento de dívidas;
- poupança e gerenciamento de poupança;
- fundamentos sobre poupar;
- patrimônio líquido pessoal;
- diversificação de investimentos;
- estratégias de investimento.

Na parte dois, nós destacamos os seguintes conceitos que lhe servirão de base para a leitura do restante do livro:

- orçamento;
- patrimônio líquido e os números da riqueza;
- inflação;

- risco e gerenciamento de risco;
- estratégias de investimento.

Na parte três, descreveremos os produtos financeiros.

Na parte quatro, discutiremos:
- administração de investimentos e diversificação;
- produtos de investimento;
- psicologia pessoal do investimento. Esse tópico é importante para qualquer investidor. Você precisa conhecer a si mesma como investidora, porque você pode ser sua maior ameaça.

Continue a leitura. Você está a caminho de sua liberdade financeira.

Capítulo 5

UM ORÇAMENTO PARA GASTAR COMO LOUCA

SUA RELAÇÃO EMOCIONAL COM O DINHEIRO

Gente rica sente prazer em ler extratos bancários, pois deliciam-se vendo o quanto elas têm. Gente pobre odeia ver o extrato bancário, porque ele normalmente mostra o pouco dinheiro que elas têm. Qual das duas é você?

O problema é que nós vemos o dinheiro como um meio para atingir um fim, e não um fim em si mesmo. É por isso que acabamos gastando e gastando. Estamos apenas cumprindo com a nossa crença interior de que o dinheiro é um meio para um fim. E se o nosso "fim" é "estar na moda", vamos usar o dinheiro para alcançar essa meta, em vez de guardá-lo e fazê-lo crescer.

Se você não valoriza a alegria simples de ver o dinheiro na sua conta bancária, é bem provável que, ao contrário disso, você sinta uma necessidade desenfreada de encher a sua casa e a sua vida de coisas. É necessário reprogramar a maneira como você encara o dinheiro. Antes de completar essa autorrevisão será muito difícil e demandará muita força de vontade para poupar e investir na sua liberdade financeira.

É necessário que você QUEIRA ser financeiramente livre. Você deve QUERER parar de cair em armadilhas do dinheiro. Precisa QUERER ser rica, afastando qualquer pensamento negativo interior que possa levá-la a uma autossabotagem. O primeiro passo é montar uma PLANILHA.

NÃO ME DIGA COMO EU DEVO USAR O MEU DINHEIRO!

A maioria das pessoas não gosta da palavra "planilha". Mas será que podemos culpá-las? Montar uma planilha, com orçamento definido, significa NÃO gastar dinheiro da maneira que queremos. Fazer um planejamento significa gastar menos, analisar no que gastamos e, algumas vezes, não gastar nada.

Mas a criação e a manutenção de uma planilha é extremamente necessária, pois ela dá suporte à liberdade financeira de qualquer um. Enfatizo: qualquer um, de trabalhadores assalariados a multimilionários. Mesmo os ricos se atêm a seu orçamento para manter-se ricos. A razão é simples: se você não planejar seus gastos irá gastar demais; se gastar demais, terminará sem dinheiro. Foi divulgado certa vez que Britney Spears ganhava 737 mil dólares por mês e gastava tudo. A opinião geral é que ela estava gastando como uma louca e, se nada mudasse, ela ficaria sem nada. Veja, não importa se você ganha 737 mil, 7 mil ou 73 mil, você ficará sem nada se gastar tudo.

REDEFINA, SEJA RESPONSÁVEL E ENVOLVA-SE

Eu detestava fazer planilhas até o dia em que eu consegui redefini-las. Elas agora me ajudam a definir qual a porção do meu dinheiro eu posso jogar fora em rímel dourado para a festa de fim de ano, para combinar com aquele vestido italiano bem caro que eu comprei em Melbourne, na Austrália.

Em vez de pensar em planilhas como uma medida de controle, penso nelas como um meio de gastar como uma louca e sem culpa. Mas apenas DEPOIS de tomar duas medidas responsáveis:

1. Separo uma parte do dinheiro para poupar e ter a minha liberdade financeira.
2. Pago as minhas contas em dia.

Depois de tomar essas medidas, posso gastar o que sobra como bem entender. Veja, desde que eu possa gastar desvairadamente em alguma medida, eu fico bem. Isso remove a minha má-vontade em fazer um plano de gastos e a sensação de estar amarrada. Claro, o que eu separo para a minha liberdade financeira e o que vai para a seção de contas determina o que vai sobrar para o gasto insano. Naturalmente, é ridículo separar apenas um centavo por mês para a poupança, para que o resto possa ficar para os desatinos. Você deve respeitar sua autovisão e montar um plano geral à medida que separa fundos para a poupança.

> A pergunta que deve ser feita é: quanto dinheiro eu devo separar todos os meses para alcançar uma quantidade de fundos desejada dentro de um certo período para realizar minha autovisão financeira?

PRIMEIRO PASSO: FAÇA UMA PLANILHA

Sua planilha é o primeiro passo para a liberdade financeira. É um simples plano financeiro que separa em itens o que você ganha, o que você gasta e o que você poupa. É possível compará-la a uma relação de rendas de uma empresa.

Uma planilha bem-composta conta a você o que entra e o que sai da sua conta. Ela deve ser suficientemente simples para que você a guarde de cabeça e para que possa trabalhar nela de maneira cotidiana para adquirir disciplina. Uma das piores coisas relacionadas a planilhas, entretanto, é gastar um tempão elaborando-a e detalhando-a para usá-la apenas uma vez – no dia em que é criada.

O truque para fazer um planejamento é primeiro certificar-se de que a sua renda é maior que sua despesa básica, o que inclui as despesas fixas e as dívidas assumidas. Se você não ganha o suficiente para cobrir até mesmo a sua despesa básica, você realmente precisa apertar os seus gastos, ou ganhar mais, ou rezar por uma reviravolta em sua vida. Como as reviravoltas acontecem muito raramente, mantenha o foco nas primeiras duas opções!

COMPONENTES DE UMA PLANILHA

Vejamos quais são os componentes de uma planilha na Tabela 5.1.

TABELA 5.1. COMPONENTES DE UMA PLANILHA.

	Renda	*Quantia*
	Salário	
	Aluguéis e comissões	
	Dividendos e juros	
	Outros	
A	RENDA TOTAL	
B1	CONTA DA INDEPENDÊNCIA FINANCEIRA	
	Poupança para a aposentadoria	
	Poupança para investimentos	
	Poupança para a educação dos filhos	
B2	DESPESAS FIXAS	
	Prestação do carro	
	Financiamento da casa	
	Seguros	
B3	DESPESAS BÁSICAS	
	Supermercado	
	Utilidades	
	Telefone	
	Transporte	
	Faxineira	
	Outros	
B4	DESPESAS DISCRICIONÁRIAS	
	Vestuário	
	Diversão	
	Comer fora	
	Hobbies/Esportes	
	Férias	
B	TOTAL DE POUPANÇAS E GASTOS	
A-B	DINHEIRO ADICIONAL PARA GASTAR OU POUPAR	

Sua renda

É o valor que entra na sua conta bancária. Inclui o salário, os rendimento da poupança, os dividendos, as comissões e o dinheiro do aluguel de propriedades que você possui. A renda não inclui empréstimos bancários ou do cartão de crédito adquiridos como um meio de aumentar sua possibilidade de gastos.

Sua conta da independência financeira

Essas são as poupanças para objetivos de longo prazo, como a aposentadoria, aquisição de um imóvel ou o pagamento da universidade dos seus filhos. Lembre-se de cuidar de você mesma primeiro. Veremos mais sobre isso depois.

Seus gastos

A elaboração de uma planilha deve ser iniciada pelo levantamento dos gastos correntes. Isso irá ajudá-la a elaborar um orçamento realista. Não faz sentido inserir números idealizados em qualquer um desses campos sem saber quais são seus hábitos mensais.

Portanto, pegue uma caixa de sapatos e marque claramente "caixa do orçamento" na tampa. Por um período de dois ou três meses, faça um levantamento da sua renda e despesas. Qualquer recibo, notinha, contracheque e fatura de cartão de crédito que você receber, coloque dentro da caixa. No final do período, classifique os recibos, as notas e as faturas nessas categorias.

Na primeira vez que classificamos nossas despesas ficamos chocadas ao perceber que gastamos mais em sapatos em um mês que em comida. *Voilá*! Então compreendemos para onde o dinheiro realmente foi. E pensávamos que o dinheiro era usado apenas para necessidades básicas. A dolorosa verdade a respeito de como gastamos geralmente vem à tona quando analisamos nossos gastos mensais.

Despesas fixas

Despesas fixas são aquelas mesmas quantias que você gasta todos os meses. Elas incluem o pagamento do financiamento da casa, franquias de seguros e pagamento de aluguel. Essas são, provavelmente, as mais difíceis de cortar. Mas se elas estão causando um buraco considerável no seu bolso, você precisa pensar em como reduzir seu valor, talvez trocando seu carro por um menor, ou comprando um imóvel mais barato.

Há alguns anos, um ex-colega de trabalho, Damien, marcou um encontro comigo. Enquanto tomávamos chá, ele me pediu um empréstimo. Seu irmão se recusara a ajudá-lo, ele disse. Damien queria pegar emprestado 5 mil dólares para pagar suas dívidas de cartão de crédito. Fiquei surpresa. Damien e sua família sempre se deram bem. Ele parecia estar bastante desesperado. Eu não gosto de emprestar dinheiro para ninguém. Mas eu gostava de Damien, de sua esposa e da filhinha deles. Então disse a ele que pensaria no assunto.

No dia seguinte, dei a ele um "sim" condicional. A condição era que ele iria deixar eu ajudá-lo a planejar suas finanças. Ele concordou. Eu fiz um cheque de 5 mil dólares e nós marcamos um encontro para a semana seguinte. Com o cheque nas mãos, Damien correu para pagar sua fatura do cartão de crédito.

Quando começamos a trabalhar sobre as despesas dele na semana seguinte, ele me contou que sua esposa era dona de casa e que ele acabara de comprar para ela um lindo carro cor-de-rosa para que passeasse por aí. Analisando sua planilha, eu sabia que não existia nenhuma possibilidade para ele balancear seus gastos – uma renda, uma esposa bonita, uma filhinha linda, roupas de marca combinando e um lindo carro com pintura metálica cor-de-rosa.

Como eu soube disso tão rapidamente? Eu usei as minhas planilhas dos últimos anos como padrão para analisar as despesas dele. Eu jamais compraria um carro se estivesse ganhando 7 mil dólares por mês, com dois dependentes e um financiamento de imóvel. Depois dos descontos legais como Imposto de Renda e outras taxas, ele chegava em casa com pouco mais de 5 mil por mês.

Pagando 700 dólares da prestação do carro, mais um adicional de gasolina, taxa rodoviária e manutenção, Damien tinha de separar mil dólares todo mês só para o carro, o que o deixa com apenas 4 mil dólares por mês. Isso é muito dinheiro e poderia sustentar uma família que não jantasse fora, bebesse café no Starbucks e se vestisse tão bem. Para Damien, 4 mil dólares não era o suficiente. Para seu estilo de vida, seria necessário que ele ganhasse perto de 10 mil dólares por mês, para que fosse sustentável.

O lado bom da história de Damien é que ele me pagou o empréstimo. Eu não sei como fez isso. Deve ter apertado bem suas despesas. Até hoje acho que ele não deveria ter comprado um carro novo, comprometendo-se com uma prestação tão alta todos os meses.

Se você acha que o seu fluxo de dinheiro mensal é apertado, olhe para a sua planilha cuidadosamente. Olhe especialmente para a área chamada "despesas fixas" e pergunte a si mesma se você assumiu despesas demais.

Despesas básicas

Essas são despesas para coisas básicas, ou necessárias. Elas incluem alimentação, vestuário, transporte e utilidades. Apesar de a quantidade variar a cada mês, elas tendem a ser bem previsíveis.

Despesas discricionárias

Essas são as despesas do que seria ótimo ter, como um par de sapatos dos quais você não precisa realmente, mas gostaria de ter, comer em bons restaurantes e sair de férias.

SUA CONTA DA INDEPENDÊNCIA FINANCEIRA

No começo dessa discussão sobre orçamento, eu disse que existe uma maneira de fazer planilha em que você pode gastar como louca. Observe a Tabela 5.1 novamente. Se você quer ser financeiramente independente, B1 É A PARTE MAIS IMPORTANTE DA SUA PLANILHA. É A CÉLULA EM QUE PRECISA FOCAR.

Pague a você primeiro

Para fazer o B1 acontecer sem esforços, faça depósitos PROGRAMADOS e AUTOMÁTICOS da sua conta corrente todos os meses no dia seguinte ao seu pagamento. Retirando uma parte do seu dinheiro para o seu futuro, você pode, em seguida, gastar tudo o que sobrou, sem negligenciar suas metas financeiras de longo prazo.

Sua conta da Independência Financeira B1 deve vir antes das despesas e deve estar na planilha. Ela é muito importante para ser deixada ao acaso. Algumas pessoas acham que vão poupar o que podem para a velhice depois de pagar suas despesas. Na verdade, elas deveriam começar primeiro poupando para o futuro e depois usar o que sobrou para os gastos correntes.

Quando eu tinha meus 20 anos, eu não pensava em poupar para a minha aposentadoria. Eu só passei a me preocupar com isso depois que o meu filho nasceu. É a taxa e o tamanho do B1 que separa os financeiramente livres dos que terão de trabalhar pelo resto da vida. Eu consegui aumentar a minha conta B1 agressivamente depois de perceber isso e, assim, consegui minha liberdade financeira graças a algumas decisões de investimento corretas.

Vamos agora discutir como organizar essa conta B1.

ABRA UMA CONTA PARA PAGAR A VOCÊ MESMA

Organize a sua Conta da Independência Financeira B1. Você pode chamá-la de "Conta Para Pagar a Mim Mesma" ou a sua "Conta da Liberdade". Comece AGORA:

- vá ao banco no próximo tempinho livre que tiver. Abra uma nova conta. Essa será a sua Conta da Independência Financeira;
- limite o acesso a essa conta. Sem talões de cheques. Sem cartões de crédito ou débito. Apenas retiradas no caixa serão permitidas;
- escolha um banco de difícil acesso, com boa reputação e com poucas filiais para que seja uma novela ir até ele para retirar dinheiro;
- autorize o banco a fazer DOCs automáticos de quantias da sua conta corrente para a Conta da Independência Financeira. (O DOC é uma transferência de dinheiro de um banco para outro, não importa se para o mesmo ou outro destinatário).

RECONHEÇA O TEMPO COMO UMA REALIDADE

Se você acha que é fácil ser financeiramente independente e pode fazer isso a qualquer momento, pergunte a si mesma: quanto tempo levarei para poupar seis meses de salário se eu separar 10% do meu salário todos os meses? A resposta é 60 meses, ou cinco anos!

Em outras palavras, leva tempo para você alcançar suas metas financeiras. É necessário persistência e autodisciplina. Mas não é impossível. Quanto mais você adiar, pior você vai ficar.

A coisa boa é que, a partir da hora que colocamos algo na cabeça, nós conseguimos, de alguma maneira, nos esforçar para fazer isso acontecer. A dificuldade é ter motivação suficiente para começar, e começar o mais rápido possível. Assim como não é possível acabar com certas manias de um momento para outro, é também difícil começar a ter bons hábitos do dia para a noite. Evite a mentalidade do fumante. Se você tem alguma amiga que fuma, você provavelmente já a ouviu dizer "eu consigo parar a hora que quiser". Claro, ela nunca para e há anos você continua aspirando a fumaça do cigarro dela enquanto tentam manter uma conversa.

O truque para fazer qualquer coisa importante é começar AGORA. É esse o momento. COMECE AGORA. Monte a sua planilha e sua Conta da Independência Financeira urgentemente. Depois, contorne as dificuldades para fazer isso se tornar um hábito, mantendo-se no orçamento diariamente, por um período de, pelo menos, 30 dias. Assista ao seu novo comportamento ou atitude criar raízes como um bom hábito. Você estará no caminho de se tornar rica.

Alerta para os hábitos do dia do pagamento

Alguém disse isso: "A diferença entre os ricos e os pobres é o que eles fazem no dia do pagamento".

Ao dizer "rico", nos referimos àqueles financeiramente independentes. Ao dizer "pobre", nos referimos àqueles que precisarão trabalhar ainda por muito tempo, possivelmente até o dia de sua morte. Peço desculpas pela definição dura, porém verdadeira.

O que os pobres fazem no dia do pagamento

No dia do pagamento, os pobres comemoram o dinheiro que entra na conta. Eles saem para jantar em um bom restaurante com seus amigos ou sua família ou compram um par de sapatos que estavam namorando desde o dia 15 do mês anterior. Em seguida, caminham em direção à sua loja favorita e compram uma blusa da moda. Contam a si mesmos que se sentem bem com suas aquisições e que merecem comprar porque trabalharam duro.

O que os ricos fazem no dia do pagamento

No dia do pagamento, os ricos separam uma parte do seu dinheiro para poupar. Dividem cuidadosamente o seu salário entre o que deve ser gasto e o que deve ser poupado. Dependendo de sua idade e das necessidades de sua família, podem poupar entre 10% e 30% do seu salário.

Em outras palavras, os pobres compram coisas. Os ricos compram geração de bens e de renda. Na verdade, os ricos transferem o máximo possível de sua renda em bens produtores de renda. Eles continuam a fazer isso até que a renda de seus bens torne-se grande o suficiente para que possam se aposentar.

ALERTA PARA OS EMPRÉSTIMOS COM DESCONTO NA FOLHA DE PAGAMENTO

Varejistas e fabricantes têm bilhões de dólares de apoio para ajudar você a gastar sua pequena fortuna em seus produtos. É importante que você perceba isso. Quanto mais você gasta, menos você tem e mais eles ganham. Não é coincidência os dias de liquidação caírem exatamente no dia em que você recebe.

Nos Estados Unidos, o empréstimo com desconto direto em folha de pagamento foi introduzido para ajudar os consumidores a estender seu poder de compra. Os pagamentos são agendados para o dia seguinte ao dia do pagamento, com juros. Com o tempo, o consumidor terá feito tantos empréstimos que irá usar todo o seu pagamento para abater sua dívida. Esses empréstimos sugam as pessoas pobres, com todas aquelas promessas felizes de marketing: "Não se preocupe. Você pode nos pagar com o seu próximo salário".

Esses empréstimos estão disponíveis em qualquer lugar e com nomes bem atraentes. Seus comerciais são bem coloridos e amigáveis. Fazem você sentir como se eles fossem seu irmão mais velho que vai ajudá-la a alcançar os pequenos prazeres da vida. Bombardeando-a com ofertas, eles fazem você pensar que precisa daquele extra para um novo guarda-roupas, ou uma nova pia da cozinha, presentes para o namorado, para o casamento da irmã, para o aniversário de 60 anos da sua mãe e por aí vai, sem que você perceba que esse pequeno e insignificante empréstimo é o início de uma espiral rumo ao buraco.

A quantidade de dinheiro oferecida no empréstimo costuma ser pequena. Eles não precisam ser muito grandes. Se você e vários outros pagam altas taxas de juros em pequenos empréstimos indefinidamente, a financeira vai se dar muito bem. Na verdade, essas empresas nem querem que você pague tudo de volta. Apenas role a dívida pagando os juros. Todos os meses. Um pedaço por vez.

Falaremos mais sobre esses empréstimos pessoais no Capítulo 8 – sobre empréstimos pessoais e dívidas. Se você fez algum desses empréstimos, vá direto a esse capítulo. Precisamos convencê-la de que você entrou em uma corda bamba e precisa sair logo dela!

Pior que esses empréstimos são os pequenos avisos que vejo cada vez mais próximos a shopping centers em Cingapura e na Malásia, com as palavras "Serviços financeiros profissionais". Esses pequenos papeizinhos brancos estão colados em qualquer pedaço de metal próximo às lojas. Eles me fazem tremer. Os tubarões do empréstimo agora subiram a bordo para estimular o gasto e o consumo desvairado! Voltaremos a esse tópico mais adiante.

> No dia do pagamento os ricos separam algum dinheiro para poupar. Os pobres compram coisas. De que lado você está?

ESCOLHA SER RICA

A psicologia humana é estranha. As pessoas compram emocionalmente e justificam pela lógica. Pesquisas mostram que os humanos fazem isso: eles poupam 20 dólares e gastam 40 dólares como prêmio por ter poupado 20 dólares.

Se você não aprender mais nada neste livro além das próximas duas frases, pelo menos valerá o dinheiro que você gastou.

1. Pare de comprar coisas que a deixam mais pobre.
2. Escolha comprar produtos financeiros que deem retorno, para torná-la mais rica a cada ano.

> *Se, de cada dez decisões de compra que você fizer você mudar duas, isso significa que cerca de 20% da sua renda disponível estará atrelada ao investimento. Em outras palavras, escolha parar de gastar.* ESCOLHA POUPAR. ESCOLHA SER RICA.
> *Cada vez que você decidir gastar ou comprar alguma coisa além de um produto financeiro,* PARE PARA ESCOLHER. *Escolha entre comprar hoje e no futuro.*

Capítulo 6

O NÚMERO DA RIQUEZA

METAS DE VIDA

Uma das mais importantes sacudidas financeiras que uma pessoa pode ter é quando ela percebe quanto dinheiro ela precisa para continuar vivendo pelo resto de sua vida sem trabalhar.

Quando eu percebi que poderia ser feliz aposentada em um país em desenvolvimento, vivendo à beira mar, comecei a fazer contas e escrever notas mentais sobre o que eu precisava para alcançar o meu sonho de aposentadoria. Em 1998, descobri que precisava de menos de 100 mil dólares para comprar uma casa pequena de uns sessenta anos em Bali, com um fundo para viver uma vida tranquila com os meus livros e internet. Desde então, ficou cada vez mais claro para mim que a liberdade financeira residia nas escolhas de estilo de vida que eu fizesse.

A tarefa mais importante para nós é escolher o que queremos para a nossa vida. Primeiro, definimos nossas metas de vida. Depois, com essa clareza, trabalhamos em sentido oposto, analisando o que nos é necessário para atingir essas metas. Alguns exemplos:

- levar uma vida tranquila e simples à beira mar em uma ilha, como Bali;
- dispor de dinheiro suficiente para fazer compras na Europa três vezes por ano sem se preocupar;
- ter uma família feliz em uma boa casa no subúrbio;
- possuir e dirigir uma empresa de 300 milhões de dólares.

ENTÃO, QUANDO POSSO ME APOSENTAR?

Você pode estar se perguntando isso. Você pode se aposentar quando tiver o suficiente para se aposentar no estilo de vida de sua escolha. O que você precisa para isso é chamado de seu Número da Independência Financeira ou seu "Número Mágico" ou, o que eu prefiro, o seu número "Estou Rica". O que você tem é chamado de seu patrimônio líquido.

Você poderá se aposentar quando seu patrimônio líquido for equivalente ao seu número "Estou Rica". Quando alcançar esse número, você saberá que tem o suficiente estocado para se tornar uma artista boêmia e aproveitar a vida como desejar. Você não precisará mais lutar com unhas e dentes com aquele colega sacana pela próxima promoção.

EXPECTATIVA DE VIDA E OS SEUS ANOS DE APOSENTADORIA

Quanto tempo você vai viver depois de se aposentar é uma pergunta importante. Imagine que você se aposenta com 40 anos, você projetou viver mais vinte anos e acaba vivendo 55. Isso seria terrível. Você planejou viver confortavelmente e morrer bem. Mas, em vez disso, você viveu os últimos 35 anos da sua vida na pobreza e miséria extremas. Obrigada, mas não!

A tabela de expectativa de vida mostra que onde você nasceu e viveu faz uma grande diferença para quanto tempo – e possivelmente com que qualidade – você vai viver. De acordo com o Relatório Mundial da CIA, quem nasceu em Cingapura tem uma das maiores expectativas de vida no mundo. Ao nascer, temos uma expectativa de vida de 82 anos. Andorra tem a maior expectativa de vida, de 83,5 anos. Muitos dos países com as menores expectativas de vida, como Suazilândia, Botsuana e Zimbábue, sofrem com altas taxas de infecção por HIV/Aids, que chegam perto de 40% da população.

Meu conselho é que você deve planejar viver mais do que a expectativa. Na sua aposentadoria, você deve planejar ter mais dinheiro do que menos. Adicione o gasto com planos de saúde e remédios. Um especialista em planos de saúde me contou que mais de 80% dos gastos com saúde de uma pessoa são feitos nos últimos cinco anos de sua vida! Foi uma revelação chocante.

O NÚMERO "ESTOU RICA"

Você pode definir metas de vida a partir de uma soma de dinheiro paga a você mensalmente sem precisar trabalhar. Essa soma pode ser de 3 mil, 6 mil ou 12 mil dólares por mês, em termos atuais, para que você possa viver um estilo de vida correspondente a essa renda. Este é o seu Número de Renda para Estilo de Vida Desejado.

O número "Estou Rica" é o seu Número de Renda para Estilo de Vida Desejado traduzido em uma quantia sólida hoje. É também o seu Número da Independência Financeira. Se você vale isso tudo hoje, levando em conta o seu patrimônio líquido, você pode parar de trabalhar para sempre! Nós vamos explicar o patrimônio líquido adiante.

Os números "Estou Rica" são diferentes para cada um de nós porque temos necessidades diferentes. Consideremos que 10 mil dólares por mês seja o número mágico. Supondo que você planeje se aposentar com 60 anos e queira ter 10 mil dólares por mês pelos próximos 25 anos até seus 85, quando sua conta bancária estará próxima do zero. Se você puder manter o seu dinheiro em uma aplicação que renda 3% ao ano, você precisará ter 2.114.036,00[1] aos 60 anos para fazer isso acontecer. (Veja a Tabela 6.1). Se quiser ter gastos mais extravagantes de 25 mil dólares, por exemplo, você pode multiplicar os 2.114.036,00 por 2,5 para alcançar 10.570.182,00

Aqueles que já são ricos podem viver dos juros gerados por seus investimentos, o que significa que, em vez de zerar a sua renda próximo à sua morte, seu capital irá manter-se intacto e eles viverão dos juros gerados. Para fazer isso, com juros de 3%, retirando 10 mil dólares por mês, ou 120 mil por ano, você precisa juntar a soma total de 4 milhões! Esse é o "Número Estou Super-rica". Eu estou trabalhando em direção a ele.

---

[1] Baseado em um cálculo chamado Valor Presente que o seu consultor financeiro poderá facilmente realizar para você, com base em sua situação.

TABELA 6.1. QUANTO VOCÊ VAI PRECISAR PARA OS SEUS ANOS DE APOSENTADORIA.

Despesas mensais	*Número de anos de aposentadoria*				
	20	25	30	35	40
1.000	180.762	211.404	237.782	260.491	280.040
2.000	361.523	422.807	475.565	520.982	560.080
3.000	542.285	634.211	713.347	781.473	840.120
4.000	723.047	845.615	951.129	1.041.964	1.120.160
5.000	903.808	1.057.018	1.188.912	1.302.455	1.400.201
6.000	1.084.570	1.268.422	1.426.694	1.562.946	1.680.241
7.000	1.285.332	1.479.826	1.664.476	1.823.437	1.960.281
8.000	1.446.094	1.691.229	1.902.259	2.083.928	2.240.321
9.000	1.626.855	1.902.633	2.140.041	2.344.419	2.520.361
10.000	1.807.617	2.114.036	2.377.824	2.604.910	2.800.401

PATRIMÔNIO LÍQUIDO

O patrimônio líquido de uma pessoa em termos financeiros é o balanço de sua posição financeira. Em uma empresa, o balanço compara o que a empresa detém (o que chamamos de ativos) *versus* o que ela deve (o que chamamos de passivos). Seu patrimônio líquido é a diferença entre o que você tem (seus ativos) e o que você deve (seus passivos). O patrimônio líquido conta quão rica ou pobre você está em um ponto específico do tempo.

Se você tem 5 milhões de dólares em ativos e deve para o banco 3 milhões de dólares, o seu patrimônio líquido é de 2 milhões. Isso quer dizer que se você fosse pagar tudo o que deve com o que tem, ficaria com 2 milhões de dólares, o que é, portanto, o seu patrimônio líquido. O balanço deve ter a seguinte fórmula, com ativos no lado esquerdo e passivos e patrimônio líquido no lado direito:

Ativos = Passivos + Patrimônio Líquido

Para entender como o balanço funciona na prática, vamos ver um exemplo. Suponha que você possua os seguintes ativos:

C1	ATIVOS		
	Dinheiro em espécie	100.000	
	Carro	200.000	
	Imóvel	600.000	
	Poupanças	100.000	
	TOTAL DE ATIVOS		1.000.000

C2	Passivos		
C2.1	Passivos de longo prazo: Financiamento do imóvel Prestação do carro	 450.000 150.000	
C2.2	Passivos de curto prazo: Fatura do cartão de crédito Empréstimos pessoais	 0 0	
	Total de passivos		600.000
C3 (C1-C2)	Patrimônio líquido		400.000

Deduzindo seus passivos dos seus ativos, você tem um patrimônio líquido de 400 mil dólares. Essa é a verdadeira quantia de dinheiro que você terá se pagar todas as suas dívidas com os seus bens.

Seu patrimônio líquido pode aumentar ou diminuir

Para se tornar e continuar financeiramente independente, o seu trabalho é aumentar o seu patrimônio líquido. Seu patrimônio líquido cresce quando:

- o valor dos seus ativos cresce. Por exemplo, se o valor da sua casa cresce para 200 mil dólares, o seu patrimônio líquido cresce em 200 mil dólares;
- você gera um balanço positivo depois de deduzir seus gastos do que você ganha. Se você ganha 50 mil dólares por ano e passa automaticamente 10 mil por ano para a sua Conta da Liberdade e também conseguiu economizar 5 mil dólares depois de todos os seus gastos, seu patrimônio líquido terá crescido naquele ano 15 mil dólares.

O que cresce pode também diminuir. Existem várias maneiras de o seu patrimônio líquido cair, por exemplo, quando você tira 20 mil dólares da sua poupança para comprar um carro, quando o valor da sua casa cai 30% e quando o seu carro tem seu valor depreciado.

QUANTO VOCÊ DEVE TER?

Thomas Stanley e Willian Danko, autores de *O milionário mora ao lado* (Manole, 1999), propõem o seguinte:

> *Pegue a sua renda anual, sem deduzir os impostos (inclua a renda das suas aplicações e poupanças, mas exclua as heranças). Multiplique isso por sua idade e divida por 10.*

Em outras palavras, se a sua renda anual é de 60 mil dólares e você tem 40 anos de idade, você deve ter um patrimônio líquido de 240 mil dólares (60 mil × 40/10). Os autores ainda dizem que as pessoas deveriam tentar dobrar essa quantia esperada. Ou seja, para estar muito bem-posicionada como uma "acumuladora prodígio de riqueza", você precisa ter duas vezes essa quantia.

Em Cingapura, a escassez geral e o alto preço dos imóveis derrubam esse cálculo-base. Por causa do alto valor dos imóveis a maioria das pessoas alcança esse patamar facilmente, sem esforço pessoal. O número é, portanto, útil apenas como indicador. Ele não diz quão livre você está financeiramente, porque se você precisar sair do seu imóvel por questões financeiras, você ainda irá precisar morar em algum lugar.

Outro indicador do quão bem você está, usado normalmente pela imprensa, são os seus bens líquidos, excluindo a casa em que você vive. De acordo com várias pesquisas do *The Straits Times* (2008), mais de 77 mil pessoas em Cingapura são consideradas indivíduos de alto patrimônio líquido, porque possuem mais de 1 milhão de dólares em bens líquidos excluindo a casa em que vivem.

O que as pesquisas não perguntam é se a casa em que essas pessoas vivem está totalmente quitada. Por exemplo, uma pessoa pode viver em uma casa de 5 milhões de dólares, devendo ao banco um financiamento de 3,5 milhões de dólares, enquanto tem bens líquidos de 1 milhão de dólares. Na verdade, essa pessoa tem patrimônio líquido negativo, em comparação a uma pessoa que tem casa própria totalmente quitada e um balanço bancário de 300 mil dólares.

Os números mágicos para a independência financeira são os números "estou rica" e o do patrimônio líquido.
Para descobrir esses números, é preciso apenas matemática.
Para realizá-los, é necessário disciplina.

ALCANÇANDO O NÚMERO "ESTOU RICA"

Como você pode alcançar o número "Estou Rica"? Não existem atalhos. Você precisa:

- *desenvolver uma rota de investimentos e segui-la.* Vamos falar mais sobre isso na parte quatro;
- *encontrar um modelo de inspiração.* O caminho mais rápido para atingir o sucesso como o de alguém que admiramos é estudar essa pessoa e perguntar como ela conseguiu. Em seguida, emulamos esses métodos o máximo possível, enquanto inventamos soluções próprias para os novos problemas que encontramos no caminho. Meu amigo Frederic entendeu o modelo de inspiração com vinte e poucos anos. Ele começou a estudar os hábitos de velhos magnatas asiáticos logo que deixou a universidade. Acredito que seu patrimônio líquido hoje esteja próximo dos 30 ou 50 milhões de dólares.

Infelizmente, quase nenhuma escola ensina isso aos jovens. Nós saímos do colégio pensando que vamos descobrir isso sozinhos, ou que vamos chegar lá sem estabelecer nenhuma meta ou propósito claro.

SUA VEZ

Agora é a sua vez de descobrir o quanto vai precisar para alcançar suas metas de vida. Usando as próximas tabelas responda às perguntas a seguir. Não tenha pressa para preencher as tabelas.

1. Vou precisar de $ ______________________ por mês para me aposentar. Baseando-me na inflação e nas taxas de juros pagas pelo banco, precisarei de $ ______________________ na minha conta de aposentadoria, ou como patrimônio líquido para me aposentar.
2. Usando o modelo de Stanley e Danko, quanto eu deveria ter hoje? Quanto eu realmente tenho hoje?

Você precisa perguntar a si mesma: quanto do meu patrimônio líquido atual está atrelado à valorização imobiliária da casa em que vivo? Considerando que você vai precisar de um lugar para morar após a aposentadoria, você precisa calcular seu patrimônio líquido, excetuando o valor da sua residência, para ter uma ideia de quanto dinheiro você realmente conseguiu guardar para a sua aposentadoria.

Qual é o seu atual patrimônio líquido?
Qual é o seu número "Estou Rica"?
Qual é o seu plano para ficar rica?

QUADRO 1. QUANTO DEVO TER?

QUANTO DEVO TER?		$
Meu salário anual (renda sem descontar os impostos)	A1	
Minhas aplicações e poupanças anuais (renda sem descontar os impostos)	A2	
MINHA RENDA TOTAL SEM DESCONTAR OS IMPOSTOS	B	
Minha idade	C	
MINHA RENDA TOTAL SEM DESCONTAR OS IMPOSTOS × MINHA IDADE	B × C = D	
MEU PATRIMÔNIO LÍQUIDO IDEAL (De acordo com Stanley e Danko) É: minha renda total sem descontar os impostos × minha idade/10	D/10	

QUADRO 2. QUANTO EU TENHO?

MEU PATRIMÔNIO LÍQUIDO ATUAL		$
MEUS ATIVOS		
Casa ou apartamento no valor de mercado		
Aplicações e poupanças (ações ou títulos)		

Quadro 2. Quanto eu tenho?

Meu patrimônio líquido atual		$
Contas bancárias e seguros		
Carro		
Outros ativos (por exemplo, joias em valor de revenda)		
Total de ativos	A	
Meus passivos		
Financiamento do imóvel		
Empréstimos de banco		
Prestações do carro		
Outros empréstimos e prestações		
Total de passivos	B	
Patrimônio líquido	A - B	

Capítulo 7

O DESAPARECIMENTO DO DÓLAR E A MÁGICA DO RISCO

Por que você não pode fazer nada? Por que você não pode apenas se sentar quieta em um canto, com uma pilha de dinheiro poupado no banco? Nós podemos e, algumas vezes, deveríamos fazer isso, por exemplo, em períodos de grande incerteza, quando o mercado de investimentos fica errático. A crise asiática de 1998 foi um período desses. A crise do mercado global de 2008 foi outro.

Em qualquer outro período, quando o mercado de investimentos está funcionando bem, precisamos nos lembrar de que colocar o dinheiro no banco tem um efeito não desejado. O dinheiro tende a diminuir de valor ao longo do tempo por causa da inflação. Veja como e porquê.

OS MALES DA INFLAÇÃO E A DIMINUIÇÃO DO VALOR DO DÓLAR

A inflação aumenta o preço de tudo ao longo do tempo. Sempre que levo minha tia Penny a sua casa de massas favorita em Cingapura, ela diz que um prato costumava custar 10 centavos em sua adolescência. Na época em que eu estava escrevendo este livro, a tia Penny tinha 85 anos e era doloroso para ela ter de pagar três dólares toda vez.

Se alguém calculasse a taxa de inflação de um prato de macarrão, de acordo com as estimativas da tia Penny, a inflação terá sido de 5% ao longo de 70 anos. Tia Penny tem razão em ficar brava; os 10 centavos que ela tem hoje não comprariam nem uma ostra.

O feitiço do problema é este. O dinheiro perde seu poder de compra ao longo do tempo por causa da inflação. O único período para ser rica em dinheiro e pobre em investimentos é quando o mercado está imprevisível.

Vamos ver outro exemplo de inflação. Suponha que você tenha 100 mil dólares em um depósito fixo que queira usar para a sua aposentadoria em trinta anos. Se considerarmos a expectativa de uma taxa de 3% de inflação no futuro (a inflação de Cingapura tem sido de menos de 3% na média nos últimos 40 anos), quanto os seus 100 mil valerão daqui a 30 anos? A resposta é 41.199 dólares, uma queda de quase 60% no valor. Veja a Tabela 7.1 a seguir.

Tabela 7.1. Quanto vale o seu dinheiro?

Tempo	*Quanto vale o seu dinheiro no futuro, com inflação de 3% ao ano*					
Hoje	20.000	40.000	60.000	80.000	100.000	120.000
+ 10 anos	14.882	29.764	44.646	59.528	74.409	89.291
+ 20 anos	11.074	22.147	33.221	44.294	55.368	66.441
+ 30 anos	8.240	16.479	24.719	32.959	41.199	49.438
+ 40 anos	6.131	12.262	18.393	24.525	30.656	36.787
+ 50 anos	4.562	9.124	13.686	18.249	22.811	27.373

A inflação em si não é uma coisa ruim se for estável, baixa e previsível. A maioria dos países, como Cingapura, tenta manter uma taxa de inflação de 2% a 3% ao ano. Se você não sabe qual é a taxa de inflação anual do seu país, descubra. Pesquise no Google. Em casos anormais, alguns países vivem com altas taxas de inflação de dois dígitos. Além de problemas financeiros pessoais, a alta inflação pode criar o caos econômico. Empresários acham difícil planejar e precificar seus produtos nesse tipo de economia.

Como você pode ver, a inflação é um dos motivos que tornam tão importante fazer o seu dinheiro trabalhar para você. Ela significa que mesmo se você não fizesse nada além de colocar o dinheiro embaixo do colchão, você seria capaz de comprar cada vez menos com o dinheiro que tem.

Inflação é o motivo pelo qual você PRECISA aprender a investir, além de fazer planilhas e calcular seu patrimônio líquido. Você precisa conhecer as maneiras de aplicar seu dinheiro ou, pelo menos, estacioná-lo em algum investimento que forneça uma taxa de retorno superior à da inflação.

O dinheiro perde o seu poder de compra
ao longo do tempo por causa da inflação.
O único momento em que você deve ser rico em dinheiro
e pobre em aplicações é quando o mercado está imprevisível.

O EFEITO DA INFLAÇÃO EM TAXAS DE JUROS NOMINAIS E REAIS

Existem toneladas de material produzido sobre o tópico taxas de juros nominais e reais. É importante que você saiba a diferença entre eles por causa da inflação.

Suponha que você tenha ido ao banco no início do ano para depositar 10 mil dólares a uma taxa de juros de 3,5% ao ano. Você estava bastante satisfeita com isso, pensando que ganharia 350 dólares em juros no final do ano. Você disse a si mesma que compraria uma bolsa bem bonita com esse dinheiro, ou pegaria um pacote de feriado em uma praia, que era anunciado pelo mesmo preço.

No fim do ano, você retira os seus 10 mil dólares do banco e os 350 de juros acumulados. Você vai às compras com os 350 dólares. Para a sua surpresa, o pacote de feriado para a praia agora custa 367,50, assim como a bolsa que você queria comprar.

Você sabe que não pode comprar nenhum deles sem retirar um pouco do seu capital de base de 10 mil dólares.

O que aconteceu? Você, então, liga para a sua amiga que trabalha no mercado financeiro. Ela explicou que, no último ano, a inflação foi bem alta, de cerca de 5%, em vez dos 2% habituais. Sendo assim, os preços subiram por causa da inflação, e não por causa da sede de lucro dos varejistas.

Nesse incidente, você aprendeu duas coisas:

1. A taxa de juros que você recebeu do banco antes da inflação efetiva foi a TAXA NOMINAL;
2. A TAXA DE JUROS REAL para o seu dinheiro depositado foi de –1,5% (3,5% – 5%).

A inflação comeu os seus ganhos da aplicação e os juros que você obteve foram, na verdade, insuficientes para cobrir a alta dos preços. Você perdeu valor na sua base de capital de 10 mil dólares colocando-a em uma aplicação com taxa de juros fixa e que não acompanhou as taxas de inflação.

Em países onde a inflação cresce a dois dígitos, as pessoas acham difícil compreender poupança e investimentos porque os próprios veículos de investimento (empresas e negócios) não podem planejar o seu progresso. A fuga de capitais – que é quando dinheiro e ativos rapidamente saem de uma economia – e o mercado negro de câmbio costumam ocorrer nesses regimes monetários instáveis.

ENTÃO, DE QUANTO EU REALMENTE PRECISO PARA ME APOSENTAR?

Voltemos ao que falamos no capítulo anterior. Qual é o seu número "Estou Rica", considerando a inflação? Ou "quanto dinheiro preciso para deixar de trabalhar?"

Essa é a pergunta básica de investimento e o alvo que todos precisamos mirar para encontrar a resposta. Em outras palavras, tomando a inflação esperada e o local mais seguro para aplicar dinheiro, quanto você precisa ter para se aposentar?

Suponha que você tenha hoje 55 anos e queira se aposentar com 5 mil dólares todos os meses. Você acredita que sua poupança pode lhe fornecer uma taxa de retorno de 2% além da inflação. De quanto precisará para um período de aposentadoria de 35 anos, até que você tenha 90 anos de idade? De acordo com os nossos cálculos, você precisaria de 1,5 milhões de dólares.[1] (Veja a Tabela 7.2)

Se vai precisar de 5 mil ou 2 mil dólares por mês na sua aposentadoria para acomodar o seu estilo de vida é decisão sua. Você deve considerar qual tipo de férias pretende tirar, que tipo de plano de saúde terá e as apólices de seguro que possui. Se precisar de ajuda para fazer isso, considere utilizar os serviços de um consultor financeiro certificado.

[1] Baseado em um cálculo chamado Valor Presente que o seu consultor financeiro poderá facilmente realizar, com base na sua situação.

TABELA 7.2. QUANTIDADE DE DINHEIRO NECESSÁRIA PARA SE APOSENTAR

Renda mensal	*Anos de aposentadoria*								
	10	*15*	*20*	*25*	*30*	*35*	*40*	*45*	*50*
1.000	108.680	155.398	197.930	235.930	270.549	301.875	330.223	355.875	379.089
2.000	217.360	310.795	395.348	471.860	541.097	603.750	660.416	711.751	758.177
5.000	543.399	776.980	988.370	1.179.651	1.352.743	1.509.376	1.651.115	1.779.377	1.895.443
10.000	1.086.788	1.553.981	1.976.740	2.359.301	2.705.485	3.018.752	3.302.230	3.558.754	3.790.885
15.000	1.630.196	2.330.961	2.965.111	3.538.952	4.058.228	4.528.127	4.953.345	5.338.131	5.686.328
20.000	2.173.595	3.107.961	3.953.481	4.718.602	5.410.970	6.037.503	6.604.461	7.117.508	7.581.770

OS RISCOS DO INVESTIMENTO E A POSSIBILIDADE DE GANHAR (E PERDER) DINHEIRO

O risco em um livro de finanças é a medida da flutuação potencial no preço do instrumento de investimento que você comprou, ou a flutuação potencial nos ganhos. Enquanto a maioria das pessoas pensa no risco como uma possibilidade de perder dinheiro do investimento original, o risco significa também a POSSIBILIDADE DE GANHAR dinheiro. É importante esclarecer isto.

A maioria das pessoas sai correndo quando ouve que uma aplicação é arriscada. Mas aqueles que entendem do assunto e que podem encontrar caminhos para gerenciar sua exposição a riscos em qualquer investimento específico, irão perguntar "Onde está e como se faz para aplicar nesse investimento de risco?" Em outras palavras, quando ouvir a palavra "risco", você deve tomá-la como uma oportunidade de investimento para gerar lucro, assim como perdas, com a necessidade de gerenciamento de riscos.

O retorno do seu investimento

Quando você faz uma aplicação, seus ganhos ou perdas são denominados retorno do investimento. Por exemplo, quando você compra ações de 10 dólares, que paga dividendos de 50 centavos (a porção dos lucros da empresa paga aos acionistas), e você vende um ano depois por 12 dólares, o seu retorno é de 2,50. Se vender a ação por 9 dólares, entretanto, você terá sofrido uma perda de 50 centavos, depois de somar com os 50 centavos de dividendos.

UM *TRADE-OFF* ENTRE RISCO E RETORNO

Uma das concepções fundamentais do mundo financeiro é o *trade-off* entre risco e retorno. Funciona sob a premissa de que qualquer investidor que assuma riscos maiores deve ser recompensado com maiores retornos, o que significa que ele deve ser compensado por assumir um risco maior.

O *trade-off* entre risco e retorno poderia simplesmente ser chamado de teste da "habilidade de dormir à noite". Enquanto algumas pessoas podem lidar com o equivalente a um *bungee jumping* financeiro sem entrar em colapso, outros ficam aterrorizados ao subir uma escada de três metros sem corrimão. Decidir quanto risco você pode encarar e sentir-se confortável com os seus investimentos é uma das chaves para obter sucesso investindo. Portanto,

- menores níveis de incerteza ou risco estão associados a menores retornos em potencial;
- maiores níveis de incerteza ou risco estão associados a maiores retornos em potencial.

Explicando de outra maneira, a regra geral é: quanto maior o retorno esperado de qualquer aplicação, maior seu risco. A palavra "esperado" é bem importante. Significa que você pode esperar, mas pode não acontecer. Analistas financeiros passam anos em escolas e corretoras analisando o retorno e o risco e construindo cestas de investimentos que fornecerão um ótimo retorno esperado em relação ao risco identificado.

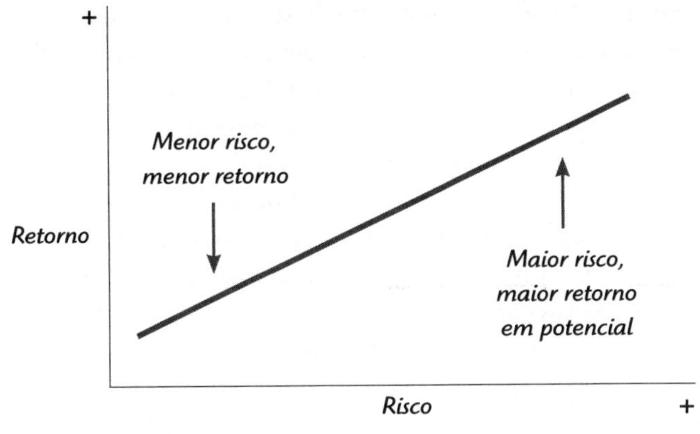

Figura 7.1. O *trade-off* entre risco e retorno.

O que diz essa equação? Vamos explicar com um exemplo. Um título do governo de Cingapura é considerado um investimento bastante seguro. Assim, quando o governo de Cingapura disponibiliza títulos, ele está perguntando: "Você me empresta um dinheirinho aí?" Por ser seguro, o governo não precisa prometer um grande retorno para o dinheiro que você emprestar, o que é diferente do caso de um país em desenvolvimento ou economia emergente que disponibiliza títulos. O mercado vê os dois títulos e acredita que os de Cingapura terão maiores probabilidades de pagar os juros prometidos, assim como comprarão de volta os títulos na data de maturação. Cingapura precisa apenas prometer uma pequena taxa de retorno para os seus títulos. Colocando isso de outra maneira, qualquer título a taxas de juros fixas vendido por Cingapura terá um preço maior que outro título também a taxas de juros fixas vendido por algumas economias emergentes.

QUANTO CONTROLE?

Todo investimento carrega um risco com itens controláveis e não controláveis. Um bom investidor identifica-os rapidamente e dispõe de uma estratégia para lidar com o "inesperado". Essa estratégia, quando executada, é chamada de gerenciamento de riscos. Empresas e bancos, em particular, pagam grandes salários a gerentes de riscos para que os identifiquem e lidem com eles.

O grau de controle que você deseja ter sobre qualquer investimento é importante. Se quer controle absoluto, pode começar o seu negócio próprio. Todos os negócios, entretanto, enfrentam riscos que são tanto controláveis como não controláveis. A sua capacidade de gerenciar riscos será a chave do seu sucesso.

Suponhamos que você seja dona de uma cafeteria. Da noite para o dia, os seus clientes se apaixonam pelo chá-bolha, uma estranha mistura que contém pérolas gelatinosas de tapioca. Esse é um tipo de risco de mercado não previsível, pois o mercado consumidor muda o tempo todo. Como dona da cafeteria, você pode decidir oferecer o chá-bolha para diminuir o impacto nos seus negócios. Mas para o seu choque, você descobre que, em vez de o mercado responder à sua iniciativa e encher a sua loja para aproveitar o que é oferecido – chá-bolha e café gourmet – o mercado rejeita você. Seus antigos clientes podem achar que você se vendeu, aderindo às novas tendências e os novos clientes acham você apenas uma cópia dos pioneiros. Nos negócios, você não tem como prever resultados e respostas de mercado.

Warren Buffett investe em empresas em que possa ter voz em relação a como os negócios estão sendo preparados para o futuro. Suas ações são geralmente estratégicas, com assento na diretoria. A maioria de nós não está nessa categoria. Algumas de nós, entretanto, são investidoras em um negócio de amigos ou uma empresa privada, onde têm alguma voz sobre como o negócio é tocado.

Você não terá controle, no entanto, se investir em uma empresa pública, tanto diretamente quanto por meio de um fundo de pensionistas. Mas se você mesma conduzir o seu portfólio, terá controle sobre quais empresas você quer ter no portfólio. Se você investir em um fundo de pensão, não poderá escolher as empresas em que quer investir. O gerenciador de fundos fará isso para você. Só lhe será possível decidir se quer ou não tirar completamente o dinheiro do fundo.

Para resumir, aqui estão os principais tipos de investimentos, começando pelos que você tem o menor grau de controle:

- portfólios administrados/fundos de pensão geridos por administradores de fundos profissionais;
- portfólios autoadministrados;
- investidor estratégico e significativo;
- dono de negócio.

FILOSOFIA DE INVESTIMENTO

Como investidora você deveria desenvolver sua própria filosofia de investimento e prender-se a ela. Você não vai querer ficar mudando de estratégia com base em fortes vendas ou viradas recentes de ciclo de negócios. Com uma forte base de crenças, você terá muito mais controle. Do contrário, seu portfólio será um grupo de bens não relacionados e você terá muita dificuldade para administrá-lo.

A maioria das pessoas gravita em torno de uma dessas cinco principais estratégias de investimento: de valores, de crescimento, em índices, técnico e de portfólio. Vamos imaginar um título de ação XYZ para ajudar a ilustrar o que essas estratégias de investimento significam. Suponha que essa ação tenha fechado ontem ao valor de 10 dólares. A maneira como você analisa se há oportunidades depende da sua estratégia de investimento.

Investimento de valores

O investidor mais famoso do mundo, Warren Buffett, é um investidor de valores. Para essa categoria, valor e preço são coisas diferentes. Esses investidores primeiro acessam o valor de XYZ fazendo um levantamento de fluxo de dinheiro e examinando informações fundamentais, como relatórios financeiros, e analisando a indústria. Em seguida, eles comparam aquilo o que avaliam como valor intrínseco ou verdadeiro da ação com o seu valor de mercado. O investidor poderá comprar a ação se ela estiver valorizada em, digamos, 12,50 dólares ou mais. A diferença de 2,50 entre o valor e o preço indica uma margem de segurança de 25%. Um investidor de valores mais conservador insistirá em uma margem ainda mais elevada, de 30%.

Investimento de crescimento

Peter Lynch, antigo gerente do fundo Magellan nos anos 1980, foi um dos mais famosos investidores de crescimento de todos os tempos. Esse tipo de investidor procura companhias nas quais os ganhos em potencial prometem incrementar o valor intrínseco rapidamente. Eles comprariam ações da XYZ se acreditassem que seu valor e preço cresceriam 3 dólares em um futuro próximo.

Investimento de índices

John Bogle, fundador do The Vanguard Group, um dos maiores fundos do mundo, popularizou o investimento em índices na década de 1980. Esse tipo de investidor compra ações que replicam em um grande segmento de mercado, como o Índice Straits Times. Os investidores de índice não têm certeza se podem perceber a relação entre preço e valor e, por isso, acreditam que a melhor e mais segura estratégia é comprar ações que representam substancialmente todo o mercado. Assim, os investidores de índice não estariam interessados em XYZ, a não ser que ela fosse parte de um portfólio fortemente negociado em todo o mercado. Não é necessária nenhuma habilidade especial ou fazer o dever de casa. Os retornos refletirão a performance do índice como um todo, diferentemente do que acontece com ações selecionadas.

Investimentos técnicos

Investidores técnicos usam indicadores matemáticos e gráficos para estudar os dados dos preços de mercado e procuram por desequilíbrios na oferta e na demanda. Eles se preocupam pouco com dados fundamentais, como ganhos e fluxo de caixa. Preocupam-se apenas com o preço, nunca com o valor. Estariam interessados em XYZ se os indicadores técnicos e as tendências mostrassem que o preço dessas ações estão a um passo de subir bastante. O investimento técnico é normalmente visto como especulação, não investimento.

Investimento de portfólio

Os investidores de portfólio determinam qual é o seu apetite por investimento de risco e criam, a seguir, um portfólio de investimento diversificado que esteja de acordo com aquele nível de risco. Esse tipo de investimento rendeu aos seus apoiadores o Prêmio Nobel de economia na década de 1970. Eles prestam menos atenção na diferença entre preço e valor. Em vez disso, acreditam que as mudanças de preços refletem o risco e que investidores devem pegar um mix de ações seguras que sustentem o nível de risco desejado. Para esses investidores, o importante é se o risco de XYZ está de acordo com o perfil de risco do investidor e como essa ação complementaria o risco em um portfólio diversificado.

A ênfase neste livro é em INVESTIMENTO DE PORTFÓLIO, e como combinar bens em um portfólio de modo a minimizar os riscos e maximizar os retornos, de acordo com o seu perfil de risco e objetivos financeiros.

No meu caso, uso uma combinação de estratégias, certificando-me de que o meu risco está de acordo com o meu portfólio. A abordagem das 3-cestas sobre a qual você lerá na parte quatro é exatamente o que eu faço. Gosto de riscos e gosto de alguma diversão quando estou investindo. Ficar apenas em um método seria chato para mim. Contudo, se você é novata na área de investimentos, realmente sugiro que mantenha-se na estratégia de portfólio no início.

Usando o seu Estado Inicial e o seu Estado Desejado, e o prazo definido para alcançar seu Estado Desejado, você precisa delinear sua estratégia de investimento com base em seu perfil de risco.

Quando você começa a investir, é importante determinar o seu final de jogo, ou o que chamamos na parte um deste livro de seu Estado Desejado. Você precisará perguntar a si mesma:

1. *Qual é o meu perfil de risco?*
2. *Sou uma investidora que gosta de arriscar ou que prefere a segurança do perfil conservador?*
3. *Com base no meu perfil de riscos, em qual tipo de investimento eu deveria investir?*
4. *Quanto preciso investir em cada mês?*
5. *De quanto eu quero dispor mensalmente durante minha aposentadoria?*

PARTE TRÊS

Produtos financeiros pessoais

DE VOLTA AO BÁSICO

Os mais simples e mais abrangentes conselhos financeiros que eu conheço são:

1. Aprenda a viver com o que você tem.
2. Invista suas economias com sabedoria.
3. Proteja-se contra o inesperado.

Esses três pontos são a base das partes três e quatro deste livro.

PRODUTOS COM DIFERENTES FUNÇÕES

Existem apenas algumas categorias básicas de produtos financeiros no mercado, mas que apresentam uma miríade de variações. Cada produto é desenhado para satisfazer as necessidades de diferentes tipos de consumidores. Muitos têm sinos e apitos presos a eles, por exemplo, brindes e serviços personalizados. Alguns produtos até fornecem serviços de *concierge* pessoal, o que inclui ajudá-lo a lembrar os aniversários das pessoas mais próximas de você.

Não podemos descrever ou comparar todos os produtos financeiros oferecidos. Aconselhamos que você faça o seu dever de casa com os bancos. Procure por um produto financeiro adequado a você; não aceite simplesmente o mais procurado. Se você ainda é correntista no mesmo banco em que os seus pais abriram sua primeira conta já é hora de checar se os outros bancos oferecem produtos mais rentáveis. É hora também de você ENTENDER os termos que acompanham os vários produtos.

Os produtos financeiros possuem algumas funções. Elas estão listadas na tabela a seguir. Não vamos explicar o que significa uma conta poupança ou uma conta corrente neste livro, porque você já as conhece, mas vamos descrever o resto. Como você pode perceber, o cartão de crédito pode ser usado tanto como um produto de pagamento quanto de empréstimo. Utilizá-lo para fazer um pagamento é uma maneira bastante conveniente de fazer compras. Usá-lo para emprestar dinheiro do banco é outra história. Vamos falar mais sobre isso no próximo capítulo.

Produtos de seguro tendem a demonstrar características de investimento. O inverso é também verdade; alguns produtos de investimento dispõem de seguros ligados a eles.

Nós classificamos os produtos de investimento separadamente dos produtos financeiros pessoais e discutiremos os primeiros na parte quatro. Qualquer um que tenha um perfil financeiro saudável precisa que seus produtos financeiros pessoais funcionem em sua vida. Produtos de investimento são a cobertura do bolo. Eles devem ser considerados apenas depois que se descobriu como utilizar bem os produtos financeiros pessoais.

Produtos financeiros e suas funções

<table>
<tr><th>Produto</th><th>Função</th><th>Referência neste livro</th></tr>
<tr><td>Conta poupança</td><td>Poupar ou guardar dinheiro</td><td rowspan="4">Produtos financeiros pessoais (apresentados na parte três)

Estes produtos fazem parte do seu cotidiano e das necessidades do dia a dia.</td></tr>
<tr><td>· Conta corrente
· Cartão de crédito</td><td>Fazer pagamentos</td></tr>
<tr><td>· Cartão de crédito
· Empréstimo do carro
· Empréstimo pessoal
· Hipoteca da casa
· Outros tipos de empréstimos exóticos, como empréstimos com desconto em folha de pagamento, feitos por lojas de departamentos etc.</td><td>Pegar dinheiro emprestado</td></tr>
<tr><td>Seguros
· Temporários
· De vida
· Contra acidentes
· Planos de saúde
· Ligados a investimentos</td><td>Proteger</td></tr>
<tr><td>Investimentos</td><td>Fazer o dinheiro crescer</td><td>Produtos de investimento (apresentados na parte quatro)
Estes produtos são para necessidades futuras.</td></tr>
</table>

Capítulo 8

EMPRÉSTIMOS PESSOAIS E DÍVIDAS

Você conhece alguém que não tem nenhuma dívida? Existem várias definições para o estar sem dívidas, desde não ter dívidas de cartão de crédito até não estar preso a nenhuma dívida, nem prestações de carro ou financiamento de casa para manter. Eu estou falando de 100% livre das dívidas.

EU TENHO CONDIÇÕES DE TOMAR EMPRÉSTIMOS?

Quase todas as pessoas que conhecemos devem alguma coisa. Estar completamente livre de dívidas não é necessariamente o estado financeiro ideal, apesar de ser mais seguro no caso de uma crise financeira.

No meio da crise do crédito de 2008, quando as taxas de juros dos bancos subiram às alturas, os donos de imóveis com altos valores financiados começaram a se preocupar. Lembro-me dos anos 1980, quando as taxas de juros dos financiamentos subiram para cerca de 12%. Como uma jovem executiva, funcionária da Singapore Airlines naquela época, vi o quanto algumas de minhas colegas mais velhas estavam preocupadas com seus financiamentos.

Vamos ver agora alguns macroindicadores da dívida. De acordo com estatísticas dos Estados Unidos, o norte-americano demonstra propensão a endividar-se:

- 70% dos donos de imóveis que atualmente pagam um financiamento, 22% possuem ainda uma segunda hipoteca ou qualquer outro tipo de empréstimo relacionado a imóveis;
- o norte-americano médio gasta cerca de 10% a mais do que ganha por ano;
- apesar de 40% dos usuários de cartões de crédito pagarem o total da fatura a cada mês, 60% mantêm dívidas entre 12 mil e 14 mil dólares;
- quase 90% dos casais que se divorciam dizem que brigas ligadas a finanças tornaram-se um fator significativo para o fim do casamento.

É possível perceber por esses números, que dever dinheiro pode converter-se em um meio de vida à medida que uma economia se torna mais desenvolvida. Por esse motivo, é importante entender como dever dinheiro com desenvoltura, e, não, deixar que dívidas estúpidas estraguem nossos planos para a independência financeira.

Quando as mulheres compram, parece que sempre encontram vendedoras treinadas a dizer: "Leve, você pode pagar. Você trabalha tanto. Dê uma recompensa a si mesma. Você pode se mimar um pouco. Fica tão bem em você." Em qualquer loja, as vendedoras dizem isso. E essas palavras funcionam como mágica nas mulheres. Nosso cartão de crédito sai sozinho da carteira para, em seguida, ser passado na maquininha e prontamente assinado. Você fica algumas dezenas ou centenas de dólares mais pobre porque "você pode pagar" e "fica bem em você."

As vendedoras nunca dizem: "Leve, você pode pagar. Você sempre pode trabalhar mais para pagar a conta do cartão de crédito. Não importa se suas dívidas a tornarão escrava do seu trabalho indefinidamente. Ficar bonita é mais importante." Elas nunca dizem a verdade.

Pegar emprestado custa dinheiro. As pessoas sabem disso, mas não levam essa verdade a sério. Elas tendem a emprestar muito, sem ter condições de pagar em tempo hábil. Isso traz muitos problemas financeiros. Como assim?

As pessoas podem terminar usando muito de sua renda todos os meses para pagar juros. Como não conseguem poupar, não podem progredir em direção à independência financeira. Acabam rolando pagamentos de dívidas de itens comprados há muito tempo, que deixaram pouco ou nenhum valor. Não lhes sobrou dinheiro algum para comprarem coisas mais úteis e com valor de investimento para seu futuro.

Certas pessoas podem nem ter condições de pagar pelo que querem. Como resultado, elas podem faltar com suas obrigações. Neste ponto, chegam a perder o que as levou a tal situação (por exemplo, o carro pode ser tomado para o pagamento da dívida). Elas podem enfrentar problemas jurídicos com empresas de cartões de crédito e financeiras. Podem ser forçadas à bancarrota e ter seu nome incluído no cadastro de mau pagadores – e isso pode atrapalhar o histórico financeiro de alguém por anos.

O CUSTO DO DINHEIRO

Se alguém meramente "empresta" dinheiro a você, você deve fazer perguntas em relação ao custo daquele dinheiro. Quais são os custos? Eles estão escondidos?

Se o dono do dinheiro fosse uma pessoa querida, o custo do empréstimo para você potencialmente seria a amizade, é o que faria você devolver ou não o dinheiro. Eu perdi bons amigos assim. Eles desapareceram rapidamente depois que eu emprestei a eles o dinheiro. Nunca retornaram minhas ligações. A amizade se foi. É uma coisa horrível. Tenho pavor dessa frase: "Posso pedir um favor pessoal a você?"

No mundo do dinheiro, tudo é mensurável. A maneira mais simples de entender o custo do dinheiro é perguntar o custo de usá-lo hoje *versus* o de usá-lo amanhã.

Um grande empresário certa vez contou-me como sua mãe, de Xangai, o fazia poupar o dinheiro que ela lhe dava durante sua infância. Para cada dólar que ele poupasse ao invés de gastar, ela dobraria esse dólar para ele na sua poupança. Ele não podia sacar esse dinheiro. Rapidamente, ele aprendeu o poder de poupar. Sua mãe programou-o para isso. Hoje, ele é dono de uma conhecida rede de lojas na Ásia. A maioria de nós não tem pais tão visionários. As únicas pessoas que irão nos pagar para consumir amanhã em vez de hoje são os responsáveis pelos produtos de investimento!

Deixe-me apresentar a você duas novas maneiras de pensar sobre dívidas. Uma, a não ser que você esteja pegando dinheiro emprestado para melhorar sua renda amanhã, você está usando o dinheiro de outra pessoa para pagar por algo que você provavelmente não precisa hoje. Alguém fará você pagar por isso, imediatamente ou no futuro.

O empréstimo sempre acarreta custo. A única exceção é o dinheiro que os pais dão a seus filhos. Independentemente do que digam as pessoas que emprestam a você – incluindo amigos próximos –, sempre há um custo. Quem empresta está adiando a própria oportunidade de fazer uso do seu dinheiro hoje. É necessário que exista uma compensação por esse "sacrifício". Os juros são o preço de fazer quem empresta esperar para usar aquele dinheiro.

Dois, quando você pega emprestado, você está pedindo a si mesma para pagar aquele empréstimo. Fazendo isso, você priva o seu eu futuro da soma de dinheiro que você está gastando hoje. Além do mais, está fazendo o seu futuro eu pagar pelos custos associados ao empréstimo.

A meu ver, não existe nada em qualquer loja de shopping do mundo que justifique dívida de cartão de crédito. Também não existe nenhum serviço, além de despesas médicas, que justifique eu ficar devendo a uma empresa de cartão de crédito ou pegar um empréstimo pessoal para financiar tal serviço.

Dinheiro não é grátis. Nunca é de graça. Repito, para cada dólar emprestado hoje você está pedindo ao seu futuro eu para pagar esse dólar e mais os custos do empréstimo. Portanto, a não ser que esse dólar faça a sua renda crescer, você está tornando o seu futuro eu mais pobre com a sua dívida. Como o dinheiro não é de graça, qual é o custo de ter uma dívida? Qual tipo de dívida você tem? Elas são dívidas boas (inteligentes) ou ruins (estúpidas)?

Agora vamos voltar ao básico para entender dívidas.

TIPOS DE DÍVIDAS PESSOAIS

A seguir, cito alguns tipos de dívidas pessoais que estão disponíveis no mercado hoje:

- empréstimo de cartão de crédito;
- empréstimo do carro ou financiamento da casa;
- pequenos empréstimos pessoais (produtos de crédito fácil de instituições não bancárias, como financeiras e lojas de crédito);
- empréstimos obtidos em lojas de penhores;
- empréstimos de amigos.

Empréstimos do cartão de crédito

Os empréstimos de cartão de crédito não oferecem garantias. O credor, normalmente um banco, espera que uma porcentagem de clientes realmente não pague sua fatura em dia. Para obter lucros, o custo de emprestar a você deve, portanto, compensar o risco de inadimplência.

Mesmo assim, apesar de as taxas de juros do cartão de crédito serem bem altas, há sempre um monte de gente devendo! Nos Estados Unidos, a dívida de cartão de crédito sempre está em um nível alto. Em Cingapura, o cartão de crédito é visto como um risco em potencial para as famílias. Por esse motivo, ele é monitorado de perto pelo governo. Felizmente, dizem, as famílias de Cingapura ainda o utilizam, predominantemente, como um meio de pagamento, e, não, como um instrumento de dívida.

A notícia financeira mais alarmante que ouvi em 2008 foi que donos de pequenos negócios nos Estados Unidos em dificuldades durante a crise optaram por pegar dinheiro emprestado por meio do cartão de crédito. Meu Deus! Eu não conheço muitos negócios que conseguem obter um retorno total de 24% a 30% sobre seu investimento para cobrir o custo do empréstimo de um cartão de crédito. Fico arrepiada só de pensar na taxa de juros que esses empresários terão de enfrentar. Se eles não conseguem se utilizar de empréstimos que ofereçam taxas de juros especiais para empresas e as coisas chegaram a esse ponto, algo está muito errado e algumas perguntas precisam ser feitas. É uma boa ideia manter o empreendimento?

Pegar dinheiro emprestado por meio de cartão de crédito para cobrir um déficit de sua empresa é certamente temerário. Os negócios não conseguem produzir receita rápido o suficiente, principalmente em uma economia que vai mal, para cobrir os custos desse empréstimo.

Será que em algum momento nós paramos e perguntamos: "Tenho condições de tomar dinheiro emprestado para comprar este item?"

O cartão de crédito é um meio incrivelmente estúpido de pegar dinheiro emprestado. Permita-me repetir: o cartão de crédito é um meio incrivelmente estúpido de tomar dinheiro emprestado. A Tabela 8.1, a seguir, apresenta as taxas de juros cobradas por diferentes tipos de financeiras. Os juros do cartão de crédito são quatro vezes mais altos do que os cobrados pelos demais. De fato, a única maneira mais idiota de se tomar dinheiro emprestado é por meio de algum agiota local, o que, aliás, é ilegal.

Talvez a palavra "estúpido" soe forte demais, porém, indivíduos que tomam dinheiro emprestado com o cartão de crédito são incrivelmente estúpidos, principalmente se

TABELA 8.1. EMPRÉSTIMOS E SUAS CORRESPONDENTES TAXAS DE JUROS.

Empréstimos ao consumidor	*Taxa de juros anual*
Agiota local	1.200% a 2.400% (cerca de 10% a 20% ao mês)
Cartão de crédito	24%[1]
Empréstimo de cinco anos para compra de automóvel	6%
Empréstimo hipotecário de quinze anos	6% a 7%[2]

[1] Uma verificação junto a instituições financeiras como o HSBC, o Maybak, o OCBC, o StanChart, o UOB e o DBS demonstra que todos cobram o mesmo percentual anual: 24%.

[2] Essa era a taxa no final de 2007. Trata-se de uma taxa variável que tipicamente muda com base em uma taxa de curto prazo denominada SIBOR (Taxa interbancária de Cingapura). Na época, as financeiras também cobravam em torno dessa mesma taxa para empréstimos imobiliários de quinze anos.

não esgotaram todas as demais alternativas. Portanto, por que deveria me desculpar ao chamar assim alguém que tenha agido desse modo? De que outro jeito, afinal, poderia enfatizar sua insensatez ao mergulhar em dívidas comprando coisas desnecessárias, e se ver agora em apuros no final de cada mês?

Como as empresas de cartão capturam suas vítimas desatentas? Quais são algumas das armadilhas nas quais as pessoas caem frequentemente?

Brindes nunca saem de graça! Tome cuidado com a rolagem da dívida

Costumava ensinar aos jovens do ensino médio sobre algumas habilidades necessárias à vida. Uma das lições incluía os perigos dos gastos descontrolados com o cartão de crédito. Aquilo ajudava os jovens a entender o funcionamento dos cartões e os perigos em rolar suas dívidas. Quando os alunos tinham a oportunidade de calcular os juros sobre os valores rolados, seus olhos imediatamente arregalavam. Alguns percebiam finalmente o porquê de seus pais estarem completamente "quebrados".

Certa vez, durante uma lição, perguntei a eles: "As empresas de cartão oferecem a seus usuários vários brindes para que estes indiquem novos clientes! Vocês já se perguntaram por quê? Quantas pessoas no mundo lhe dariam um X-Box,* um novo PDA** ou uma bolsa de marca ABSOLUTAMENTE DE GRAÇA?

A razão para as empresas de cartão distribuírem esses presentes tão caros é justamente a rolagem da dívida. Elas realmente esperam que muitos clientes não consigam pagar o valor total e optem pelo mínimo. Um jovem de 15 anos perguntou: "Então, por que as pessoas não aceitam o brinde e simplesmente deixam de usar os cartões?"

"Você é um jovem esperto! É claro que as pessoas poderiam fazê-lo" – respondi. "Mas sabe de uma coisa? No dia em que a maioria das pessoas pararem de usar seus cartões depois de receberem seus brindes, as operadoras simplesmente mudarão as regras para a solicitação do 'presentinho'. Elas condicionarão sua entrega à primeira compra de 10 dólares com o cartão."

Essas empresas sabem que alguém que gasta 10 dólares, provavelmente gastará 50 dólares, e que, desse modo, a fatura logo se tornará impagável. Eles nem sequer precisam que todos os usuários rolem suas dívidas. Apenas alguns já são o suficiente. Aqueles dentre vocês que o fazem logo verão suas dívidas crescer, o que torna o produto enormemente lucrativo para o banco que sustenta a operadora. Isso é apenas bom senso.

Não existem coisas do tipo "X-boxes ou PDAs gratuitos". Aliás, nada nos é dado de graça. Toda vez que alguém lhe oferecer qualquer coisa como "brinde", saiba que em algum lugar alguém estará pagando por aquilo. Portanto, tenha a certeza de que não é você mesma quem está pagando. Se este for o caso, mude seu comportamento. Livre-se de seus erros e siga em frente!

---

* Trata-se de um console de jogos produzido pela Microsoft, em 2001. (N.T.)

** Trata-se de um assistente digital pessoal. Um pequeno computador portátil que oferece ferramentas para trabalhos rotineiros. (N.T.)

O QUE SIGNIFICA ROLAR A DÍVIDA?

Quando o usuário do cartão não consegue quitar sua dívida durante o período "livre de juros", a dívida é rolada e está sujeita à cobrança de taxas.

Em outubro de 2007, havia cerca de 5,5 milhões de cartões em circulação em Cingapura e mais ou menos 3 bilhões de dólares oriundos da rolagem de dívidas. Considerando uma taxa de juros de 24% ao ano, esses usuários de cartão estão pagando 720 milhões de dólares somente em juros, todos os anos. Supondo que cada indivíduo possua uma média de 2,5 cartões, isso significa que a média de juros paga por cabeça é de aproximadamente 327 dólares. Esse cálculo exclui valores principais e quaisquer taxas cobradas por dias de atraso no pagamento, se pelo menos o mínimo não for pago.

Transferência de saldo de um cartão para outro

Meu amigo Paul, a quem eu chamo de "Senhor Cartão de Crédito", possui quatro cartões. Ele costumava sacar de um cartão para pagar a fatura do outro, e transferir contas entre eles como se brincasse de "jogo das cadeiras".* Essa não é uma atitude sustentável, pois ninguém é rico a ponto de poder pagar 24% de juros ao ano. Você se lembra quando eu disse que um retorno de 20% ao ano é um ganho excelente? A maioria das grandes empresas espera conseguir um ROI (retorno sobre investimento) entre 8% e 15%.

Aqui vai uma lição bastante simples: se você está vivendo um estilo de vida que não é seu, utilizando-se do seu cartão de crédito para manter seu status, lembre-se de que essas dívidas acabarão se tornando impagáveis, a menos que encontre um meio de quitá-las, sozinho, que um parente rico morra e lhe deixe uma herança ou que você ganhe na loteria. Se estiver pensando em solicitar um novo cartão que ofereça taxas mais baixas e usá-lo para quitar o primeiro cartão – PARE! Se não mudar seu comportamento em relação às compras, em breve terá uma dúzia de cartões. É bem fácil tornar-se uma "Senhora Cartão de Crédito".

Mas a transferência de dívidas entre cartões não é um bom negócio?

Você poderia perguntar: "Mas, afinal, não é um bom negócio transferir as dívidas de um cartão para o outro cujas taxas sejam mais baixas?" Então eu lhe pergunto:

Você se lembra daqueles comerciais de TV em que a operadora de cartão X sugere que você transfira sua gigantesca dívida da operadora Y para a operadora X, e o informa que fazendo isso passará a pagar uma taxa consideravelmente mais baixa sobre a tal dívida gigantesca?

O que essas operadoras fazem, em vez de oferecer a seus clientes X-boxes ou PDAs, é sugerir a possíveis novos clientes que deixem de ficar atolados em dívidas junto a uma empresa e que optem pelos juros mais baixos de outra. Isso parece um ótimo negócio, não acha?

* Jogo em que um dado número de participantes disputa assentos de cadeiras, correndo em torno delas enquanto a música toca, e sentando-se imediatamente quando a música para. O número de cadeiras é sempre diminuído em -1 em relação ao número de participantes. Quem sobra, sai do jogo. (N.E.)

É claro que a resposta imediata é sim. De fato, parece um ótimo negócio, já que realmente economizamos alguma coisa ao pagar juros mais baixos. Mas, afinal, o que estamos tentando fazer, economizar algum dinheiro pagando juros ainda altíssimos sobre dívidas que jamais deveríamos ter feito?

Vejamos um exemplo do que você conseguiu "poupar". Digamos que você tenha uma dúvida de 10 mil dólares junto ao banco X. Então você vê um anúncio do banco Y que lhe oferece a oportunidade de transferir sua dívida com taxa 0% por seis meses se concordar em pagar a módica taxa operacional de 2,5%. Você percebe que, caso opte pela transferência, pouparia 950 dólares em juros ao longo dos 6 meses em que estaria isento de taxas:

Dívida transferida: 10 mil dólares
Total dos juros cobrados pelo banco X ao longo de 6 meses a 24%: 1.200 dólares.
Total dos juros cobrados pelo banco Y ao longo de 6 meses a 0%: 0 dólares.
Taxa operacional de 2,5%: 250 dólares
Valor poupado: 950 dólares (1.200 dólares – 250 dólares)

Parece ótimo, mas onde está a pegadinha? Esses anúncios se dirigem às pessoas que já possuem dívidas. Para as operadoras que oferecem esse tipo de negócio, propagandas como essa saem barato. Essas empresas sabem que as pessoas que se interessam já estão devendo e que não têm disciplina financeira para pagar toda a sua fatura mensalmente. Então podemos concluir que:

- depois de poupar inicialmente algum dinheiro, você ainda estará devendo à segunda operadora de cartão e, portanto, sujeita às mesmas taxas altíssimas que já pagava anteriormente. A única diferença é que estará devendo para outra empresa;
- a segunda operadora está disposta a lhe oferecer o benefício, ou seja a "economia", pois sabe que depois dos primeiros seis meses você começará a pagar 24% de juros sobre qualquer valor que tiver acumulado. Sabe também que se você fosse um inadimplente assumido provavelmente nem teria se incomodado em transferir sua dívida. As pessoas somente se preocupam em fazer esse tipo de negociação se tiverem a intenção de pagar suas dívidas e se ainda quiserem possuir cartões de crédito e não ser consideradas falidas;
- a segunda operadora está feliz em saber que você já foi testado pela empresa anterior, e que se nunca foi processada como inadimplente é porque pagou o que devia. Isso demonstra que você é uma boa cliente;
- a segunda operadora está ciente de que caso seu limite seja aumentado, você certamente ampliará sua dívida junto à instituição, elevando seu débito de 10 mil dólares para 15 mil dólares. Lembre-se de que os juros serão cobrados sobre o valor total da dívida, ou seja, em cima dos 15 mil dólares. Vale ressaltar que tudo isso está acontecendo simplesmente porque você considerou a carência de seis meses para a transferência da dívida uma boa opção.

A pergunta certa a ser feita não é se a transferência é um bom negócio, mas quantas vezes poderá repetir esse processo. Afinal, se você não teve disciplina suficiente para quitar sua dívida junto à primeira operadora, o que o faz pensar que conseguirá fazê-lo com a segunda?

De quantos cartões você realmente precisa?

Certamente, você não necessita de dez cartões de bancos diferentes! Jamais tive mais de dois cartões. Por que dois? Para situações emergenciais durante minhas viagens e caso um deles não funcione por alguma razão qualquer. É interessante ter dois cartões de operadoras diferentes, pois eles têm sistemas diferentes e redes distintas. Você, com certeza, não gostaria de estar do outro lado do mundo e perceber que não consegue ter acesso ao dinheiro de que precisa.

Domine o cartão ou ele irá dominá-la

Eu, particularmente, adoro cartões de crédito. Eles são simples de usar e de carregar, e, embora representem um meio estúpido de tomar dinheiro emprestado, são superconvenientes para se fazer pagamentos. Uso meus cartões apenas para comprar e pagar as contas que preciso, jamais para tomar dinheiro emprestado. Pago o valor total de cada fatura na data certa, inclusive, autorizando o débito automático em minha conta.

Lembre-se: a posse de cartões de crédito requer autocontrole e conhecimento do produto. É preciso encontrar meios de dominar a si mesma.

Existem dois tipos de pessoas que devemos reconhecer quando possuímos cartões: As "desestimuladoras" e as "estimuladoras".

O "desestimulador"

O desestimulador é aquele indivíduo que simplesmente arrancará os cartões de suas mãos quando perceber que você está gastando demasiadamente por razões injustificadas. Meu marido Keon é meu "desestimulador" pessoal. Ele sempre impede que eu exagere nos shoppings ou quando repara que estou animada demais com as promoções e liquidações. Certa vez, enquanto comprava um presente para um amigo, acabei adquirindo três blusas de jérsei e um par de sapatos estilo Anabela. Naquele momento, Keon me perguntou se aquilo era algum tipo de reação a eventuais problemas que eu estive enfrentando, e se eu gostaria que ele guardasse meu cartão até que a "febre de compras" passasse. É disso que as mulheres precisam – de uma consciência financeira! Acabei guardando meu cartão no armário do quarto, debaixo de caixas repletas de roupas velhas. O "demônio" logo desapareceu! Adorei minhas novas blusas e meu sapato, mas percebi que era hora de parar.

O "estimulador"

Correndo o risco de parecer uma "exterminadora de amigos", gostaria de alertá-la para aquilo que eu denomino nosso "pior inimigo financeiro". Todos temos um amigo ou uma amiga desse tipo. Trata-se daquela pessoa que nos acompanha às compras e que nos elogia a cada escolha que fazemos e a cada item que adquirimos – refiro-me a tudo mesmo! Esse indivíduo nos incentiva a comprar até mesmo roupas que certamente usaremos uma única vez, dizendo que estamos simplesmente maravilhosas.

Refiro-me ao senhor ou à senhora Rombo! Digo isso porque essa pessoa a encorajará a provocar um enorme rombo em sua conta bancária toda vez que sair com você. Não que haja uma verdadeira intenção em exterminar seu saldo. Esse indivíduo age com enorme desenvoltura. Tudo parece simplesmente maravilhoso quando essa pessoa está por perto, até mesmo aquele caríssimo vestido de marca, cor amarelo-ovo, de corte esquisito e enormes botões quadrados. "É a sua cara", a pessoa diz. Você acaba caindo na conversa, gastando uma fortuna e saindo da loja sentindo-se a própria Angelina Jolie

Duas semanas mais tarde, você vê sua cunhada com a mesma roupa e quase tem um ataque. No caminho para casa, cria coragem e pergunta ao seu marido: "Eu me pareço com ela quando uso aquele vestido?" Então ele disfarça e dá uma resposta completamente evasiva, dizendo: "Claro que não, querida, ele cai bem melhor em você! Você tem estilo!" Seu pateta! Como um vestido amarelo-ovo de corte esquisito e enormes botões quadrados poderia cair bem em qualquer pessoa? Só mesmo a Angelina Jolie ou a Gisele Bündchen ficariam deslumbrantes dentro dele.

O senhor ou a senhora Rombo não são boas companhias para ir às compras, portanto, afaste-se dele ou dela. Na verdade, corra! Independentemente da intenção dessa pessoa, você sempre estará mais endividada depois de sair com ela. Meu conselho? Mantenha a amizade! Vocês podem frequentar a academia juntas, jogar peteca, jogar buraco, preparar bolinhos de chuva ou até mesmo se ajudar mutuamente a dar banho em seus cachorros, mas nunca chegue perto de um shopping com essa pessoa. Vocês três juntos – você, ela e seu cartão de crédito – em um shopping center é algo que não dará certo.

Financiamentos para compra de carros

Os juros para esse tipo de financiamento são mais baixos do que os cobrados nos cartões, mas a financeira terá o direito de retomar o automóvel caso os pagamentos não sejam honrados. Se você já enfrentou uma situação desse tipo, e já esteve prestes a perder seu veículo, já descobriu dois fatos importantes:

1. Pode ser uma experiência assustadora. Certa vez, na década de 1980, quando um dos empreendimentos de meu pai faliu, ele não conseguiu pagar as prestações de meu pequeno carro esportivo. Lembro-me de estar parada no semáforo em um movimentado cruzamento em Kuala Lumpur quando alguém chegou e abriu a porta do carro e mandou que eu saísse. Ele disse que estava retomando o automóvel. Fiquei aterrorizada e arranquei com a porta ainda aberta. Foi aí que descobri o que significava ter o veículo retomado.
2. Mesmo depois de o carro ser retomado e revendido pelo melhor preço possível, talvez você ainda fique devendo para a financeira e seja obrigada por lei a honrar sua dívida. Se isso aconteceu, provavelmente seu veículo foi financiado e o sistema de financiamento foi o de alienação fiduciária, o que significa que o banco é o dono do carro até que todas as prestações sejam pagas.

Taxa fixa e os juros efetivos

Susie é uma jovem recém-formada que acabou de conseguir seu primeiro emprego. Vejamos o que ela terá de pagar pelo seu primeiro automóvel, um VW amarelo conversível. Mesmo contando com alguma ajuda do pai, ela ainda terá de financiar 60 mil dólares. Um dos bancos pesquisados ofereceu-lhe uma taxa fixa de 3% para um financiamento de cinco anos.

Eis aqui um dos aspectos mais interessantes do financiamento de automóveis. A taxa fixa não é realmente a que ela pagará. A taxa fixa é usada para calcular o montante de juros que ela pagaria ao longo dos cinco anos sobre suas prestações mensais. No caso de Susie, ela pagaria um total de juros de 9 mil dólares.

Total de juros = valor tomado emprestado × taxa fixa × duração
= 60 mil dólares × 3% × 5 anos = 9 mil dólares

A partir daí podemos calcular suas prestações:

Prestação mensal = (60 mil + 9 mil) / 60 meses = 1.150 dólares

Você acha que Susie está de fato pagando 3% de juros ao ano? Claro que não. Como dissemos, a taxa fixa é um modo conveniente de exemplificar os valores dos juros e das prestações. A verdadeira taxa (tecnicamente chamada de juros efetivos) usa uma fórmula consideravelmente complicada que requer uma calculadora financeira, e é cerca de duas vezes mais alta.

A Tabela 8.2 demonstra as várias taxas fixas cobradas (2% a 5%), os prazos (de um a dez anos) e a taxa real cobrada. Para Susie, a taxa real de juros que ela irá pagar é de 5,84%, ou, talvez, um pouco menos que o dobro da taxa fixa de 3%.

TABELA 8.2. TAXAS FIXAS, PRAZOS E TAXA EFETIVA DE JUROS.

		Taxas fixas						
		2%	*2,5%*	*3%*	*3,5%*	*4%*	*4,5%*	*5%*
Prazo em anos	*1*	4,35%	5,43%	6,50%	7,58%	8,66%	9,73%	10,80%
	2	4,13%	5,15%	6,16%	7,17%	8,17%	9,17%	10,17%
	3	4,04%	5,03%	6,02%	6,99%	7,96%	8,92%	9,87%
	4	3,99%	4,96%	5,92%	6,87%	7,81%	8,74%	9,66%
	5	3,95%	4,90%	5,84%	6,77%	7,69%	8,60%	9,49%
	6	3,91%	4,85%	5,78%	6,69%	7,58%	8,47%	9,34%
	7	3,88%	4,81%	5,72%	6,61%	7,49%	8,36%	9,21%
	8	3,86%	4,77%	5,66%	6,54%	7,40%	8,25%	9,08%
	9	3,83%	4,73%	5,61%	6,47%	7,32%	8,15%	8,97%
	10	3,80%	4,69%	5,56%	6,41%	7,24%	8,06%	8,86%

A Tabela 8.3 também é bastante útil, pois demonstra as prestações esperadas para cada mil dólares tomados emprestados. Ao utilizá-la, podemos observar que o financiamento de 60 mil dólares solicitado por Susie com taxa fixa de 3% pelo prazo de cinco anos levará a prestações de 1.150 dólares.

Prestação mensal = 60 × 19,17 = 1.150 dólares

TABELA 8.3. VALOR ESPERADO DA PRESTAÇÃO PARA CADA MIL DÓLARES.

Prazo em anos	*Taxas fixas*						
	2%	*2,5%*	*3%*	*3,5%*	*4%*	*4,5%*	*5%*
1	85,00	85,42	85,83	86,25	86,67	87,08	87,50
2	43,33	43,75	44,17	44,58	45,00	45,42	45,83
3	29,44	29,86	30,28	30,69	31,11	31,53	31,94
4	22,50	22,92	23,33	23,75	24,17	24,58	25,00
5	18,33	18,75	19,17	19,58	20,00	20,42	20,83
6	15,56	15,97	16,39	16,81	17,22	17,64	18,06
7	13,57	13,99	14,40	14,82	15,24	15,65	16,07
8	12,08	12,50	12,92	13,33	13,75	14,17	14,58
9	10,93	11,34	11,76	12,18	12,59	13,01	13,43
10	10,00	10,42	10,83	11,25	11,67	12,08	12,50

Se Susie considerar a prestação mensal alta demais, ela poderá optar por outro banco que lhe ofereça um financiamento em sete anos a uma taxa fixa de 3,5%. Qual seria então sua prestação mensal? De 889 dólares.

Prestação mensal = 60 × 14,82 = 889 dólares.

O financiamento de automóvel é um compromisso importante. Antes de assinar qualquer contrato, você deve responder às seguintes perguntas:

- *Qual é a taxa de juros real?* Seja qual for a taxa fixa, multiplique esse número por dois e terá um valor aproximado.
- *Qual é o valor da prestação mensal e o que acontecerá caso eu não pague?* Se pagar com atraso haverá juros adicionais e outras taxas. Se não conseguir honrar os pagamentos, o banco terá o direito de tomar medidas legais e retomar seu automóvel. Portanto, faça seus cálculos com cuidado!
- *O que ocorrerá se resolver pagar o financiamento adiantado ou decidir refinanciar a dívida?* Pode ser que existam taxas para o pagamento antecipado. Novamente, será necessário realizar mais cálculos, e isso pode ser orientado pelo gerente do seu banco. A razão é que a maior parte dos juros no financiamento

para compra de automóvel é cobrada já nos primeiros meses; portanto, a antecipação da quitação serve apenas para que o indivíduo possa se livrar do financiamento; contudo, se estiver pensando em refinanciar a dívida, precisa saber se haverá alguma vantagem.

Além do financiamento de automóvel: quatro informações importantes

Saiba que no mesmo dia em que você assinar o contrato de compra, o seu carro novo perderá de 15% a 20% do seu valor de mercado!

1. *O carro é uma aquisição de médio prazo.* O princípio básico aqui é vender o automóvel depois de cinco anos, já que é comum que passem a apresentar problemas mecânicos depois desse período. Além disso, você certamente não irá gostar se tiver de gastar parte do seu salário todo mês consertando o carro.
2. *Descubra quando o fabricante alterou o design do modelo que você possui atualmente e quando será lançado o novo.* Há algum tempo tive uma BMW Série 3 que fora comprada nos últimos anos em que o design dos faróis era quadrado. No ano seguinte o projeto foi alterado e o modelo ganhou faróis redondos. O preço do meu carro caiu vertiginosamente, já que seu próprio design denunciava que ele pertencia à geração Série 3. Vendedores de automóvel são muito espertos. Lembro-me de quando comprei um veículo Série 5; um dos vendedores comentou: "Obviamente não liberamos todos os atributos do veículo de uma só vez. Se o fizermos, no ano seguinte não teremos nada de novo a oferecer aos compradores." Portanto, é importante saber o que você não está comprando quando tomar sua decisão, então pergunte: "Este é o momento de comprar esse modelo dessa marca? Quando será apresentado o novo design?"
3. *Leia os classificados e analise os preços praticados para a comercialização do mesmo modelo novo, de segunda e de terceira mão.* Compare os valores de compra e revenda. Algumas marcas possuem um valor de revenda mais alto em termos percentuais em relação ao valor pago. Alguns carros são menos desejáveis. Você pode achar a cor e o design do carro que pretende adquirir simplesmente magníficos, mas será que o mercado pensa o mesmo? Se a resposta for negativa, você está disposta a encarar a defasagem no preço quando resolver vendê-lo? Estude o mercado de revenda e as tendências na depreciação.
4. *Informe-se sobre a manutenção do veículo.* Uma vez comprei um lindo Porsche 924 azul escuro. Como o veículo já tinha quase oito anos, passava cerca de uma semana por mês no mecânico. Cada vez que me entregavam o carro consertado, a conta girava em torno de mil dólares. O Porsche estava consumindo quase a metade do meu salário na época. Embora estivesse grávida do meu primeiro filho, e soubesse que logo ficaria entalada dentro do veículo, percebi que minha família já tinha quatro integrantes: meu marido, eu, meu bebê e o Porsche. Tratamos de vendê-lo o mais rápido possível. Atenção: carro bonito, velho e barato = manutenção cara e constante.

Empréstimo para financiamento imobiliário

Este é o meu tipo de empréstimo favorito, pois é o mais barato que se pode conseguir. Os bancos adoram esse tipo de financiamento: o valor é alto, o prazo é longo e o contrato é garantido. Eu gosto deles porque o prazo é longo, oferecem garantia e, geralmente, custam menos.

Imagine possuir dez cartões de crédito e rolar uma dívida de 10 mil dólares em cada um deles. Isso significa um total de 100 mil dólares a 24% ao ano. Por esse montante é possível adquirir algumas joias e muitos pares de sapato, roupas e acessórios de marca. Pelos mesmos 100 mil dólares é possível comprar 1 décimo de uma casa que custe 1 milhão de dólares. Que opção escolheria? E prefiro investir meu dinheiro em propriedades. Esses são compromissos de longo prazo, mas valem a pena se você fez sua lição de casa e escolheu o momento certo.

Se você decidiu comprar um imóvel, é provável que tenha parte do dinheiro e que o resto seja financiado por um banco. No caso dos habitantes de Cingapura, é possível retirar o valor depositado no que chamamos de Fundo Previdenciário Central. Já no Brasil, é possível retirar o valor integral do Fundo de Garantia do Tempo de Serviço (FGTS) para efetuar a compra de um imóvel, e caso o montante não seja suficiente, poderá contar com o financiamento da Caixa Econômica Federal. Geralmente é possível tomar emprestado até 80% do valor total do imóvel ou do seu valor de mercado – o que for mais baixo – desde que sua renda seja adequada à estrutura do financiamento. Isso significa que se o preço da propriedade for 1 milhão de dólares e seu valor de mercado for 1,1 milhão de dólares, poderá ser tomado emprestado até 80% do valor menor, ou seja, de 1 milhão de dólares, então você conseguirá 800 mil dólares.

Portanto, considere sempre emprestar o máximo permitido em seu empréstimo imobiliário. Tome emprestado tanto quanto possível e pelo maior prazo possível, desde que possa arcar com a despesa mensal. Contudo, é importante que eu lhe faça uma advertência: preste atenção no que está comprando quando decidir investir em propriedades. Obter um empréstimo gigantesco para adquirir um imóvel em péssimas condições é uma decisão ruim. Não entre nessa fria!

Assumindo um empréstimo imobiliário

Essa é uma dívida bem grande. É imprescindível que pense bastante e que saiba exatamente onde está se metendo.

- *Compreenda o funcionamento do financiamento.* A maioria dos financiamentos se baseia em taxas variáveis. Em geral, os bancos estabelecem uma taxa fixa pelos primeiros anos, geralmente bastante atrativa, e depois o financiamento é atrelado a um índice fixado pelos bancos. Cada banco possui uma série de taxas especiais. Os clientes consideram esse procedimento confuso por causa da falta de transparência no modo como os cálculos são feitos e apenas sabem que seus financiamentos estão atrelados a taxas interbancárias. Essas taxas se referem aos juros cobrados quando um banco toma dinheiro emprestado de outro.

- *Os bancos também podem oferecer financiamentos hipotecários com taxa ajustável, que são atrelados a uma taxa de juros variável.* É preciso que os clientes conheçam o funcionamento desse sistema e que se planejem para enfrentar uma variação de taxas durante o período do empréstimo. Um financiamento imobiliário de 3% causa um impacto bem diferente sobre a renda disponível que outro de 5%.
- *Refinancie quando possível.* Sempre procure oportunidades de transferir o saldo de sua dívida buscando alternativas mais baratas de financiamento. Se as taxas de juros estão caindo a favor do cliente, não seria inteligente desconsiderar a possibilidade de financiamento. Tenha em mente, contudo, que o próprio refinanciamento de sua dívida incorrerá em outros custos, como as taxas legais do processo de transferência. É possível que tenha ainda de pagar alguma penalidade que supere a economia que faria transferindo a dívida. Em contrapartida, a instituição responsável pela sua dívida atual pode talvez lhe oferecer condições melhores se souber que pretende refinanciar a dívida em outro banco, portanto, tente primeiramente negociar com ela.
- *Procure por alternativas para empréstimos que ofereçam taxas mais baixas que as bancárias e termos mais flexíveis.*
- *Solicite um seguro hipotecário.* Esse é um método eficiente e barato de proteger seu investimento. A maioria das instituições bancárias não autorizará o empréstimo sem um seguro hipotecário. Os bancos possivelmente considerarão o próprio imóvel como garantia, mas ainda querem se certificar de que o empréstimo será quitado caso você venha a falecer inesperadamente. A boa notícia é que o seguro hipotecário não é caro e pode ser usado para cobrir as despesas de um novo imóvel, caso queira mudar de endereço e desde que os termos incluam tal possibilidade.
- *Pague suas prestações em dia para evitar juros e taxas extras.* Caso não consiga honrar sua dívida, o banco terá o direito de reaver o imóvel para recuperar o dinheiro; contudo, geralmente tentarão negociar com você. Portanto, não ignore cartas e tentativas de contato. Se encontrar dificuldades para realizar o pagamento, contate seu gerente e discuta com ele a situação. O gerente oferecerá as melhores alternativas para a reestruturação do empréstimo para ajudá-lo a manter seu compromisso. Por exemplo, se você estiver tentando segurar o dinheiro por estar desempregada e à procura de um novo emprego, ou se estiver se recuperando de problemas mais sérios de saúde, o banco poderá estender o prazo de sua dívida para que a prestação mensal caia, ou até permitir que você honre somente os juros até que consiga se estabilizar. A instituição poderá ainda pedir-lhe que consiga um bom avalista ou alguém para compartilhar a dívida.

Além do empréstimo imobiliário: quatro informações importantes

Já demonstrei por que é importante conhecer o sistema imobiliário o quanto antes, para acompanhar este mercado. Certamente você não encontrará aqui tudo o que precisa saber sobre a compra de imóveis. Isso é assunto para um livro inteiro. Não sou uma especialista em investimentos, embora tenha ganhado dinheiro investindo. Veja a seguir mais algumas dicas para quando estiver procurando um imóvel:

1. *Sempre é possível mudar a aparência de sua propriedade, mas lembre-se de que é impossível alterar a vizinhança.* Se o local escolhido não for bom, o preço de seu imóvel será baixo, independentemente do quanto gastar para redecorá-lo. A localização é importantíssima!
2. *Alguns proprietários não se incomodam em morar próximos a vias principais.* Eu certamente não aprecio esta ideia. Certa vez adquiri um imóvel que se situava em uma rua próxima a uma via movimentada. Considerando que 20% de Cingapura estava, na época, enfrentando a implantação de um novo e supereficiente sistema viário, muitas propriedades ficaram próximas a essas estradas. Particularmente consideraria o barulho insuportável se tivesse de manter o ar-condicionado ligado o tempo todo. É preciso que você cheque os níveis de ruído no local onde tiver a intenção de comprar um imóvel, e em diferentes horários. Dificilmente o agente imobiliário lhe mostrará um imóvel no horário de pico, portanto, mantenha os olhos abertos, e os ouvidos também, e peça para visitar o local em outras oportunidades e em horários diferentes, mesmo que isso implique ter de sair do trabalho por algumas horas para fazer isso.
3. *Preste atenção ao que a área lhe oferece.* A proximidade a escolas, shoppings, parques etc. pode alterar o valor de sua propriedade.
4. *A propriedade está arrendada ou é de propriedade absoluta?* Particularmente não gosto de imóveis arrendados e sempre preferi os de propriedade absoluta ou cujo contrato fosse de 999 anos.* Já houve um tempo em que tive a oportunidade de comprar uma linda casa, firmando um contrato de 99 anos, cuja validade iniciara-se vinte anos antes. Na época, obter um empréstimo nessas condições demonstrou-se difícil. Logo percebi que propriedades dentro desse plano eram de difícil revenda. Isso não quer dizer que não seja possível obter fundos sobre imóveis dentro desse tipo de contrato, ou que não seja viável obter lucros com altos aluguéis. Em média, o custo de uma casa arrendada em 99 anos é menor que outra propriedade vizinha arrendada em 999 anos. Em um mercado como o de Cingapura, porém, prefiro pensar em ganhos de capital que em lucros oriundos de aluguéis. Você, por outro lado, pode preferir os aluguéis.

* Uma propriedade "absoluta" é aquela na qual você possui não apenas a área construída, mas o terreno. No caso da propriedade arrendada, a posse é conjunta entre o dono do imóvel e o do terreno por um número específico de anos. Dentro dos termos de um arrendamento o prazo para o contrato varia de 99 a 999 anos. Estes dados se aplicam aos EUA. Fonte: <www.querycat.com/question/888bc74dec8a959885811b66109f55c5>, acessado em 29/11/2010. (N.T.)

Mercados imobiliários em queda

Embora os empréstimos imobiliários ofereçam taxas mais baixas, eles não são totalmente livres de falhas. Durante a crise financeira asiática, muitas propriedades em Hong Kong rapidamente perderam cerca de um terço de seu valor quando a bolha imobiliária explodiu. Segundo o que foi noticiado, os proprietários estavam literalmente indo até as instituições bancárias e entregando suas chaves, alegando não terem mais condições de honrar suas dívidas hipotecárias em um mercado que estava despencando.

Também fui afetada. Comprei um lindo apartamento na Malásia. Quando a moeda da Malásia caiu durante a crise financeira, o apartamento perdeu valor de câmbio e também seu preço. Foram dois problemas graves e acabei perdendo cerca de 50% do meu investimento. Desconsiderei as perdas e segui em frente. Era extremamente triste pensar sobre a propriedade e lidar com o recebimento dos aluguéis, que estavam muito baixos por causa do mercado e do impacto cambial. Que horrível lição foi aquela.

A crise hipotecária do *subprime** ocorrida em 2008 nos EUA é um exemplo de como a prática das instituições financeiras de emprestar a clientes que não tinham condições de honrar suas dívidas extrapolou todos os limites racionais; e do modo como as pessoas e os próprios bancos acreditaram que os preços dos imóveis iriam subir indefinidamente e de maneira irreal. Mostra ainda como as instituições financeiras adoram empréstimos hipotecários, acreditando e dependendo demasiadamente das garantias e da tendência ascendente do preço dos imóveis. Parte dos problemas enfrentados durante a crise *subprime* residia no fato de os clientes não entenderem plenamente o funcionamento do sistema. Os financiamentos oferecidos na época pareciam bastante atraentes aos clientes. Várias pessoas que assinaram contratos imobiliários não tinham a menor ideia do montante que teriam de pagar às financeiras depois que o "período de lua de mel" terminasse, e simplesmente não se planejaram para isso. Não havia opções mais acessíveis de empréstimo para as quais os proprietários pudessem migrar suas dívidas, e a inadimplência teve início.

No longo prazo, porém, se os indivíduos tiverem condições de manter suas posses, os valores imobiliários em áreas importantes e em cidades se recuperam. (Lembre-se que o valor cambial é também muito importante, portanto, esteja ciente do duplo risco envolvido.) Enquanto o valor das ações de uma empresa pode não recuperar jamais sua cotação dos tempos de glória, depois de sofrer vários golpes com a implementação de planos e operações durante as crises do mercado, com as propriedades a situação é diferente. Uma vez que o mercado se recupere, os preços dos imóveis tendem a voltar ao preço anterior. Portanto, os imóveis dos distritos 9, 10 e 11 em Cingapura certamente continuarão sendo os mais cobiçados, assim como os de Kensington, em Londres.

Pequenos empréstimos pessoais

Os pequenos empréstimos ao consumidor, também conhecidos como créditos fáceis, não possuem garantia e geralmente são oferecidos pelas empresas de cartão de crédito ou financeiras, em condições bastante atrativas. Para ter ideia do quanto

* O termo é usado em inglês, e se refere à prática de emprestar a clientes que não se qualificam para receber as melhores taxas de juros devido a históricos creditícios inadequados. (N.T.)

isso é verdade, veja a seguir alguns dos dizeres comuns encontrados junto às marcas "superamigas" das empresas:

- "Desnecessária a apresentação de garantias";
- "Entregamos o valor contratado em sua casa 24 horas por dia. É tão prático como pedir uma pizza";
- "Consiga um crédito de 100 mil dólares ou até quatro meses do seu salário, MAIS um talão de cheques gratuito, MAIS seguro para o caso de morte acidental ou afastamento por invalidez!";
- "Condições de pagamento flexíveis. Você poderá optar por pagar somente os juros; não pagar absolutamente nada por dois meses por ano; pagar mais nos primeiros meses e menos nas últimas parcelas ou o inverso; além de outros acordos possíveis";
- "Aproveite seu crédito pré-aprovado imediatamente e aproveite descontos em 150 pontos comerciais selecionados".

Com todas essas características, é fácil compreender porque tanta gente atende aos convites, gastam o que têm e o que não têm.

As taxas de juros cobradas nesses empréstimos podem ser confusas. Recentemente, estive em um grande shopping center e percebi que em um dos estandes o pessoal oferecia crédito imediato a uma taxa especial de 6,5% ao ano, o que certamente parece atrativo. Contudo, examinando de perto, a taxa oferecida era uma taxa fixa. Já expliquei o funcionamento da taxa fixa quando falei sobre financiamentos de automóveis. No final, considerando cuidadosamente o que era oferecido, podia-se perceber que a taxa real ficava entre 12% a 20%.

Empréstimos obtidos por penhora

As casas de penhora oferecem empréstimos em troca de bens valiosos. Esses itens servem como garantida de pagamento. Aquele que utiliza esse tipo de serviço pode conseguir prazos diferentes para resgatar o item penhorado. Obviamente, o montante emprestado por um penhorista é bem inferior ao valor que será obtido com a venda do bem penhorado, caso a dívida não seja honrada dentro do prazo estabelecido.

Tomando 30 mil dólares emprestados e perdendo 70 mil dólares

A despeito dos altos e baixos enfrentados por meu pai quando eu ainda era jovem, sempre que possível, ele comprava belos e caros presentes para minha mãe. Certa vez, ele adquiriu um belíssimo e perfeito* anel de diamantes corte esmeralda. Ele pagou cerca de 100 mil dólares pelo presente.

Quando os negócios começaram a ir mal, minha mãe teve de penhorar o anel, já que a loja em que meu pai o comprara não estava interessada em readquiri-lo. O penhorista deu à minha mãe 30 mil dólares e estabeleceu um prazo de 6 meses para a devolução. Contudo, depois desse período, não tínhamos o dinheiro para reavê-lo, e

* A autora se refere às quatro principais características para que um anel seja considerado perfeito: peso em quilates, cor, transparência e corte. (N.T.)

infelizmente o perdemos. Desde então, meu pai sempre fez de tudo para compensá-la pelo enorme "sacrifício", mas ela ainda se recorda perfeitamente de quando perdeu seu belíssimo anel de diamantes.

O que aquele episódio me ensinou foi que não se pode vender joias pelo valor pago por elas. Os joalheiros que dizem que você está fazendo um "investimento" se referem aos preços ascendentes das joias novas nas lojas. Esses mesmos profissionais jamais lhe dirão o quanto estarão dispostos a pagar pela joia que acabaram de lhe vender. Como algo pode ser visto como um investimento se é impossível vendê-lo sequer pelo mesmo valor de compra?

Os agiotas

Observando as ultrajantes taxas cobradas por agiotas, podemos dizer que empréstimos dessa espécie só devem ser cogitados em situações de total desespero.

Certa vez, um parente meu na Malásia cometeu o erro de tomar dinheiro emprestado de uma agiota para enviar seu filho para estudar no exterior. A taxa de juros acordada foi de 10% ao mês sobre o valor emprestado. Meu tio Bobby imaginou que somente precisaria do montante por seis meses, pois estava aguardando um grande pagamento que um cliente combinara de efetuar. Ele precisava apenas garantir o fluxo de caixa por algum tempo.

No final de um ano, época em que meu tio ainda não tinha condições de pagar a dívida, a agiota apareceu na casa dele às 6 horas da manhã. Depois de gritar coisas horríveis e vergonhosas na frente da residência, ela passou por cima do portão, invadiu o quintal e começou a esmurrar a porta da frente até conseguir abri-la. Então ela fez um sinal para alguns homens, que rapidamente entraram e começaram a carregar tudo o que havia na casa – sofá, TV, aparelho de som, enfim, tudo o que tinha algum valor. Meu tio ficou completamente paralisado, em estado de choque. A família fez um boletim de ocorrência, mas isso não ajudou. Com grande dificuldade e de maneira dolorosa, ele finalmente conseguiu quitar sua dívida.

Jamais tome dinheiro emprestado de um agiota. Eles nem sempre parecem ameaçadores e alguns até aparentam alguma humanidade ao justificar a razão pela qual precisam cobrar juros de 10% ao mês, mas não se engane. Depois que já tiver assinado o contrato, ele mostrará suas garras afiadas. E, se porventura não conseguir quitar sua dívida, pode ter certeza de que o agiota não terá o menor problema em usar de força bruta para obrigá-lo a pagar o que você deve a ele.

Empréstimo com amigos

Kenneth é um amigo extremamente gentil. Ele tem o coração mole e adora emprestar dinheiro para "amigos em dificuldades". E, aliás, parece que todos os seus amigos estão sempre em dificuldades. Quando descobri que ele havia emprestado cerca de 50 mil dólares a um deles, quase gritei em seus ouvidos por conta de sua confiança cega. Disse a ele que, provavelmente, jamais veria o dinheiro de volta. Ele sempre dizia que os amigos estavam em situação ruim, mas que pagariam assim que tivessem condições. Na época em que conversamos sobre isso os empréstimos já duravam seis anos. Da última vez que me encontrei com Kenneth, percebi que ele próprio estava sem dinheiro. É provável que ele tenha emprestado até a própria roupa do corpo ao longo dos anos.

Não acho uma boa ideia tomar dinheiro emprestado dos outros, tampouco emprestar. Sei que isso me faz parecer dura e fria. Lembro-me de ter alertado Kenneth sobre o problema e dito a ele que acordasse, pois acreditava que seu amigos JAMAIS pagariam suas dívidas. Por quê?

Em primeiro lugar, acredito que se alguém que toma dinheiro emprestado não tem a disciplina de pagar as primeiras prestações de uma dívida, aos poucos, independentemente de suas dificuldades, certamente não terá determinação para poupar. Pior ainda, ele jamais se tornará um indivíduo de posses. O fato de estar em dificuldades é sua própria culpa. Esta é a maldição dos que tomam dinheiro emprestado.

Em segundo lugar, se alguém não consegue um empréstimo no banco, na empresa de cartão de crédito ou em alguma financeira, é porque já tentou essas alternativas e não conseguiu solucionar seu problema, independentemente do que lhe disser.

Portanto, nunca se sinta culpada por não emprestar a um amigo. Se a situação for drástica e emergencial e você tiver o dinheiro disponível, simplesmente dê o dinheiro a ele. Se não puder fazê-lo, pense bem em sua decisão de emprestar. Geralmente, pessoas que pedem dinheiro emprestado a amigos não costumam pagar. Isso não faz parte de seu caráter. Reconheça que essas pessoas têm esse defeito e que não lhe cabe resolver os problemas do mundo.

Do mesmo modo, se estiver pensando em pedir um empréstimo a um amigo, PARE IMEDIATAMENTE! Em situações de doença em que um tratamento se faz necessário, posso até concordar, mas em qualquer outra situação, não concordo com esse método. Certamente, existem outras maneiras de resolver problemas financeiros, como vender algum bem de valor por qualquer valor oferecido, trabalhar como motorista particular meio período, ou, até mesmo, arrumar um emprego como caixa em uma lanchonete 24 horas.

Nunca tome dinheiro emprestado junto a empresas de cartão de crédito, muito menos com agiotas. Jamais acredite que comprar joias é um investimento, e compre-as apenas se gostar delas por sua beleza.

Capítulo 9

GESTÃO DAS DÍVIDAS

Saber lidar com dívidas é fundamental a qualquer pessoa que esteja buscando liberdade financeira. Não ter dívidas é também uma das situações mais prazerosas. No dia em que terminar de pagar o financiamento de sua casa ou do seu automóvel e não tiver mais nenhuma dívida você sentirá uma enorme paz de espírito por saber que não deve mais nada a ninguém.

Talvez, nem sempre seja uma atitude inteligente pagar todas as suas dívidas. Possuir algumas obrigações financeiras faz bem a algumas pessoas, desde que tenham condições de honrar seus compromissos. Empréstimos hipotecários, por exemplo, são dívidas positivas caso você tenha adquirido a propriedade certa, no momento certo, e tenha fechado um bom acordo com taxas de juros baixas.

DÍVIDAS INTELIGENTES E DÍVIDAS ESTÚPIDAS

Já falei anteriormente sobre as dívidas boas e as ruins. Como a diferença entre elas não pode ser ainda mais enfatizada, repetirei apenas o que já foi dito.

- Dívidas inteligentes são aquelas nas quais nos envolvemos para comprar bens que possam valorizar e/ou gerar capital. Tais compromissos envolvem conhecimento e, em alguns países, a compra de imóveis e outros bens.
- Dívidas estúpidas são aquelas nas quais nos envolvemos apenas para adquirir tranqueiras. Sei que a palavra "tranqueira" é forte, mas é perfeitamente adequada. O que, afinal, aconteceu com aquela blusa de lantejoulas que você comprou há dois anos só para ir a um jantar sofisticado? Provavelmente o mesmo que aconteceu com a que eu comprei – deve estar enfiada no armário ou pode ser que até já tenha sido doada. Espero que pelo menos já tenha terminado de pagar por ela e que a conta ainda não esteja pendente em seu cartão.

A MAIORIA DAS PESSOAS ESTÁ SEM DINHEIRO

Em uma recente pesquisa em Cingapura, descobriu-se que 62% dos habitantes do país não sobreviveriam mais de 3 meses se parassem de trabalhar. Isso ocorreria independentemente de o indivíduo ter trabalhado por três ou trinta anos. O pior é que a maioria dessas pessoas ainda possui dívidas. Considerando os fragmentos de entrevistas publicados no site www.mdmproofing.com, com o título "Land of the broke" [Terra dos falidos], parece que os norte-americanos estão em uma situação ainda mais difícil. Mais de 70% dos estadunidenses alegam que não sobra absolutamente nada do pagamento no final do mês. Até que os cingapurenses estão um pouco melhor, mas não muito.

Para sobreviver após a aposentadoria a maioria das pessoas compromete seu padrão de vida ou passa a depender dos filhos. Embora na Ásia cuidar dos mais velhos seja uma tradição, o mais comum no passado era que houvesse mais jovens cuidando de ambos os pais, cuja expectativa de vida, aliás, era menor.

Atualmente, um ou dois jovens cuidam de ambos os pais, cuja longevidade é cada vez mais longa. A vida desses indivíduos torna-se cada vez mais difícil em função das obrigações que têm para com os idosos, com suas esposas e seus próprios filhos. Hoje, nossa geração recebe o nome de "Geração Sanduíche", mas não tenho certeza de que gostaríamos que nossos filhos fossem rotulados como "Geração Exterminada" ou "Geração do Abandono", títulos que se justificariam se os jovens acabassem esmagados pelas pressões financeiras causadas pelos inúmeros compromissos com a família, ou se simplesmente decidissem desaparecer por não mais aguentarem a situação.

Sem dinheiro por causa de tranqueiras

Em 2005, a BBC informou que o índice de falência entre as mulheres estava aumentando. Mais indivíduos do sexo feminino estavam tomando dinheiro emprestado com os cartões de crédito e uma em cada dez mulheres gastava mensalmente mais de 50% do salário somente para pagar suas dívidas do cartão. Ao ler alguns blogues, fiquei surpresa com o número de moças jovens atoladas em dívidas no cartão. Veja o que um homem disse sobre isso em um desses blogues:

> *Existe alguma mulher solteira acima dos 25 anos que não esteja atolada até a cabeça com dívidas no cartão (ou de qualquer outro tipo)? Conversando com vários amigos e considerando minhas próprias experiências, posso dizer que jamais encontrei uma. Provavelmente, muitos homens têm o mesmo problema, mas não os namoro. A esposa de um amigo possuía uma dívida de 70 mil dólares em despesas diversas quando se casaram... Esse é o preço de uma casa! O casal luta para se livrar da dívida. Minha última namorada tinha uma dívida de 20 mil dólares, e a atual deve cerca de 35 mil dólares. Eu não tenho um grande salário e vivo modestamente. Não tenho um amontoado de bugigangas e não uso meu cartão de crédito há oito anos. Eu cuido do meu dinheiro. É difícil pensar no futuro em longo prazo. Trabalhei duro para poupar o que tenho hoje e sei que o dinheiro simplesmente desaparecerá no momento em que me casar, pois terei de quitar a dívida de minha esposa. Não acredito em manter as despesas e ganhos separados em um casamento, e sinto-me bem em compartilhar. Sei, contudo, que pareço egoísta, mas costumo ser mais que generoso com amigos e familiares. Mas não posso deixar de pensar que, se as coisas derem errado, ela se sairá muito bem no matrimônio (ficará livre da dívida e ainda receberá parte*

de meus futuros rendimentos)... e então terei empenhado os dez últimos anos poupando simplesmente para nada. É engraçado! Depois que acumulei algum dinheiro as mulheres tornaram-se mais interessadas em mim.

Sei que precisamos estar bem-alinhados em questões financeiras e já conheço todo aquele bla bla bla dos gurus das finanças. Basicamente, estou apenas curioso em saber se existem mulheres por aí que não estejam completamente endividadas... especificamente com dívidas de cartão de crédito por terem comprado um amontoado de bugigangas.

(Fonte: www.enotalone.com)

Na época em que eu era solteira, os homens costumavam perguntar se as moças eram de alta ou baixa manutenção, ou seja, se costumavam gastar muito ou pouco e também como era sua aparência. Como maridos em potencial, os homens sabiam que acabariam tendo de pagar as dívidas de suas esposas. Desse modo, os rapazes ficavam bem longe das mulheres de "alta manutenção".

Quando ainda trabalhava na Singapore Airlines, há muitos anos, alguns dos meus colegas do sexo masculino e bem-sucedidos eram bastante honestos em relação ao desejo de buscar professoras para se casar. Quando lhes perguntei o motivo para isso, eles disseram: "Bem, trabalhando em uma empresa aérea estamos sempre viajando e, conforme subimos na empresa, podemos ser transferidos para outros países. Professoras têm jeito com crianças e podem ficar em casa se for necessário cuidar dos filhos. Elas também podem nos acompanhar caso sejamos transferidos e facilmente conseguir outro emprego como professora quando retornarmos a Cingapura. Geralmente essas mulheres não gastam muito e são conservadoras." E nós mulheres ainda pensávamos que as pessoas se casassem por "amor" e por causa da "química perfeita".

O QUE A INDEPENDÊNCIA FINANCEIRA TEM A VER COM AS DÍVIDAS?

Nos primeiros capítulos, definimos os vários níveis de independência financeira. Que tal usarmos o diagrama a seguir para recapitular e explicar porque devemos ser cuidadosas com nossas dívidas? Imagine que estejamos tentando encher uma pia com água. Abrir a torneira completamente não irá ajudar se o fluxo de saída for maior do que o de entrada. Sua pia jamais ficará cheia. Compreende?

Juros excessivos são uma dívida da qual você certamente não precisa. Pense comigo, se os juros anuais forem de 24%, isso significa que para cada dólar que tomar emprestado ao longo de doze meses precisará retornar o valor devido mais 24 centavos de dólar.

Se considerarmos esse percentual no contexto da taxa de retorno de capital investido na maioria dos negócios, esses 24% jamais serão alcançados. A maioria dos investimentos paga entre 2 a 15 centavos para cada dólar investido por um ano. Pouquíssimas companhias conseguem uma taxa de retorno na ordem de 24% para cada dólar investido.

Isso quer dizer que os empréstimos via cartão de crédito são os negócios mais lucrativos para bancos e, portanto, um dos piores empréstimos que você poderia obter. É fácil perceber que, a menos que você se livre das dívidas indesejáveis como o cartão de crédito, jamais conseguirá guardar o suficiente em seu próprio bolso e alcançar independência financeira.

PAGANDO SUA DÍVIDA

Agora discutiremos algumas possíveis situações deficitárias que as mulheres podem vivenciar. Digamos que algumas mulheres devam à operadora de cartões de crédito 10% de sua renda anual ou, pior, 50% da renda anual ou, ainda, 100% dela. Veja que essa última possibilidade é real, caso você tenha cinco cartões cujo limite seja de duas a três vezes seu salário mensal. Espero sinceramente que ninguém esteja devendo 200% do salário anual. Esse pode ser o caso de alguém que perdeu um bom emprego enquanto se esbaldava nas compras e trabalha agora por um salário bem menor.

Observe a Tabela 9.1, a seguir. Ela lhe mostrará quanto tempo demorará para que consiga pagar sua dívida, usando um percentual do seu salário mensal para quitar o principal sem considerar os juros. Sempre que olho para essa tabela, fico arrepiada. Se devesse ao cartão de crédito tanto dinheiro, iria me sentir horrível tentando descobrir um meio de pagá-lo. Já é difícil poupar o suficiente para se manter no azul e conseguir investir um pouquinho, então imagine ter de trabalhar para sair de uma posição negativa. É bem complicado.

TABELA 9.1. TEMPO NECESSÁRIO PARA QUITAR DÍVIDAS.

<table>
<tr><th rowspan="3">Sua dívida como % do seu salário anual</th><th colspan="5">Sua economia como uma porcentagem do salário usado para pagar dívidas</th></tr>
<tr><th>10%</th><th>20%</th><th>30%</th><th>40%</th><th>50%</th></tr>
<tr><th colspan="5">Número de meses que serão necessários para poupar e pagar sua dívida</th></tr>
<tr><td>10%</td><td>12</td><td>6</td><td>4</td><td>3</td><td>2</td></tr>
<tr><td>50%</td><td>60</td><td>30</td><td>20</td><td>15</td><td>12</td></tr>
<tr><td>100%</td><td>120</td><td>60</td><td>40</td><td>30</td><td>24</td></tr>
<tr><td>200%</td><td>240</td><td>120</td><td>80</td><td>60</td><td>48</td></tr>
</table>

Existem poucas maneiras de se livrar das dívidas:

1. Pagando-as integral ou parcialmente, negociando uma redução com o financiador.
2. Declarando-se falido ou sendo processado para então ser considerado falido.
3. Arranjando alguém que pague em seu lugar.

Espero que nenhuma de vocês esteja em uma situação em que precise de meses para pagar as contas, mas sei que algumas estão. Jamais devi para empresas de cartão, pelo menos não conscientemente, e, pelo que me lembro, sempre me mantive afastada dessas empresas. Sempre paguei minhas dívidas! De fato, essa é a razão pela qual uma operadora se recusou a me aceitar como cliente quando ofereceram uma promoção em que o novo usuário ganharia uma mala da marca Samsonite! Meu histórico creditício era excelente, portanto, não atendia às exigências da empresa. Não seria do tipo que deixaria a dívida "rolar" todos os meses. Se tiver contas desse tipo, quite-as o mais rápido possível.

COLOQUE EM PRÁTICA UM PLANO DE REDUÇÃO DE DESPESAS

Esse tipo de plano é crucial para retomar o controle de suas finanças. Depois de listar suas dívidas, categorizando-as como inteligentes e estúpidas, você poderá estabelecer um plano de pagamento que inclua TODAS elas. Um plano de redução de despesas contempla os seguintes passos:

1. *Liste todas as suas dívidas.* Separe aquelas cujos juros são mais altos e as que ostentam valores mais altos. A Tabela 9.2 é um bom exemplo de como fazer essas anotações, incluindo as taxas de juros e o tipo de pagamento esperado pelos bancos e financeiras.
2. *Encaixe os pagamentos dentro de seu orçamento.*
3. *Priorize o pagamento dessas dívidas.*

Lembre-se: MANTENHA-SE DENTRO DO ORÇAMENTO!

TABELA 9.2. EMPRÉSTIMOS, TAXAS DE JUROS E PAGAMENTO ESPERADO PELO CREDOR.

Tipo de empréstimo	*Total pendente*	*Taxa de juros efetiva a.a.*	*Pagamento de juros (isoladamente) a.a.*
Automóvel	30.000,00	6%	150,00
Cartão de crédito	2.000,00	24%	40,00
Imóvel	500.000,00	5%	2.083,00
Gastos pessoais	10.000,00	20%	167,00
Agiota	5.000,00	100%	417,00

Pague as dívidas estúpidas em primeiro lugar

O segundo passo é olhar para o seu orçamento. Reveja os últimos meses, seja firme consigo mesma. CORTE DESPESAS DESNECESSÁRIAS. NÃO FAÇA CONCESSÕES PARA GASTOS NÃO FUNDAMENTAIS – NEM A VISTA NEM VIA DÉBITO EM CONTA.

As contas mensais realmente indispensáveis são a prestação do imóvel, alimentação básica e o transporte. Outros gastos que podem ser importantes são seguro, despesas com educação e para o sustento dos pais. Quanto você consegue despender para pagar as dívidas?

Baseando-se no exemplo da Tabela 9.2, digamos que seja possível liberar 20% do seu salário todo mês para pagar suas dívidas. Consideremos que isso signifique mil dólares no momento. A priorização das dívidas possibilitará a você observar aquelas cujas taxas de juros sejam mais altas. Veja que não estão sendo inclusos os valores principais das dívidas (a quitação da dívida em si), pois isso possibilitaria outro resultado.

1. Utilize os mil dólares para pagar o valor mínimo de todas as dívidas. Deixando de lado o financiamento da casa, que, consideramos estar sendo pago com o saldo do seu fundo de garantia, sobrarão 774 dólares (150 + 40 + 167 + 417).
2. Com os mil dólares, pague todos os juros para que eles não acumulem ainda mais. Com o saldo restante de 226 dólares (1.000 – 774), pague o empréstimo junto ao agiota em primeiro lugar. De fato, pague o total dessa dívida o mais rápido possível. Depois de ter pago o financiamento de 5 mil dólares, poderá se concentrar no pagamento de sua dívida com gastos pessoais de 10 mil dólares com os juros de 20%.
3. Em outras palavras, inicie pelo pagamento das contas cujos juros são mais altos. Quando terminar de pagar estas dívidas, concentre-se nas demais que estão em situação similar. Calcule quanto tempo irá demorar para quitar cada pendência. Faça-o imediatamente. Repita esse procedimento até ter resolvido a questão definitivamente (veja a Tabela 9.3).

Se receber qualquer pagamento extra, ou herança inesperada, use a soma para quitar suas dívidas. Você não está em situação de comemorar adquirindo uma bolsa nova. Lembre-se de que ainda existem contas a pagar. Se achar que precisa mesmo comemorar, faça-o de maneira simples, utilizando talvez 5% do valor total do bônus recebido. Nunca use mais do que isso.

TABELA 9.3. MEUS EMPRÉSTIMOS E COMO PRETENDO QUITÁ-LOS.

Tipo de empréstimo	*Total pendente*	*Taxa de juros efetiva a.a.*	*Pagamento de juros isolado a.a.*	*Ação imediata*	*Nº de meses para quitação*
Automóvel	30.000,00	6%	150,00	Esperar	
Cartão de crédito	2.000,00	24%	40,00	Esperar	
Imóvel	500.000,00	5%	2.083,00	Usar FGTS	
Gastos pessoais	10.000,00	20%	167,00	Esperar	
Agiota	5.000,00	100%	417,00	Pague 226,00 para reduzir principal	22 meses sem redução / 18 meses com redução do empréstimo

Tabela 9.4. Uma visão rápida sobre dívidas inteligentes e estúpidas.

	Tipos de empréstimo	*Anotações*
Dívidas inteligentes	*Imóvel*	Aparentemente um bom financiamento. A propriedade de um imóvel é um marco importante para a independência financeira. Importante ressaltar que, na maioria dos mercados, os preços dos imóveis tendem a subir a médio e longo prazos, desde que a economia esteja crescendo.[1]
	Educação	Um bom financiamento, desde que você não pretenda se tornar um estudante em tempo integral pelo resto de sua vida, sem intenção de ganhar seu próprio sustento. Conforme seu nível educacional aumentar, o mesmo ocorrerá com a sua capacidade salarial.
	Automóvel	São mais obrigações (dívidas) do que bens. Empréstimos para a compra de obrigações não são bons. Se não tiver uma boa razão para comprar um carro, não o deveria fazer.
	Para investimentos	Tais empréstimos podem ser bastante lucrativos ou perigosos, pois tanto os lucros como as perdas serão ampliados inúmeras vezes. Por exemplo, algumas contas de corretagem oferecem uma margem que é 3,5 vezes seu depósito inicial. Portanto, em vez de investir mil dólares, você terá 3,5 vezes mais e então verá como pode ser financeiramente superalavancada.*
Dívidas estúpidas	*Empréstimos pessoais não assegurados para reformas e outros gastos*	Tomar dinheiro emprestado para reformas é aceitável se tiver um plano de pagamento e conseguir implementá-lo. Se já possuir casa, carro e outras dívidas, sugiro que não faça empréstimos desse tipo por enquanto.
	Empréstimos com amigos	Não gosto desse tipo de empréstimo, a não ser que seja um caso de vida ou morte. A regra básica é: não tome emprestado de amigos, nem empreste dinheiro a eles.
	Empréstimos no cartão de crédito	Este é um dos empréstimos mais caros que se pode obter. Use seu cartão somente para efetuar pagamentos de compras necessárias e pelas quais pode pagar, e não como meio de tomar dinheiro emprestado.
	Agiotas	Isso é MUITO PERIGOSO! Não se envolva nesse tipo de negociação. Fique longe de agiotas.

[1] A crise do mercado imobiliário de 2008/2009 foi uma anomalia. Acompanhe a estabilização dos preços quando o mercado se recuperar. Sempre haverá mais oportunidades que ameaças.

* A autora se refere a alavancagem financeira, ou seja, o grau de utilização de dinheiro emprestado por parte do investidor. (N.T.)

Capítulo 10

SEGUROS: UMA RELAÇÃO DE AMOR E ÓDIO

E PENSAR QUE EU COSTUMAVA ODIAR CORRETORES!

Já houve um tempo em que eu bateria o telefone na cara dos corretores antes que pudessem dizer "bom dia". Pior do que isso, quando um deles conseguia falar comigo, eu costumava fornecer a eles dados pessoais incorretos. Eu simplesmente detestava aquele estilo de abordagem comercial. Eu dizia: "não, obrigada. Não acredito em seguros."

Atualmente, percebo que um dos maiores erros que já cometi foi cancelar minha apólice de seguros quando tinha 35 anos. Eu era jovem, saudável e feliz. Tinha uma casa nova, uma criança pequena e todas as necessidades normais de uma família recém-formada. Achava, na época, que podia economizar algum dinheiro me livrando da seguradora por algum tempo e retomando o serviço mais tarde. Eu ficava imaginando se não conseguiria ganhar o valor do prêmio por minha própria conta. Achava que poderia separar algum dinheiro mensalmente e investi-lo com uma boa taxa de juros. Eu dizia a mim mesma: "Esqueça o seguro." Eu realmente acreditava que precisava daquele dinheiro para outras coisas.

Quando já estava na faixa dos quarenta, tentei fazer uma apólice de seguro-saúde. Foi então que percebi que a minha idade e o fato de ter enfrentado alguns problemas de saúde nos últimos anos haviam mudado drasticamente meu perfil junto às seguradoras. Reparei que todas as empresas de seguro acessavam o mesmo banco de dados e conseguiam visualizar informações como a última consulta médica na qual desisti de comparecer por considerar que já estava bem. Isso havia ocorrido sete anos antes, mas, mesmo assim, era possível para as seguradoras obter esses dados. O fato de eu ter faltado àquela consulta era um motivo para que meu cadastro fosse recusado. Para que meu pedido de inclusão fosse considerado, seria preciso que eu fizesse um *check-up* completo.

Depois do *check-up*, o valor do prêmio exigido era simplesmente ridículo. Não importava como eu me sentia ou o que os médicos haviam dito. O corretor chegou a dizer que eu deveria me considerar "sortuda" por ainda ser "segurável". Foi difícil encontrar um produto que me parecesse adequado e que fizesse sentido em termos de investimento. Como resultado disso, por algum tempo e até eu abrir meu próprio negócio, não contei com seguro-saúde, a não ser aquele oferecido pelo meu empregador.

Portanto, quando alguém me pergunta sobre o pior erro financeiro que cometi, não falo sobre o montante de dinheiro que perdi com meu apartamento na Malásia, comprado bem antes da crise cambial da Ásia. Também não menciono meu investimento em uma nova empresa na área de internet que teve de ser fechada por causa de um CEO sem caráter que sumiu. Cito imediatamente o fato de ter encerrado minha apólice. Senti o peso de minha decisão quando me tornei mãe solteira. Se eu adoecesse teria de desembolsar todo o dinheiro que tivesse guardado e, se eu morresse, meus filhos ficariam sem um centavo. Aqueles anos foram aterrorizantes para mim.

O MELHOR A FAZER QUANDO SE É JOVEM

Eu lhe peço que, se for jovem e saudável, FAÇA UM SEGURO. Essa não é uma medida desnecessária. Você não estará jogando dinheiro fora. Assine uma apólice enquanto o valor do prêmio é razoável e aumente o valor conforme ficar mais velha. O fato de ser uma cliente antiga ajudará a manter os preços acessíveis.

Todas sabemos que mesmo com todas as recomendações para que faça um seguro, é provável que você não o faça. A maioria das pessoas consegue encontrar excelentes razões para não fazê-lo. As mais comuns são:

- "É caro demais. Prefiro investir meu dinheiro e vê-lo crescer".
- "Já estou coberto pelo seguro empresarial. Mais tarde cuidarei disso, mas não agora".
- "Já tenho outras apólices e, no momento, nem sei para o que servem todas elas. Também não conheço ninguém que possa me ajudar a escolher a melhor opção".
- "Não sei como isso funciona e também não quero perguntar".
- "Não gosto de pensar sobre morte".
- "Tenho preguiça de ir atrás disso".
- "Tenho horror a corretores. Eles estão sempre querendo nos enfiar produtos goela abaixo! O último que me procurou tinha um hálito horrível".

Posso refutar cada uma dessas razões, uma a uma. Mas, como iniciei esse capítulo justamente comentando que meu pior erro foi interromper meu seguro, acho que já é o bastante alertá-las sobre a importância de ter uma apólice e reavaliar se está suficientemente coberta ou se precisa de mais algum seguro.

O CONSULTOR FINANCEIRO

Houve um tempo em que os profissionais que vendiam produtos financeiros (principalmente apólices de seguro) eram chamados de agentes de seguro. Essas pessoas trabalhavam em companhias seguradoras e vendiam seus produtos para o mercado de massa. A estrutura do pagamento de comissões que, na época, se sobrepunha à dos gerentes foi provavelmente a precursora do marketing de múltiplos níveis.

Foi então que ocorreu a desregulamentação do setor financeiro e a interrupção da intermediação da cadeia de serviços financeiros. Existem atualmente inúmeros canais de distribuição de produtos financeiros, e não é preciso adquiri-los de agentes vinculados a empresas específicas.

O termo "consultor financeiro" foi criado por lei para especificar o indivíduo que representa justamente as empresas de consultoria financeira. Esses serviços estão disponíveis nos bancos, nas seguradoras e até mesmo em companhias independentes. Se compararmos os consultores de hoje aos corretores do passado, veremos que os profissionais de hoje são bem mais educados e possuem, inclusive, formação universitária. As empresas de consultoria comercializam bem mais que apenas seguros. Elas possuem uma vasta linha de produtos, que incluem fundos mútuos e políticas de investimentos conjuntos. Algumas dessas organizações estabeleceram alianças para conseguirem comercializar fundos *hedge*,* hipotecas e até mesmo terras.

Como as empresas de consultoria são recompensadas pelo trabalho

O trabalho de um consultor é vender seus produtos, portanto o dinheiro é sua recompensa. Caso pretenda se valer dos serviços de um consultor financeiro, precisa saber como ele ganha seu salário.

Comissões

A maioria desses profissionais trabalha por comissão. É por esta razão que não gosto muito de conversar com eles, pois geralmente querem lhe vender alguma coisa... qualquer coisa, aliás. Nos últimos anos, os consultores passaram a frequentar cursos de programação neurolinguística e a aplicar seus novos conhecimentos para ganhar a confiança de seus clientes. Alguns adéquam seu ritmo de voz ao de seu interlocutor, dão tapinhas nas costas para demonstrar familiaridade ou imitam gestos e posturas do cliente, em uma tentativa de criar um ambiente amistoso.

É preciso aprender a distinguir o tipo de consultor que está apenas interessado em garantir sua comissão, e não no bem-estar de seus clientes. Há casos em que vale a pena optar pelos serviços e produtos de uma consultoria, principalmente quando os produtos oferecidos são simples e você já sabe exatamente o que deseja. Pagar comissões é mais barato que optar por serviços que se baseiam em taxas.

Taxas

Algumas empresas de consultoria recebem uma taxa para aconselhar seus clientes. Para mim, pessoalmente, contar com os serviços e com os conselhos de um profissional na área de planejamento faz todo o sentido. Recentemente, paguei uma taxa de consultoria de 5 mil dólares e fiquei bastante feliz em preencher o cheque. Do mesmo modo como contratamos advogados e contadores, contar com os serviços de um consultor financeiro, independentemente de comprar ou não produtos específicos, é algo que costumo encorajar. Em Cingapura, e na maioria dos países asiáticos, esse modelo de consultoria é menos conhecido e, portanto, menos utilizado. Os asiáticos, de modo geral, não gostam da ideia de pagar por serviços de consultoria e pelas informações fornecidas por esses profissionais. Tendemos a acreditar, equivocadamente, que podemos conseguir tudo isso de graça.

---

* Termo de economia utilizado em inglês. Trata-se de um fundo que investe no comércio a prazo de mercadorias, objetivando diminuir riscos e reduzir prejuízos. (N.T.)

Licenciamento para oferecer consultoria

Em Cingapura, as empresas de consultoria precisam ser licenciadas pela Autoridade Monetária de Cingapura (MAS), antes de poderem atuar na área e sugerir produtos e investimentos a seus clientes. Existem no país três categorias:

1. *Consultoria financeira licenciada.* Empresas tipicamente independentes que precisam ter um capital mínimo consolidado de 150 mil dólares ou 300 mil dólares, dependendo das atividades que pretendam conduzir e da existência de seguro indenizatório profissional.
2. *Consultoria financeira isenta.* Bancos, instituições mercantis, financeiras, seguradoras, corretores de seguro independentes e donos de licença para fornecer serviços do mercado de capitais. Os consultores isentos não precisam estar licenciados pela MAS, pois já são regulamentados por legislação específica. Porém sua conduta deve ser similar àquela dos agentes licenciados.
3. *Representantes de consultorias financeiras.* Funcionários e agentes designados para oferecer consultoria financeira sobre investimentos e produtos no lugar de agentes licenciados ou isentos.

Se você não é de Cingapura, descubra quais são as categorias em seu país. Os serviços de consultoria financeira em todos os países economicamente desenvolvidos tendem a ser regulados por órgãos equivalentes ao MAS. Assegure-se, portanto, de estar conversando com alguém qualificado para prestar-lhe consultoria e ajudá-lo a fazer bons investimentos.

A escolha de um consultor financeiro

Nem eu nem meu marido somos consultores financeiros, mas ambos contamos com amigos que atuam na área. Certamente mudei bastante desde o tempo em que detestava corretores, embora, eventualmente, ainda seja um pouco rude com aqueles que se mostram demasiadamente persistentes. Aprendi a valorizar o que eles podem me oferecer em benefícios. Veja a seguir algumas dicas para encontrar um bom consultor:

- *Se você ainda não tem um consultor, não se apresse em encontrar um.* Conheça alguns profissionais. Peça indicações aos amigos. Diga aos candidatos à prestação do serviço que pretende investir, mas não feche nenhum negócio com o primeiro consultor que encontrar pela frente, independentemente do quanto ele possa parecer esperto, bonito, elegante, doce, maravilhoso e fantástico. Vá com calma, e então escolha.
- *O agente não está lá para lhe dizer no que você deve investir, mas deve cuidar para que adquira produtos que lhe sejam favoráveis.* Qualquer consultor que tente forçá-lo a investir em um determinado produto deve ser imediatamente preterido. Um bom consultor deve estar apto a lhe oferecer uma ampla variedade de produtos e a explicar o funcionamento de cada um, com igual clareza e paixão. Quando perceber que um profissional demonstra preferência por um produto em especial, pergunte a razão disso.

- *Se achar que é difícil ou impossível fazer perguntas ao seu consultor, procure outro profissional.* Detesto consultores que fazem os clientes se sentir idiotas ou temer fazer perguntas, independentemente do seu teor. Tenho uma amiga chamada Anthonia. Ela é uma gerente financeira bem-sucedida e trabalha somente com milionários. Anthonia contou-me que, certa vez, ajudou uma de suas clientes a "consertar" um casamento difícil; ela simplesmente chamou a mulher para o canto da sala e explicou-lhe que o marido estava enfrentando a andropausa! Veja, portanto, que um bom relacionamento com seu consultor pode durar a vida toda, e que não devemos ter medo de perguntar.
- *Se você não gosta do hálito de seu consultor, ou do modo como ele se veste, repense a relação.* Algumas pessoas têm problemas com odores corporais e poucos de nós gostamos de ser atendidos por indivíduos malcheirosos. Seu instinto de se afastar será mais forte e certamente não conseguirá discutir com eles os assuntos que interessam. Se já conhecer bem este profissional e souber de sua capacidade, talvez seja interessante aconselhá-lo. Provavelmente essa pessoa agradecerá pelo conselho. É simples, mas para isso você precisa gostar do seu consultor.

Ao longo dos anos, deparei alguns profissionais em quem confio e dos quais eu gosto bastante. Veja o que considero especial nesses indivíduos:

- Quando me prometem alguma coisa, eles cumprem rapidamente, sem desculpas ou demora. Às vezes, o consultor precisa me ajudar com tarefas menores, como conseguir algum relatório financeiro ou dar um telefonema. O agente que se propuser a fazer tais trabalhos não remunerados sem grandes expectativas é um profissional que vale a pena ser ouvido.
- São honestos. Se não têm uma informação, são francos. Se não puderem obter algum dado, eles dizem. Se não comercializam um produto que porventura você esteja buscando, são transparentes. Idealmente, essas pessoas até mesmo lhe apresentam um colega que esteja trabalhando com o tal produto, e, desse modo, lhe dão a opção de escolha.
- São pessoas naturalmente generosas; possuem ideais e elevado moral.

O que as consultorias vendem e como o serviço deve ser pago

Em Cingapura, as consultorias oferecem aconselhamento somente sobre os produtos para os quais estão licenciados. Atualmente, essas instituições não vendem ações nem títulos. Talvez isso possa ocorrer no futuro. Tenha a certeza de saber exatamente com quais produtos sua consultoria está autorizada a operar.

O mercado está repleto de produtos na área de seguros que oferecem benefícios distintos. São intermináveis as possíveis combinações de acordo com a idade, o sexo, as situações específicas do cliente e até seu apetite por riscos. Os benefícios principais oferecidos são para os casos de morte, doença e acidentes pessoais. Outro benefício comum é o de ganhos com investimentos.

As empresas de consultoria, em Cingapura, não estão autorizadas a receber pagamentos nominais para os produtos comercializados. Isso quer dizer que, se você estiver preenchendo um cheque, tenha a certeza de colocá-lo nominal ao verdadeiro dono do produto que estiver sendo vendido. Jamais faça o cheque nominal à empresa de consultoria que o atender. Se você não usa talão de cheques e preferir pagar em dinheiro, peça um recibo do verdadeiro dono do produto como prova de pagamento.

Alguns dos melhores profissionais que conheço atualmente são consultores financeiros. É raro, mas perfeitamente possível encontrar tais profissionais. Eles têm orgulho de seu trabalho e sentem verdadeira paixão pela oportunidade de ajudar seus clientes a alcançar a liberdade financeira. Eles consideram esta a sua missão no planeta.

Reembolso com base em reclamação

Se você tem alguma reclamação a respeito do seu consultor financeiro ou da política de seguros, é importante que procure primeiramente a empresa seguradora ou o agente de seguros que lhe vendeu a apólice. Contudo, se não conseguir chegar a um acordo, deverá procurar o órgão responsável por essas questões. Em Cingapura, o Centro de Solução de Disputas nos Negócios Financeiros (FIDReC) oferece um sistema independente e alternativo para a resolução de problemas. Funciona como a Associação de Consumidores (CASE), mas é específico para a área de serviços financeiros. Se você não é de Cingapura, certamente conseguirá obter essa informação pela internet.

Agora que já sabe o que fazer ou não quanto às consultorias financeiras, vamos nos concentrar nos detalhes práticos sobre seguros.

SEGURO DE VIDA

O seguro de vida responde a uma pergunta difícil e, ao mesmo tempo, necessária: Como uma família poderá cuidar de si mesma caso seu principal provedor faleça? Sendo absolutamente prática, se você tem dependentes, precisa de seguro de vida. A menos, é claro, que sua família já seja milionária e nenhum de seus parentes precise de dinheiro, é fundamental que você proteja seus filhos e outros dependentes. No caso de morte, o seguro poderá ser usado para as despesas diárias, para pagar dívidas como hipoteca ou prestação do imóvel, empréstimos pendentes, despesas com educação, entre outras. Mesmo que tenha trabalhado duro para garantir uma sólida situação financeira para toda a família, o seguro servirá de sustentação para seus dependentes, dando-lhes a oportunidade de colocar em prática o que foi planejado, caso o pior ocorra.

Por que fazer um seguro de vida?

Veja a seguir alguns exemplos de situações que podem justificar o seguro de vida, caso você venha a falecer:

- Se for casada, será que seu marido terá dinheiro suficiente para cobrir as despesas do funeral, suas dívidas e ainda cuidar das despesas do dia a dia?

- Se tiver filhos, há dinheiro suficiente para garantir os cuidados necessários, educação e tudo de que eles precisarem?
- Se possuir um imóvel financiado, sua família tem condições de arcar com as prestações restantes ou com a hipoteca? E com as demais dívidas? Possui grandes empréstimos com os quais não quer que sua família se incomode?
- Seus pais terão condições de sustentar a si mesmos quando envelhecerem?
- Se tiver um empreendimento, o que acontecerá com ele caso você morra ou um funcionário-chave faleça?

Descobrir o valor de seguro ideal é difícil, pois a situação financeira de cada um difere consideravelmente e muda com o tempo. Não há regra definitiva sobre isso. Recomendo que converse com seu corretor ou consultor e que juntos façam uma análise de suas necessidades financeiras. Esteja ciente de que alguns consultores tentarão lhe vender todos os produtos disponíveis. Tome cuidado para não fazer mais apólices do que precisa.

Veja o que deve ser providenciado para sua conversa com o consultor: suas informações financeiras pessoais e uma estimativa do que seus dependentes irão precisar para honrar compromissos financeiros atuais e futuros. Então, trate de providenciar os recursos que eles poderão usar para seguir adiante.

A diferença entre as necessidades dessas pessoas e o que eles já possuem é igual ao valor de seguro que você precisa. Seu consultor também deverá considerar os futuros índices de inflação e os retornos de possíveis investimentos financeiros que tiver feito no passado.

Tipos de seguro de vida

Existem basicamente dois tipos de seguro de vida:

Apólice a tempo (temporário)

Esse tipo de apólice paga apenas o benefício relativo à morte. Oferece proteção por um período específico de tempo, ou prazo definido. Pode valer de um a trinta anos. É interessante quando sua necessidade de cobertura desaparece com o tempo, por exemplo, quando seus filhos já estiverem adultos ou o imóvel estiver quitado. Uma vez que a cobertura desse seguro é apenas para o caso de morte, ele é mais barato que os demais. É uma boa opção para famílias jovens cujo orçamento ainda é apertado.

Apólice permanente

Oferece cobertura permanente e acumula valores pecuniários. Tais valores podem ser sacados em várias situações, como emergências e suplementação de renda após aposentadoria. Contudo, se compararmos os prêmios desse tipo de apólice àquela temporária, veremos que os preços são mais altos, mas se mantêm fixos para sempre.

A característica básica dos dois tipos é o BENEFÍCIO RELATIVO À MORTE, que será o valor recebido por seus beneficiários se você morrer. Embora esta seja a principal razão para se fazer um seguro de vida, não é a única. Algumas apólices agregam os serviços de saúde e outras funcionam também como investimentos.

> O seguro de vida é a base sobre a qual todo o planejamento financeiro deve se sustentar. É a atitude mais responsável a tomar em relação às pessoas a quem se ama.

A escolha dos beneficiários

Ao fazer um seguro, terá de nomear pelo menos um beneficiário no contrato, ou seja, a pessoa que receberá o dinheiro caso você morra. É comum indicar alguém que certamente terá grandes perdas se você vier a faltar, como o marido e os filhos. O importante é que você escolha bem suas palavras ao nomear seus beneficiários.

Tomemos como exemplo o caso de Henry, cuja apólice traz o nome da esposa, Mary Tan. Caso Mary fosse infiel, o casal se divorciasse e Henry morresse, ela ainda receberia o valor da apólice, mesmo não sendo mais casada com Henry. É claro que Henry poderia alterar o beneficiário após o divórcio, a menos que a apólice tivesse sido feita por uma empresa regida pelas normas da Lei de Seguros, como a Prudential* ou a AIA,** pois, se este for o caso, será necessário obter a permissão da ex-esposa para revogar a nomeação. O que você acha que Mary diria neste caso?

Uma exceção em Cingapura é a seguradora NTUC Income, que opera sob as regras da Lei de Sociedade Cooperativa, uma legislação diferente da usada por outras seguradoras. As apólices da NTUC permitem que você nomeie e retire qualquer pessoa, se e quando achar conveniente.

Em Cingapura as leis que regulamentam a nomeação de beneficiários estão passando por mudanças atualmente, portanto, este assunto não será aprofundado. Vale lembrar que é sempre interessante pedir ao seu consultor que reavalie sua apólice de tempos em tempos, para se certificar de que o seguro que você possui agora é exatamente o que precisa. Você, certamente, não deve apreciar a ideia de beneficiar a pessoa errada depois de partir.

SEGURO-SAÚDE

Este é um tipo de seguro que você provavelmente usará. Se não possui esse tipo de cobertura é hora de corrigir a situação, aliás, o mais rápido possível. Minha sugestão é que assine um contrato com a primeira que lhe parecer razoável e cujas normas você compreenda. Estar coberto é sempre melhor que não estar, especialmente diante do terror que seria ser pego de surpresa totalmente desprovido de um seguro total ou parcial. É sempre possível mudar de plano de tempos em tempos. Existem inúmeros seguros desse tipo, dependendo do esquema de cobertura que você deseja. Verifique a Tabela 10.1 a seguir e veja o que pode ser adquirido atualmente no mercado.

---

* Maior seguradora britânica. Opera também no Brasil. (N.T.)

** É a filial asiática da Prudential. (N.T.)

TABELA 10.1. TIPOS DE SEGURO-SAÚDE.

Se você quiser	*Deve considerar*
Ter todas as despesas médicas pagas	Seguro de despesas médicas
Receber um valor fixo em dinheiro enquanto estiver no hospital	Renda fixa hospitalar
Reduzir o trauma financeiro caso seja diagnosticado com uma doença grave (câncer, por exemplo)	Seguro para doenças graves
Proteger sua renda se não puder trabalhar	Seguro de invalidez
Pagar todas as despesas caso necessite de cuidados permanentes e esteja fraco demais para cuidar de si mesma	Seguro para cuidados permanentes

Fonte: seu guia para o seguro-saúde, publicado pela MoneySENSE.

Seguro-saúde grupal empresarial

Se for o dono de um pequeno empreendimento e nunca tiver utilizado este plano de seguro para cobrir suas despesas médicas e também as de seus funcionários, você está perdendo tempo. Este produto é barato e os funcionários apreciam. A implementação desse plano pode, inclusive, ser vista como um benefício. Uma pequena empresa que conheço gasta cerca de 2 mil dólares com o seguro-saúde grupal e cobre toda a sua equipe de tempo integral. No ano em que o benefício foi adquirido, a dona da empresa esteve hospitalizada e sua conta foi de 10 mil dólares. Ela certamente ficou aliviada em saber que fora inteligente o suficiente e assinado um contrato de cobertura para si mesma e para toda a equipe.

Dados importantes que devem ser observados ao se adquirir um seguro-saúde

Atente para os seguintes detalhes:

- *Limite de idade.* A maioria dos produtos não está disponível para indivíduos acima de determinadas idades, então, procure assinar um plano enquanto ainda é jovem.
- *Tipo de prêmio.* Os planos podem oferecer Prêmio-único ou Prêmio-regular. Se optar pelo regular, o valor do prêmio pode subir a cada renovação conforme você envelheça.
- *Política de renovação.* Algumas operadoras garantem a validade do plano desde que as parcelas estejam em dia; outras reservam-se o direito de cancelar a cobertura, desde que você seja devidamente notificado.
- *Política de encerramento do contrato.* Seu direito ao seguro pode terminar quando alcançar a idade máxima de cobertura, de acordo com o que foi determinado na apólice; pelo fato de você já ter usufruído do benefício máximo

oferecido pela empresa; por cancelamento da parte da empresa seguradora ou por falta de pagamento.

- *Política de exclusões.* Todos os seguros-saúde possuem uma lista de "exclusões" que estabelecem as circunstâncias nas quais os benefícios não serão oferecidos. Entre as "exclusões" mais comuns estão as doenças preexistentes. Tal exclusão significa que qualquer doença ou deficiência física que tenha surgido e sido diagnosticada antes da assinatura do plano não será coberta.
- *Período de experiência.* O novo cliente tem quatorze dias para avaliar o sistema. Se o seguro-saúde for cancelado durante esse período, o segurado poderá solicitar a devolução do valor pago, exceto as despesas do convênio, como a do *check-up*.
- *Extensão de cobertura.* Os custos dos cuidados médicos diferem bastante nos hospitais públicos e particulares, e também em relação às alas utilizadas. Certifique-se de conhecer os eventuais custos dessas alas e os preços dos tratamentos recomendados por seu médico; descubra se eles estão cobertos em sua apólice.
- *Cobertura no exterior.* Os seguros-saúde geralmente oferecem cobertura em qualquer local do mundo, porém, alguns produtos possuem limites geográficos de abrangência.

Importantíssimo! Contratos de seguro-saúde baseiam-se em confiança, portanto, ao preencher seu formulário de adesão, forneça todas as informações solicitadas de modo correto e completo. Esses dados incluem sua idade, ocupação, histórico de doenças e deficiências. Quando alguém fornece informações incorretas e isso é descoberto, o contrato pode ser revogado mesmo que todas as parcelas estejam pagas. Empresas de seguro-saúde sempre checam os dados fornecidos e, portanto, a continuidade do seu plano dependerá do quão honesta você foi com a empresa.

Seguro para cuidados permanentes

Esse tipo de seguro-saúde oferece uma proteção diferenciada que vai além dos cuidados médicos e de enfermagem. Ele inclui toda a assistência necessária caso o paciente apresente doenças crônicas ou invalidez, situações que podem torná-lo incapaz de cuidar de si mesmo por um longo tempo, seja numa clínica ou em casa.

Se você é do tipo que acha que isso nunca irá lhe acontecer, considere o seguinte: estatísticas demonstram que 19% dos norte-americanos com idade de 65 anos ou mais apresentarão algum tipo de debilidade crônica. Entre aqueles com 85 anos ou mais, a proporção de indivíduos que necessitam de cuidados permanentes sobe para 55%.

Em Cingapura, existe um programa sustentado pelo governo denominado Elder-Shield [Proteção para idosos], que oferece aos pacientes incapazes de realizar pelo menos três de seis tarefas diárias – tomar banho, vestir-se, alimentar-se, usar o banheiro, movimentar-se e sair de casa – 300 dólares mensais, por um período máximo de cinco anos. Existem ainda outros programas privados; em alguns deles, basta que o paciente não consiga realizar duas dessas tarefas para que o benefício seja autorizado.

Também é preciso preocupar-se com os cuidados permanentes com seus pais, caso eles não possuam cobertura. Certa vez, estava em um hospital quando conheci uma senhora sorridente, ex-funcionária pública. Ela comentou que foi um golpe de sorte ter feito um seguro-saúde para os pais quando eles ainda eram mais jovens. Ela disse que se não o tivesse feito, teria ido à falência com os caríssimos tratamentos aos quais ambos se submeteram ao ficarem mais velhos.

Seguro-saúde para mulheres em dificuldades

Os cuidados permanentes para mulheres são particularmente importantes. Normalmente vivemos mais que os homens, nossas carreiras são mais curtas e ganhamos salários inferiores. Simplesmente não podemos ficar sem seguro-saúde bem na hora em que estamos nos aproximando da independência financeira.

Também somos mais suscetíveis a debilidades físicas que advém de problemas como a osteoporose. Devemos, portanto, ser bastante cuidadosas e buscar planos cuja cobertura nos seja a mais adequada possível, dentro de nossas condições financeiras. Tal seguro deve cobrir morte, invalidez permanente, doenças graves, condições prevalentes em mulheres, complicações relativas à gravidez e ao parto, perda de renda, morte acidental, despesas médicas e hospitalares e cuidados permanentes.

Algumas perguntas que as mulheres devem fazer sobre a cobertura do plano:

1. Há cobertura para cânceres de mama, de ovário e cervical?
2. Ele cobre doenças como carcinoma *in situ*, uma forma inicial de câncer na qual não existe ainda a invasão dos tecidos adjacentes? Este tipo de cobertura difere bastante das tradicionais, que exigem que a condição seja diagnosticada como maligna e invasiva antes que o tratamento seja autorizado. Tal benefício é particularmente relevante para mulheres mais suscetíveis a câncer de mama.
3. Existe cobertura para procedimentos cirúrgicos de reconstrução em função da ocorrência de mastectomia, câncer de pele, acidentes e queimaduras?
4. Ele inclui o diagnóstico de anomalias congênitas, como síndrome de Down, e cobre os procedimentos relativos à síndrome da morte súbita em recém-nascidos?

Essas perguntas são especialmente importantes para as mulheres, portanto, é preciso que obtenha todas as informações necessárias e também cobertura. Se você for casada e seu marido for o responsável pelo plano de seguro-saúde, envolva-se no assunto. Talvez seu marido não perceba tais necessidades.

SEGURO PARA PEQUENAS EMPRESAS

Abrir o seu próprio negócio pode lhe proporcionar uma das melhores sensações em sua vida. Mais mulheres do que homens tornam-se empreendedoras em algum momento da vida. Talvez elas o façam por desejarem passar mais tempo com sua família, por terem alcançado o topo de sua carreira e não terem mais como crescer em seu trabalho ou por estarem cansadas de adotar padrões de comportamento masculinos em áreas dominadas por homens.

Com o seu próprio negócio, seja ele pequeno ou grande, é possível realizar seus sonhos, ganhar bem, oferecer emprego a outras pessoas e, talvez, fazer alguma diferença no mundo em que vivemos. Contudo, possuir uma empresa implica muitas responsabilidades em relação à condução dos negócios, aos funcionários e à sua família. Não recomendo isso a todas as pessoas, pois é extremamente difícil. Atualmente, sou dona de três empreendimentos diferentes. Todos os dias me pergunto: O que acontecerá com cada um deles caso eu adoeça ou morra? Será que algum dia serei capaz de vendê-los e me aposentar? Como posso fazer para manter meus melhores funcionários?

Com a ajuda de alguns consultores financeiros com grande experiência em pequenos negócios comecei a implementar alguns planos que me permitirão responder a essas perguntas. Caso possua um empreendimento, veja algumas questões importantes que precisam ser consideradas:

- *Tenha um plano para a continuação do negócio.* Uma das primeiras coisas que o dono de um empreendimento precisa pensar é em como proteger sua empresa de situações que possam ameaçar seu futuro, como a morte de seu proprietário, de um sócio ou de um funcionário-chave. Esse tipo de plano também protegerá famílias e sócios de dívidas indesejáveis e de responsabilidades se e quando o pior ocorrer.
- *Proteja sua família em relação a garantias pessoais.* Muitos empreendedores solicitam empréstimos para fazer suas empresas crescer e, geralmente, oferecem como garantia bens pessoais, sem informar seus familiares. Se você possui empréstimos desse tipo, deve considerar que sua família poderá ter de encerrar seu negócio para cobrir as dívidas e desfrutar de alguma segurança financeira. Na verdade, isso raramente acontece, mas quando a família se vê forçada a fechar uma empresa, ela geralmente a negocia por um preço bem abaixo do seu real valor ou em condições de mercado não propícias. Em outras situações o empreendimento pode valer muito menos sem a presença do dono ou do sócio. O seguro de vida individual pode lhe garantir os fundos necessários para cobrir eventuais dívidas e despesas gerais caso algo lhe aconteça.
- *Proteja seus sócios e familiares.* Quando você morrer, seus familiares provavelmente não estarão em condições de dar continuidade à empresa, seja por falta das habilidades necessária ou simplesmente por não desejar fazê-lo. Uma solução é implementar no estatuto uma opção de compra e venda da empresa para que os sócios e interessados possam adquirir as cotas que pertençam a qualquer indivíduo que porventura adoeça, sofra invalidez ou faleça. Esse tipo de opção é geralmente garantida por seguros de vida que fornecem o montante necessário para a compra dessas ações e, ao mesmo tempo, oferecem segurança financeira à família.
- *Proteja o próprio negócio.* Em seu empreendimento, provavelmente terá empregados que desempenhem papéis fundamentais para o bom funcionamento das atividades. Um seguro especial para funcionários-chave pode ser adquirido pela empresa, para garanti-la em relação à falta desse indivíduo.

O montante poderá ser usado para compensar perda nas vendas e custos inerentes à busca, seleção e treinamento de um novo funcionário.

- *Cuide de seus funcionários.* Um programa adequado de benefícios é essencial, seja qual for o tamanho de sua empresa. É também um diferencial que pode atrair novos colaboradores e reter os já existentes. Na verdade, os benefícios podem ajudar a segurar e também a perder empregados, e incluem seguro de vida, planos previdenciários (que podem ser pagos meio a meio pela empresa e pelos próprios funcionários) etc.

Planos de seguro são fundamentais para o bem-estar financeiro tanto da empresa como de sua família, portanto, não negligencie algo tão importante e cuide de implementá-los imediatamente.

CONSIDERE A OPÇÃO DE COBERTURA PARA ACIDENTES

Dois anos depois de obter meu MBA na Austrália, recebi a triste notícia de que minha colega de classe, Joana, sofrera um grave acidente enquanto esquiava, e ficara tetraplégica. Com o tempo ela acabou conseguindo recuperar alguns movimentos da parte superior, tornando-se paraplégica, mas nunca voltou a andar. Quando esteve em Cingapura, cinco anos mais tarde, ela estava acompanhada de sua enfermeira em tempo integral, que lhe dava comida na boca e cuidava dela 24 horas por dia. Felizmente, o seguro de Joana cobria cuidados permanentes.

SEGURO... ÚLTIMAS CONSIDERAÇÕES

Iniciei este capítulo mencionando o quanto odiava corretores de seguro. Atualmente, alguns de meus melhores amigos trabalham exatamente nessa área. Meu maior arrependimento foi descontinuar meu seguro quando precisei do dinheiro para cuidar de minha jovem família. Voltar a ter uma apólice, anos mais tarde, foi extremamente difícil e caro. Por favor, não faça o mesmo!

*Faça amizades com consultores de seguro.
Adquira esse benefício! Esse é um produto financeiro básico
que irá proteger você e também seus entes queridos.
Tal investimento vale bem mais que qualquer produto de beleza
super-recomendado que venha em um potinho minúsculo e
custe 200 dólares. Diferentemente desses cremes, o seguro é
muito barato em relação à paz de espírito que ele nos garante.*

Entrevista com Michael Lee, veterano na área de seguros

Michael Lee tem 25 anos de experiência na área de seguros, sendo, portanto, um veterano nesse campo. Ele é CEO da empresa Cornerstone Planners Pte. Ltd., em Cingapura. Perguntamos a ele o que achava sobre o seguro para mulheres.

Que tipo de seguro é fundamental para as mulheres?

R. Independentemente de ter 20 ou 60 anos, ela precisará de um seguro-saúde e, provavelmente, de um seguro de vida. Quando falo em seguro-saúde, quero dizer que ela precisa estar coberta em relação a hospitalização e cirurgias, cuidados dentários, renda em caso de invalidez, cuidados permanentes, doenças especificamente femininas e doenças graves. Essa pode parecer uma lista longa, mas existem seguradoras que oferecem planos completos.

Alguém poderia perguntar por que uma jovem de 20 anos precisaria de um seguro-saúde e outro de vida. Minha resposta é que as doenças e a morte não escolhem idade. Tenho visto mulheres nas faixas de vinte e trinta anos desenvolverem repentinamente cânceres e outras doenças graves e acabar falecendo por conta desses males.

Mais ainda, é preciso que as mulheres providenciem seguros-saúde enquanto estão saudáveis para que sejam aceitas pela seguradora. Veja bem, quando uma mulher adoece, não apenas tem de enfrentar os preços exorbitantes das parcelas, mas o fato de sequer serem aceitas por muitas empresas de seguro. O seguro de vida é importantíssimo para as mulheres, especialmente quando elas têm filhos e outros dependentes que precisam de dinheiro para sobreviver caso o pior aconteça. Além disso, o seguro pode ser usado para cobrir dívidas que a segurada certamente não deseja que fossem assumidas pela família ou, simplesmente, presentear uma instituição de caridade.

Muitas jovens ainda questionam a necessidade de seguro de vida. Certa vez, tive uma cliente que, na época, tinha a metade de minha idade. Ela costumava dizer que quando resolvesse fazer um seguro, provavelmente eu não estaria mais por perto para ajudá-la. Então respondi que os caixões guardam pessoas mortas, não somente as idosas. Os mortos podem ter qualquer idade. Logo em seguida ela adquiriu uma apólice.

Há outra questão a ser ressaltada. Se estiver coberta pela empresa na qual você ou seu marido trabalha, lembre-se de que quando a aposentadoria ou até mesmo os custos de despesas acontecerem, tal cobertura poderá deixar de existir. Isso significa que é melhor que já tenha um plano particular para completar o oferecido pelas empresas.

Minha família já está bem protegida pela minha própria empresa. Acha que deveria me preocupar comigo mesma?

R. Já respondi a isso. Considero que você deva ter seu próprio seguro. Seu marido pode perder o emprego, ele pode falecer ou vocês podem se divorciar. Não dependa totalmente do seu cônjuge em questões de seguro.

O que posso fazer se meus pais já não forem seguráveis?

R. Já tentou todas as empresas? Existem políticas de seguro que permitem a adesão até os 75 anos de idade. Se os seus pais estão acima dessa faixa etária ou têm doenças que impossibilitam sua adesão, então terá de cuidar deles com seus próprios recursos. O mais importante em relação a isso é que você e seus irmãos ou irmãs criem um fundo para seus pais, ao qual eles possam recorrer para despesas médicas. Suas contribuições para esse fundo são dedutíveis do imposto de renda. Se esta opção não for possível, outra ideia é conversar com seus irmãos e irmãs e com a família e poupar um determinado valor mensal que possa atender a essas necessidades futuras. É preciso começar imediatamente para que no momento em que houver necessidade não haja uma grande confusão quando tentar arrecadar fundos de todos.

Algum outro conselho para as mulheres?

R. Necessidades médicas são um assunto complicado, nem um pouco barato. Você realmente deve contar com um consultor financeiro para ajudá-la a compreender sua situação pessoal e aconselhá-la em relação à melhor cobertura possível. É preciso que essas medidas sejam tomadas imediatamente e tentar entender o que está acontecendo. Procure um consultor disposto a auxiliá-la em todos os assuntos concernentes à sua família, incluindo seus pais; especialmente no caso de eles não serem mais seguráveis. Basta que pare um momento e pense no que aconteceria se houvesse uma emergência médica em sua família hoje, e ficará feliz de ter se planejado com a devida antecedência.

PARTE QUATRO

Produtos de investimento

AVENTURANDO-SE NO MUNDO DOS PRODUTOS DE INVESTIMENTO

Não é possível para alguém que queira se tornar rico e financeiramente independente não investir.

Manter seu dinheiro em uma lata de biscoitos – embora às vezes isso seja aconselhável em tempos de crise financeira e, mesmo assim, somente se a inflação ainda puder ser prevista – jamais a tornará rica. De fato, você irá perder poder de compra devido aos efeitos da inflação. Considerando a relação entre risco e retorno, não é suficiente deixar de arriscar aplicando todos os fundos disponíveis em depósitos de renda fixa ou em contas de poupança.

PARA TORNAR-SE RICA OU FINANCEIRAMENTE INDEPENDENTE É PRECISO INVESTIR EM SI MESMA

Ações e títulos são a base dos produtos de investimento. Derivativos são mais complexos, assim como outros produtos mais exóticos. Na próxima seção, discutiremos tudo isso e também nossa abordagem relativa aos "três cestos".

À medida que embarcar em sua jornada de investimentos, lembre-se de que é preciso investir com os olhos bem abertos. Em outras palavras, não confie em fazer qualquer tipo de aplicação até que disponha de algum entendimento sobre aquilo que está adquirindo, assim como do *benchmark* da área.

Compreenda a si mesma. O conhecimento sobre investimentos cresce com a experiência e também com os erros cometidos. Certamente você cometerá equívocos conforme investir, contudo, poderá minimizá-los investindo naquilo que já conhece e compreende. Tenha paciência, pois, com o tempo, dominará este assunto.

Por último, mantenha-se focada no retorno final de seu portfolio, em vez de tomar decisões sobre investimentos isolados.

Capítulo 11

AÇÕES, TÍTULOS E FUNDOS MÚTUOS

Quando empresas como a Singapore Telecommunications (SingTel) precisam de dinheiro para investir em novos projetos, elas geralmente o conseguem lançando ações e títulos no mercado. Esses são os investimentos básicos de qualquer investidor. Neste capítulo, discutiremos não apenas esses dois produtos, mas também um terceiro tipo: os fundos mútuos.

O QUE SÃO AÇÕES?

Quando investe em ações de uma empresa, você passa a ser o proprietário de uma pequena parte dela. As companhias vendem suas ações ao público, por meio da bolsa de valores, para levantar capital adicional. Os rendimentos que você obterá com a compra de ações virão de duas fontes distintas:

1. *Dividendos em dinheiro:* o dinheiro pago regularmente pela empresa a você, como acionista.
2. *Ganho de capitais:* elevação no preço das ações e os lucros que conseguir, vendendo-as no mercado quando a empresa estiver bem.

O investimento em ações não oferece garantia em relação aos prazos ou aos dividendos que serão pagos. A qualquer momento, esses dividendos podem crescer, cair ou ser suspensos.

ENTÃO VOCÊ QUER SE TORNAR UMA INVESTIDORA EM AÇÕES, CERTO?

Como dito anteriormente, quando você adquire ações, torna-se um dos proprietários da empresa. Na verdade, uma das principais razões pelas quais você se decide pela compra de ações é o fato de se interessar pelo tipo de negócio de uma empresa e de compreender as razões que podem levá-la ao sucesso ou ao fracasso. Contudo, você não deseja trabalhar na organização. A compra de ações lhe permite ser uma das donas de uma empresa e, portanto, uma das responsáveis pelo seu sucesso (ou fracasso).

Quando você adquire ações, está comprando o desempenho futuro de uma companhia. É fundamental que entenda a dinâmica dos negócios e os tipos de informação disponíveis no mercado, que poderão causar a desvalorização do empreendimento.

A melhor maneira de compreender as possibilidades relativas às ações é entender de que modo elas serão afetadas por mudanças na economia, nas preferências pessoais, nos níveis de preço em geral, e até mesmo por alterações climáticas. Um dos melhores conselhos sobre investimentos em ações que já recebi veio de Peter Lynch, que costumava dirigir o célebre Magellan Fund. Ele disse: "Invista no que você conhece." Partindo desse mesmo raciocínio, Warren Buffett comentou que jamais investe em empresas de tecnologia, pois não entende suficientemente o seu funcionamento.

Talvez uma das razões pelas quais a maioria das mulheres não costumasse investir em ações no passado fosse o fato de não compreenderem a dinâmica dos negócios da maioria das empresas cujas ações eram comercializadas – engenharia naval, engenharia aeronáutica e construção. Então, se partirmos do pressuposto de que é preciso conhecer os negócios de uma empresa antes de investirmos nela, não haverá nenhum problema para as mulheres, pois elas certamente poderão começar adquirindo ações de inúmeras outras empresas menos complicadas no mercado.

De certo modo, investir é bem fácil. Se uma determinada companhia vende excelentes sapatos, as pessoas os compram e você mesma se interessa por eles, e, considerando que há atualmente no mundo todo um aumento significativo do número de madames que adoram calçar marcas famosas, talvez você devesse observar as ações dessa empresa em particular. Digo "talvez" pelo fato de o desempenho de uma empresa não se basear apenas no que ela vende, mas em sua capacidade de gerar lucros.

Pode ser que você tenha dúvidas sobre entregar ou não o seu dinheiro nas mãos de pessoas que não conhece, pois são esses indivíduos que serão os responsáveis pelo seu investimento. Lembre-se de que você será uma acionista. As empresas, de modo geral, se empenham bastante em formar equipes gerenciais robustas, e contam com uma comissão de diretores que possa resistir ao escrutínio do mercado.

Porém, se souber que o comando de uma empresa está nas mãos de alguém em quem você particularmente não confie, é melhor permanecer longe de suas ações. Imagine que o seu pai fosse o motorista particular do maior acionista de uma empresa e que, um dia, depois de ter ouvido uma conversa telefônica durante o horário de trabalho, ele comentasse com você que seu chefe parecia estar envolvido em negócios escusos e que estava prestes a fazer algo ilegal. Você faria algum negócio com a tal empresa, mesmo que as ações estivessem em alta?

Conhecer a si mesma e saber como reagiria diante de algumas informações financeiras é tão importante quanto compreender as próprias informações recebidas.

Em um mundo ideal, os preços das ações subiriam quando as empresas se saíssem bem e obtivessem lucros, ou até mesmo quando uma companhia ostentasse excelentes perspectivas, baseada em suas projeções de lucro. O mercado, entretanto, não funciona assim. O preço das ações se altera diariamente como resultado de forças mercadológicas e do uso de psicologia pelos investidores. As dificuldades em compreender tais forças e em prever o comportamento das massas geralmente embaraçam até mesmo os melhores, mais bem treinados e experientes investidores. Conhecer a si mesma e saber como reagiria diante de algumas informações financeiras e da mudança no preço das ações é, portanto, ainda mais importante para você como novata. Se você é uma investidora que age de maneira automática, precisa exercitar seu autocontrole e atuar com moderação. Mas se, mesmo que uma empresa esteja indo mal, você se recusa a alterar seu ponto de vista apenas para não cortar relações com os proprietários, é preciso que repense a ideia de se tornar uma investidora. Não é possível investir e agir com sentimentalismo.

Os dois principais tipos de ações

Existem geralmente dois tipos de ações: as de crescimento e as de dividendos.

- *Ações de crescimento.* São lançadas no mercado por empresas com grande potencial de crescimento que precisam de dinheiro para expandir seu mercado. Aqueles que investem na Google, por exemplo, podem estar buscando ganhos de capital (aumento no preço das ações), e não os dividendos. As ações de crescimento costumam existir em empresas em expansão e seu desempenho pode variar. Essas companhias tendem a obter coeficientes de atualização (PER*) mais altos. Tais coeficientes mais altos refletem as expectativas do mercado pelo crescimento mais rápido dos rendimentos das ações nessas empresas em expansão em contraste aos empreendimentos já maduros.
- *Ações de dividendos.* Estas ações são lançadas no mercado por companhias com elevados *payouts.*** Tais empresas não precisam de dinheiro para expansão no mercado e tendem a estar relacionadas a negócios mais maduros e extremamente lucrativos, nos quais o crescimento é constante e invariável, e os lucros são previsíveis. Em Cingapura, um bom exemplo é a Singapore Post, conhecida por ser uma empresa que coloca no mercado ações de dividendos, cujas expectativas anuais são sempre de bons dividendos. Portanto, empresas que se utilizam do sistema de ações de dividendos são geralmente voltadas para negócios já bastante desenvolvidos e maduros.

Ambos os tipos são bons. Qual deles é mais apropriado a você?

ANTES DE INVESTIR EM AÇÕES

Conheça o valor da empresa – o PER

Como é possível analisar o valor de uma empresa? Existem várias técnicas para se determinar o valor de uma companhia, algumas delas são subjetivas, outras, bastante objetivas. Por exemplo, é possível valorar uma empresa observando seu gerenciamento, suas

---

* Sigla para o termo em inglês *price-earnings ratio*. O PER é calculado utilizando-se como numerador o coeficiente do preço de cotação de uma ação, e, como denominador, o valor dos resultados obtidos por ação. (N.T.)

** Termo geralmente utilizado em inglês. Trata-se da relação entre os dividendos distribuídos e o lucro líquido do exercício. O índice de *payout* mede a porcentagem do lucro líquido a ser distribuído aos acionistas de uma empresa. (N.T.)

expectativas em relação a ganhos e o valor de mercado de seus bens. Julgar a contribuição dos gerentes para o crescimento de uma companhia é uma técnica subjetiva, enquanto avaliar as expectativas de ganho é outra bem mais objetiva. Qualquer análise deve responder à seguinte questão: "Qual é o valor de algo?"

Muitos métodos de avaliação são aplicados. Um dos mais comuns é o PER. A razão é clara: é possível alcançar o resultado financeiro. É isso o que os investidores querem saber: quanto dinheiro a empresa está gerando e quanto espera gerar no futuro.

O CÁLCULO PER

O PER observa a relação entre o preço da ação e os ganhos de uma empresa. Calcula-se o coeficiente pegando-se o preço da ação e dividindo-o pelo ganho da empresa por ação (EPS). O EPS de uma empresa é seu montante de ganhos dividido pelo número de ações lançadas no mercado. Portanto, se o ganho total de uma empresa é de um milhão de dólares, e ela disponibilizou no mercado dois milhões de ações, seu EPS é de $1m/2m = 50 centavos de dólar.

Vejamos como isso funciona: se a empresa A tem um preço de ação de 5 dólares e seu EPS é 50 centavos de dólar, então o PER é de 10 vezes:

PER = preço da ação/EPS
PER = 5,00 / 0,50 = 10 vezes

O PER nos fornece uma ideia do que o mercado está disposto a pagar pelos ganhos de uma empresa. Quanto maior o PER, mais o mercado estará inclinado a pagar.

Um PER alto também pode ser considerado uma supervalorização das ações. Contudo, embora isso possa ocorrer, um PER alto indica ainda que o mercado tem grandes expectativas em relação a determinadas ações e, por conta disso, está fazendo apostas mais altas. O PER pode estar nas alturas e, mesmo assim, ser considerado "barato" pelo mercado. Tais ações são consideradas ações de crescimento.

Em contrapartida, um PER baixo pode indicar a pouca confiança que o mercado demonstra em determinadas ações. O futuro da empresa não parece muito promissor, e o mercado está depreciando o preço de suas ações em comparação aos ganhos. Um PER baixo também pode indicar ações valiosas – subvalorizadas e não percebidas pelo mercado. Os investidores podem fazer fortuna descobrindo essa "galinha dos ovos de ouro" antes do resto do mercado.

De qualquer modo, o PER de uma empresa sempre deve ser comparado:

- ao PER da mesma empresa no decorrer de vários anos. Se o PER de uma empresa é atualmente 10, mas o verificado nos últimos dez anos foi 15, podemos dizer que o valor das ações está baixo em relação ao passado.
- ao PER de outras companhias da mesma área de atuação. Se uma empresa química tem PER 10 e as demais empresas do ramo ostentam PER 5, podemos considerar que as ações da primeira estão caras em relação às demais.

Conheça os fatores que afetam o preço das ações

Quando compramos ações de uma empresa, investimos no crescimento dessa companhia. Mesmo assim, o preço das ações pode variar, devido a vários outros fatores econômicos que podem afetar a empresa de modo indireto.

Por exemplo, preocupações com uma eventual recessão podem fazer cair os preços de todas as ações, enquanto o sólido crescimento econômico é uma ótima notícia, tanto para os mercados como para os países. O problema é que alguns desses fatores podem ser positivos em certas circunstâncias e bastante negativos em outras. Um sólido crescimento econômico pode, por exemplo, ser "forte demais" e causar a falta de produtos e dificuldades no acesso a serviços. Isso pode levar a um aumento de preços e causar inflação. Como todos sabem, a inflação é algo negativo, pois preços mais altos farão as pessoas parar de gastar e, assim, a economia irá desacelerar.

O mais importante é que você conheça os fatores que podem afetar o mercado, as empresas e suas ações. Sugiro que adquira o hábito de ler o caderno de finanças do jornal, mas se isso lhe parecer demasiado entediante, assista aos telejornais e preste atenção no que está sendo dito sobre o mercado financeiro. Considero indispensáveis os jornais e outros relatórios financeiros que recebo, pois eles me ajudam a monitorar o que está acontecendo em todo o mundo e como os mercados financeiros poderão ser afetados.

Embora as notícias econômicas diárias possam afetar o preço das ações, devemos nos concentrar nas tendências de longo prazo. Muitas delas já são conhecidas. Além disso, uma pitada de bom senso também irá ajudá-la a perceber fatores subjacentes. Veja a seguir três deles:

1. *O mercado em evidência.* Cingapura tem hoje uma das populações que mais envelhece no mundo. Se um cingapurense se encontra na faixa de 45 a 60 anos de idade, o que ele mais precisará em sua vida daqui em diante? O que acha de vitaminas, cuidados médicos, alimentação saudável, equipamentos para se exercitar e pacotes de viagem? Observe as empresas que oferecem esses serviços e escolha entre elas as melhores para investir.
2. *O mercado de alto patrimônio líquido.* Já percebeu a quantidade de carros importados de luxo que circulam por aí atualmente? O número de pessoas ricas está crescendo em vários lugares do mundo e o mesmo ocorrerá com seu apetite por artigos de luxo, serviços especiais para o gerenciamento de suas fortunas, spas e excelentes produtos alimentícios.
3. *O mercado da educação.* Cingapura pretende se tornar um importante centro educacional na Ásia. Várias universidades de primeira linha dos EUA e da Europa já abriram campi dentro do país. Alunos de várias localidades viajam para Cingapura em busca de uma experiência cosmopolita. Em toda a Ásia, as pessoas estão desesperadas para aprender inglês e mandarim. O mercado educacional estará em evidência nos próximos anos, e por muito tempo.

É preciso agora que você faça sua lição de casa. Procure descobrir as tendências latentes de longo prazo, busque por empresas de sua preferência e aprenda o máximo que puder sobre seus produtos e mercados.

O QUE SÃO TÍTULOS?

Títulos são dívidas lançadas no mercado por empresas e governos cuja intenção é conseguir dinheiro emprestado dos investidores. Sua validade é superior a doze meses a partir do momento em que é lançado no mercado.

Geralmente, prometem pagar juros fixos de acordo com um cronograma preestabelecido. Os títulos são também denominados obrigações fixas.

Os rendimentos que você obterá com a compra de títulos virão de duas fontes distintas:

1. Pagamentos de juros fixos em intervalos regulares.
2. Pagamento final do valor principal investido no vencimento.

As três categorias mais comuns de títulos

As três formas de se caracterizar os títulos são:

1. *Pela duração:* se um título é lançado com um período de cinco anos, podemos dizer que seu vencimento ocorrerá em cinco anos. Depois disso o responsável por lançar o título no mercado terá de lhe devolver o valor principal do investimento.
2. *Pelo tomador do empréstimo:* aquele que lança os títulos no mercado. Os principais são empresas e governo.
3. *Pela qualidade do tomador do empréstimo:* essa é a classificação do título. Se a empresa que o lançou no mercado possui uma excelente posição financeira, o título poderá receber a graduação AAA. Isso significa que há grande probabilidade de que você receba de volta o valor investido na data combinada. Esses títulos são de baixo risco e, por conseguinte, oferecem rendimentos baixos. Empresas cuja posição financeira não é tão boa podem lançar no mercado títulos graduados como C, ou até inferiores. É claro que os títulos tipo C implicam riscos mais elevados, portanto, os rendimentos oferecidos são mais altos. Existem ainda os *junk bonds* – títulos comerciais sem valor –, também conhecidos como obrigações de alto rendimento.

O DESEMPENHO DAS AÇÕES E DOS TÍTULOS

Ações, historicamente, sempre foram superiores a outros investimentos de longo prazo. A maioria dos investidores sabe também que, no longo prazo, o retorno total das ações é superior ao dos títulos. Contudo, o investimento em ações é mais arriscado, pois seus retornos em médio e curto prazos são mais incertos. Embora os títulos não sejam tão atrativos como as ações, eles apresentam duas características insuperáveis.

Em primeiro lugar, no final do período acordado, os títulos retornam ao investidor um valor já conhecido. Quando compramos títulos estamos, na verdade, emprestando dinheiro às empresas. Estas comprometem-se a devolver o valor aplicado no vencimento, além dos juros devidos a cada seis meses ou um ano. Por exemplo, se você adquirir um título da Microsoft, receberá 5% de juros a cada ano e o valor principal investido no vencimento. A menos que ocorra a falência da empresa que lançou os títulos no mercado, o investidor pode ter quase certeza absoluta do que o valor principal investido lhe será retornado. Obviamente, essa certeza diminui se o título em questão for da categoria *junk bond.*

No caso das ações, a perda do capital investido não é apenas possível, mas ocorre sempre que o preço das ações adquiridas atinge um nível mais baixo que o cobrado à época da compra. Já no caso dos títulos, se você aguardar o término do prazo da aplicação, receberá o valor integral investido.

Em segundo lugar, os títulos pagam juros aos investidores de acordo com um cronograma fixo, tipicamente duas vezes ao ano. Esses juros podem ser uma renda valiosa para indivíduos já aposentados, casados ou não, e para qualquer um que prefira ter um fluxo de entrada previsível.

Vale ressaltar que é preciso ser bastante cuidadosa em relação às empresas escolhidas para investir, pois elas já poderão ter desaparecido da próxima vez em que você checar seus investimentos. Esse lembrete se aplica muito bem à crise financeira de 2008, quando o Lehman Brothers* se declarou falido e inúmeras outras empresas já demonstravam estar caminhando para o mesmo fim.

Suponhamos que você tenha investido 10 mil dólares em ações da Charlie & Ken Co., uma empresa que comercializa modernos sapatos femininos, e decidido vendê-las depois de cinco anos. Seus ganhos não podem ser previstos devido a dois parâmetros importantes:

- as empresas não são obrigadas por lei a pagar dividendos, mesmo que tenham obtido lucro. Elas podem optar por reinvestir seus lucros. Sendo assim, é possível que em certos anos você receba dividendos, e em outros não;
- os ganhos das empresas raramente são estáveis, podendo ser altos em alguns períodos e baixos em outros. Isso faz o preço das ações flutuar de ano para ano. No final, suas ações poderão ser vendidas por 15 mil dólares ou por 8 mil dólares, ou qualquer valor intermediário.

Os retornos sobre títulos, por outro lado, são mais estáveis. Suponhamos que você tenha adquirido títulos da Charles & Ken Co., que a taxa de juros desses papéis seja de 5%, e que o vencimento ocorra em cinco anos. Em outras palavras, a companhia está tomando dinheiro emprestado de você e prometendo lhe pagar 5% ao ano sobre esta quantia. Ela também lhe garante a devolução do capital principal investido no prazo de cinco anos. Isso significa que, se comprar 10 mil dólares em títulos da Charles & Ken Co., esta empresa lhe pagará juros de 500 dólares ao ano ao longo do período combinado e, no vencimento, lhe devolverá os 10 mil dólares investidos.

Investindo em títulos você saberá desde o início o quanto receberá de volta. Se tomarmos como exemplo títulos e ações lançados no mercado pela mesma empresa, veremos que a previsibilidade torna os títulos mais seguros que as ações. Não se pode,

---

* Trata-se de um banco com sede em Nova York que prestava inúmeros serviços financeiros. A instituição faliu em 2008, em virtude da crise financeira. Foi o pior caso de falência entre bancos registrada nos EUA até aquele ano. (N.T.)

é claro, comparar títulos lançados no mercado por uma empresa que emite *junk bonds* com aqueles de empresas *blue-chip*.* Os perfis de risco e de rendimentos dos dois produtos são completamente diferentes.

FUNDOS MÚTUOS

Provavelmente este livro esteja se tornando cada vez mais difícil para algumas de vocês. Mas não desista! Pelo menos não ainda. Tenho uma solução para aquelas mulheres que consideram tudo isso demasiado complexo, e ela se chama fundos mútuos. Você sabia que pode contratar um grupo de especialistas em investimentos financeiros, por tempo integral, para analisar, selecionar, adquirir e vender ações e títulos em seu nome?

Sim, você pode. Se investir em fundos mútuos, terá à sua disposição um time de profissionais. Em Cingapura, com apenas mil dólares, é possível investir em mais de 600 fundos mútuos registrados. A taxa de gerenciamento desses fundos paga a esses especialistas é um percentual deduzido dos seus investimentos. Portanto, o salário desses profissionais depende do quanto eles fizerem seus investimentos render. Contudo, é preciso prestar atenção ao tamanho da taxa de gerenciamento.

Na maioria das vezes, a distribuidora dos papéis não dará muita ênfase à taxa cobrada durante sua apresentação dos serviços. Ela se concentrará nos ganhos passados e nos esperados para o fundo. Fique atenta! Alguns fundos mútuos apresentam taxas bem mais elevadas que outros. Taxas mais altas somente se justificam se o desempenho esperado estiver acima da média de mercado, porém, se os lucros servirem apenas para praticamente cobrir as taxas pagas, seus ganhos serão mínimos. Antes de escolher, pense exatamente no que espera ganhar com sua aplicação.

É preciso lembrar também que nem os ganhos passados nem os esperados garantem lucros para o seu investimento. É fundamental fazer algumas perguntas-chave e descobrir se o fundo mútuo escolhido se encaixa em seu portfólio de investimentos ou em sua estratégia; do contrário, estará comprando às cegas apenas porque um especialista está diante de você tentando lhe empurrar algum produto e lhe prometendo ganhos excepcionais.

Os fundos mútuos possuem duas categorias principais: fundo de ações e fundo de renda fixa (fundo de títulos).**

Fundo de ações

Os que negociam ações. Veja a seguir alguns exemplos:

- *Fundo de ações global.* Investem em empresas promissoras em qualquer lugar do mundo.
- *Fundo de ações regional.* Concentram-se na negociação de ações em regiões específicas, como a Ásia, Europa ou América Latina. Os preços das ações

* Termo normalmente usado em inglês. Tem origem no pôquer, onde as "fichas azuis" são as mais valiosas. No mundo financeiro, é o nome dado às ações de empresas de prestígio e, portanto, consideradas lucrativas e estáveis. O preço dessas ações é relativamente mais alto que as demais. (N.T.)

** Para maiores informações sobre tipos de fundos disponíveis no Brasil, acesse: www.fundos.com/fundosdeinvestimento.htm#Tipos_de_Fundos_de_Investimento. (N.T.)

nesses fundos geralmente flutuam mais que aqueles nos fundos globais, amplamente diversificados.

- *Fundo de ações de um único país.* Os investimentos são feitos em apenas um país, como China, Cingapura ou Estado Unidos. Estes fundos são considerados mais arriscados que os regionais, pois seu foco é mais restrito.
- *Fundo de ações em mercados emergentes.* Os investimentos são feitos em países que estão caminhando para se tornar economias industrializadas. Tais mercados apresentam grande potencial de crescimento econômico mais acelerado, mas oferecem riscos substanciais. Entre os países nessa situação estão o Brasil, o México, a Indonésia e a África do Sul.
- *Fundos setoriais.* Concentram-se em negócios específicos, como tecnologia e assistência médica. Investir em setores específicos significa riscos maiores, pois, se tais setores enfrentarem dificuldades, todo o portfólio desse fundo estará vulnerável. Investir nesses fundos é atrativo caso você já possua outros investimentos diversificados e estiver disposto a arriscar mais, já que os fundos setoriais, às vezes, alcançam rendimentos espetaculares.
- *Fundos indexados.* Também conhecidos como fundos negociados na bolsa de valores, buscam e replicam a rentabilidade obtida por outras empresas no mercado, como os alcançados pelo Straits Times. São mais baratos, pois suas taxas operacionais são mais baixas.
- *Fundo de renda fixa (fundos de títulos).* São aqueles que negociam títulos. Tais fundos investem em títulos de empresas e do governo. Assim como no caso dos fundos de ações, eles operam globalmente, regionalmente, em mercados emergentes e em um único país. Veja alguns exemplos:
  - *Fundo fixo de alto rendimento.* Buscam rendimentos mais altos, investindo em títulos considerados de baixa qualidade.
  - *Fundos hipotecários.* Objetivam maximizar os rendimentos com investimentos em títulos lastreados em créditos habitacionais. Estes títulos são, portanto, de risco inferior aos não segurados, que não são lastreados por nenhum ativo.

POR QUE CONTRATAR FUNDOS MÚTUOS EM VEZ DE INVESTIR DIRETAMENTE?

Ken Fisher, um dos principais profissionais da área de investimentos nos EUA, aconselha a todos que detenham valores inferiores a 200 mil dólares a investir primeiro utilizando-se dos fundos mútuos. Ele sugere que todos examinem mais profundamente os fundos indexados, já que, em geral, a maioria dos especialistas que gerenciam estes fundos enfrentam dificuldades em superar o mercado. Acredito que para a maioria de nós, seguir o conselho de Fisher e aplicar em fundos indexados por meio dos fundos mútuos é a melhor opção.

Para os que possuem mais de 200 mil dólares para investir, devo primeiramente admitir que estou surpresa por estarem lendo este livro. Em segundo lugar, sugiro que leiam o livro de Ken Fisher, *Para o bom investidor, três perguntas bastam* (Saraiva, 2008). Por último, por favor, invistam algum tempo lendo o que Warren Buffett tem a dizer sobre investimentos e pesquisando o modo como ele investe.

Nesse ínterim, conforme estabelece suas estratégias de investimento, pode aplicar seu dinheiro por meio de fundos mútuos. Mas não se esqueça de prestar atenção aos prazos e também às taxas de gerenciamento.

A ESCOLHA DE UM FUNDO MÚTUO

No mundo todo, existem inúmeros fundos disponíveis. Escolha com cuidado. Nos dias de hoje, produtos financeiros são comercializados como se fossem bens de consumo. Bancos e consultores financeiros que negociam fundos geralmente possuem belos livretos e nos apresentam números e desempenhos impressionantes. Contudo, nem todos eles são bons e se tiver alguém para direcioná-la, é fundamental que pesquise e se mantenha bem-informada.

Se você vive em Cingapura, recomendo que faça uma análise dos fundos sugeridos em <www.fundsingapore.com>. No Brasil, é possível avaliar os fundos locais em <www.administracaoegestao.com.br/investimentos/fundos-de-investimento-no-brasil/>.

É importante ressaltar que a classificação dos fundos demonstra seu desempenho passado. Considerando que estamos investindo para obter resultados futuros, somos levados a perguntar: "Será que é possível confiar em desempenho passado?" Alguns especialistas dizem que o desempenho passado é inútil para nos ajudar a prever o futuro. Diferentemente de quando profissionais se baseiam em relatórios sobre a confiabilidade de uma determinada marca de máquina de lavar para prever resultado futuros, é praticamente impossível predizer o desempenho de um investimento. A despeito de termos uma boa previsão sobre um determinado investimento hoje, tudo poderá mudar bastante manhã, já que as economias sobem e descem o tempo todo. E não é só isso, os fundos podem mudar suas gerências de uma hora para outra.

Na verdade, o desempenho ruim de um fundo que outrora se mostrou uma ótima opção é algo normal. William Sharp, prêmio Nobel em Ciências Econômicas, comentou certa vez um estudo que demonstrava o modo como os fundos que permaneceram entre os 20% mais elevados durante cinco anos passaram a ser os menos prováveis de estar entre os 50% mais elevados ao longo dos cinco anos seguintes.

Particularmente, acredito que, embora o passado não seja um indicativo do futuro, ele pode nos oferecer importantes informações sobre o significado de um bom fundo. Veja a seguir algumas regras fundamentais:

- adquira fundos cujo histórico seja positivo e o mais longo possível. Se o fundo A está no topo ao longo dos últimos três anos e o B ocupa esta posição há dez anos, opte pelo B;
- se todos os critérios demonstrarem igualdade entre os fundos, compre aqueles cujas taxas de gerenciamento são as mais baixas, de outro modo, elas irão devorar seus rendimentos. Se o fundo A apresenta uma taxa de 2.5% e o B,

1%, o primeiro irá lhe custar 1,5% a mais todos os anos. Se mantiver a aplicação por dez anos, perderá 15% de seus rendimentos.

A ESCOLHA DO MELHOR GERENTE DE FUNDOS

Escolha o melhor. Verifique os gráficos e tabelas, e observe quem se mantém no topo. Esses profissionais não precisam ser o número um o tempo todo, mas deveriam manter-se próximos disso.

Opte por um gerente que tenha aplicações pessoais nesse mesmo fundo. Os melhores profissionais geralmente investem seu próprio dinheiro no mesmo fundo que oferecem a seus clientes.

Antes de escolher, ouça o que eles têm a dizer. O que eles dizem sobre desempenho? De onde eles esperam obter rendimentos? Leia o que eles escrevem em artigos de revistas e jornais, em *newsletters* sobre o tema. Compare o que dizem com aquilo que você mesma já sabe. O pior em perder dinheiro é perdê-lo ao investir em algo no qual você não acreditava desde o início, mas o fez apenas incidentalmente. Portanto, leia, leia e leia, e reserve algum tempo para compreender as regras do jogo.

Pergunte sobre custos. Lembre-se de que as taxas de gerenciamento podem devorar seus rendimentos. Não faz sentido escolher um excelente gerente se as taxas por ele praticadas são exorbitantes. Finalmente, observe a atuação e o desempenho dos gerentes no curto e longo prazos antes de optar.

CONSIDERAÇÕES FINAIS... PREÇO E VALOR

O PREÇO de qualquer investimento é aquele pelo qual um produto é negociado entre comprador e vendedor, seja no caso de uma venda privada ou no mercado aberto. Em um dos extremos de uma venda no mercado aberto, os preços das ações flutuam nas transações diárias de compradores e vendedores.

O VALOR de uma ação baseia-se no negócio que ela representa, o que, na maioria das vezes, não se altera diariamente, e pode sequer mudar drasticamente a cada trimestre, independentemente de existirem avaliações trimestrais para muitas companhias, especialmente nos Estados Unidos. Existem muitas maneiras de se valorar uma empresa. Alguns especialistas na área consideram o processo de avaliação uma ciência e uma arte.

A base do investimento é tentar compreender as dinâmicas subjacentes dos negócios e a força da gerência e da comissão diretiva das empresas. Avalie todas essas informações e, somente então, invista. Muitas de nós são capazes de pesquisar, analisar e planejar, embora a maioria não esteja disposta a se dedicar tanto quanto Warren Buffett em compreender o funcionamento das aplicações, nem em lidar com os aspectos inerentes à consignação de bens. Afinal, ninguém que não tenha como profissão principal e em tempo integral o gerenciamento de aplicações financeiras e a responsabilidade por milhões de dólares de terceiros se empenharia tanto quanto é necessário em fazê-lo. Comparados aos investimentos de Buffett, os nossos são, em grande parte, totalmente "especulativos".

AGORA É COM VOCÊ

Leia pelo menos um livro ou o conteúdo de algum site do seu país que seja confiável. Compreenda o funcionamento dos fundos mútuos e os números que os alicerçam. Não é preciso comprar nenhum produto financeiro, nem temer levantar questões aparentemente estúpidas. Lembre-se: é melhor parecer boba fazendo tais perguntas que perder dinheiro por ter sido orgulhosa demais para tirar as próprias dúvidas.

Converse com os gerentes de alguns bancos sobre os fundos mútuos oferecidos no mercado. Não adquira nenhum produto de imediato. Entenda o funcionamento daquilo que pretender comprar. Veja a seguir uma lista de perguntas que podem ser feitas aos agentes de fundos mútuos:

1. Quem gerencia esse fundo? Qual é o histórico de resultados? Qual é a taxa operacional? Que outros fundos são gerenciados pela equipe e como se comportam esses fundos no mercado?
2. Em que situações poderei sair perdendo em meus investimentos? Meu capital estará protegido? Como? Corro o risco de perder o capital investido?
3. Quais são os rendimentos esperados?

Após a leitura deste capítulo, faça o seguinte exercício: assista aos canais especializados em economia disponíveis em seu país por um mês. Assista-os antes de fazer qualquer investimento. Lembre-se: canais como CNN e Globo News, ambos disponíveis pela TV a cabo, oferecem informações financeiras em sua programação.

Capítulo 12

EXÓTICO, INTRIGANTE, COMPLEXO E ALTERNATIVO

OS SERES HUMANOS E A INOVAÇÃO

No início, a comercialização de ações e títulos girava em torno da Marinha Mercante e do comércio de especiarias. Os primeiros impérios marítimos foram Holanda e Portugal, depois vieram Espanha, França e Inglaterra. Também foram os holandeses que deram início às sociedades anônimas (o que permitia aos acionistas investir em iniciativas arriscadas), com o objetivo de obter uma participação em seus lucros (isso também poderia significar uma partilha nas perdas).

A Companhia das Índias Ocidentais Holandesa foi a primeira empresa a lançar suas ações no mercado e a participar da bolsa de valores de Amsterdam, em 1602. A empresa ampliou sua colonização de domínios asiáticos, o que mudou o cenário político e o nível de desenvolvimento de suas colônias, algo cujo impacto dura até os dias de hoje.

A história de como se ganhava dinheiro no início da economia mercantilista é a razão de utilizarmos até hoje o ditado "Seu navio acabou de atracar", sempre que alguém fecha um bom negócio e ganha muito dinheiro.

Durante seu mandato como Primeiro Secretário do Tesouro dos Estados Unidos, de 1789 a 1795, Alexander Hamilton deu início à primeira bolsa de valores na América. Atualmente, a bolsa de valores norte-americana é a mais movimentada e globalizada do mundo. Este é, para mim, o mercado mais interessante para se investir.

O EXOTISMO, A ESPECULAÇÃO CEGA E AS ONDAS DE EUFORIA ILUSÓRIA NOS INVESTIMENTOS

Embora as ações e os títulos sejam a base de todos os investimentos, eles não representam as únicas invenções da humanidade em termos de aplicação.

Os seres humanos inovam o tempo todo. Ao longo de trezentos anos, e principalmente nos últimos trinta, inúmeros produtos financeiros foram criados com base no desenvolvimento da tecnologia de informação e da nova matemática. Tais produtos são complexos e sofisticados. Sobre toda essa complicação surge muita especulação, fazendo o mercado se comportar de modo estranho. Neste capítulo, tratarei de diferentes novos produtos no mercado financeiro. Peço a você que pense muito bem antes de se aventurar em investimentos sobre os quais não possua compreensão.

De certo modo, todos os investimentos são especulativos, já que indivíduos investem com a esperança de ganhar dinheiro e não são capazes de prever o futuro. Contudo, alguns investimentos são mais especulativos que outros. Surpreende o fato de, ao longo de toda a história, as pessoas já terem investido em todo o tipo de objetos na expectativa de obter ganhos.

No passado, as colônias eram desenvolvidas em função das companhias de comércio sustentadas pela Coroa Britânica e pelo seu poderio militar. Fortunas surgiam e desapareciam no comércio marítimo. Apenas alguns navios entre todos os que zarpavam tinham a sorte de retornar das terras distantes carregados de chá e outros tesouros. Entre os investimentos mais exóticos estavam as tulipas negras e as folhas de chá.

Atualmente, as pessoas investem em uma enorme variedade de produtos, que vão de tanques de óleo a fazendas de criação de avestruzes; e pelas mais diferentes razões e justificativas. Investimentos em ações de empresas da internet, seguidos por aqueles em biotecnologia, também são bastante especulativos. Dependendo do produto no qual se decide aplicar, pode-se ganhar ou perder muito... e, nesse último caso, sofrer bastante.

OS AVESTRUZES E A INTERNET

Certa vez, SC, um grande amigo da infância, disse que precisava de 15 mil dólares para adquirir ações do mercado de criação de avestruzes. Eu não entendia absolutamente nada sobre este mercado, apenas sabia que jamais comeria carne dessa ave. Na verdade, sequer conseguia imaginar alguém comendo carne de avestruz. Quando lhe perguntei quem compraria avestruzes, ele explicou que os ovos da ave são perfeitamente comestíveis, as cascas poderiam ser usadas na fabricação de cúpulas de abajur, as penas em boás, e a carne poderia ser vendida para restaurantes chineses.

Imediatamente me concentrei nas cúpulas de abajur e percebi que "fazendas de criação de avestruz" era um produto que buscava espaço no mercado. Então eu disse ao meu amigo que os avestruzes seriam os únicos que se beneficiariam do investimento, desde que os fazendeiros não fugissem com todo o dinheiro investido. Mesmo nos dias de hoje, ainda acho que não investiria na criação de avestruzes, mesmo que me apresentassem dez fazendas de sucesso.

Na mesma época, investi 100 mil dólares em uma nova empresa de informática. A diferença, pensei, é que estaria envolvida na organização. Contudo, o CEO acabou fracassando. Foi muito difícil processá-lo e, no final, não valeu a pena. Para tentar corrigir os erros cometidos tive de aplicar mais 30 mil dólares.

Depois de nossa conversa, SC acabou não investindo na criação de avestruzes e manteve seus 15 mil dólares seguros. Às vezes, ainda penso que se ele tivesse investido na criação das aves, talvez ainda possuísse os avestruzes, embora mais velhos e sem penas. Em contrapartida, perdi 130 mil dólares ao apostar em uma empresa da área de internet.

INVESTIMENTO EM DERIVATIVOS – O MERCADO DE OPÇÕES

Os derivativos são inovações financeiras fascinantes. Um investimento em um derivativo não é propriamente um investimento, mas a aquisição de um direito de compra (ou de venda) sobre um ativo subjacente dentro de um período específico. Chamamos esse "direito" de opção.

Uma opção à qual estamos mais familiarizados é a imobiliária – o direito de adquirir um imóvel a um preço pré-estabelecido e acordado dentro de um prazo definido, a partir do qual a opção perde sua validade. O preço para aquela opção é o "depósito" feito para a compra do imóvel. Essas opções imobiliárias são instrumentos legais, e o vendedor é obrigado a lhe vender o imóvel caso você opte pela compra.

Para o mercado financeiro, porém, o que começou com um simples "direito" de compra e venda, tornou-se inacreditavelmente complexo para o entendimento da maioria dos investidores. Depois que os especialistas financeiros determinam as decisões de compra e venda, baseando-se nos resultados obtidos por meio de complicadíssimos cálculos computacionais, os quais, por sua vez, trabalham com múltiplos parâmetros para a determinação de preços, os experts da área legal redigem contratos detalhados que determinam a compra ou a venda do imóvel nos prazos determinados.

Os dois principais tipos de opções: opção de compra (Call) e opção de venda (Put)

A opção de compra lhe dá o direito de COMPRAR a um preço já especificado enquanto a opção de venda lhe dá o direito de VENDER a um preço determinado. Tais "direitos" têm um preço.

Para qualquer ativo financeiro, existem investidores que acreditam que o preço do bem cairá e aqueles que acreditam que o preço aumentará. O mercado de opções é criado pelo comércio entre ambos os grupos.

A atratividade do mercado de opções está no fato de ele permitir que investidores e especialistas comprem e vendam opções, baseando-se em perspectivas de ganhos sobre ativos, obtendo ganhos (e tolerando perdas) em uma fração do seu preço. Tornar-se proprietário e pagar integralmente por um bem enquanto se espera por sua valorização retém um capital muito maior do que se o investidor optar pela aquisição da opção de compra no aguardo de preços futuros mais elevados. Veja a seguir um exemplo fictício do modo como essas opções funcionam.

Bolsa da marca Birkin

A bolsa Birkin, desenhada por Hermes, é considerada um artigo de luxo e é bastante valorizada. Atrizes, modelos e socialites pagam fortunas apenas para carregar uma delas. Inspirados na atriz francesa Jane Birkin, os modelos mais simples custam entre 6 mil dólares e 15 mil dólares (suficiente para alimentar uma família de quatro pessoas por um ano inteiro). Se quiser adquirir uma dessas bolsas, terá de enfrentar uma longa fila de espera. Se alguém desejasse adquirir uma bolsa da primeira linha da Birkin, poderia optar pelo modelo de couro de crocodilo que custa apenas 120 mil dólares. O que torna essa bolsa tão valiosa são os dez quilates de diamantes incrustados em ouro branco no seu fecho. A cada ano, apenas duas dessas bolsas são disponibilizadas para compra no mundo todo.

Hermes criou um mercado para essas bolsas ao limitar seu fornecimento. As economistas entre nós sabem perfeitamente que Hermes não está no mercado de "bolsas". Ninguém racionalmente pagaria 120 mil dólares por uma bolsa. Contudo, muitas pessoas pagariam esse montante para serem identificadas como alguém que carrega uma bolsa que custa esse preço, ou seja, alguém que tem recursos para possuir uma Birkin. O mercado de Hermes é, portanto, o do desejo e do status, não o de bolsas.

Nesse exemplo, vamos supor que Hermes queira capturar as emoções dos indivíduos que desejam uma bolsa Birkin. Digamos que ele deseje que o mundo todo saiba não apenas o quanto uma bolsa desse tipo é desejada, mas a lista de espera para esse produto. Nesse caso, Hermes pode dar início a um mercado futuro para as bolsas. Digamos agora que ele identifique em sua lista de espera um grupo de indivíduos que pagariam 130 mil dólares se soubessem que o preço aumentaria. Veja o que Hermes poderia fazer com tal informação:

- Hermes cria uma procuração de investimento conhecida como opção e a lança no mercado. Tal opção dá a seu comprador o direito de adquirir uma bolsa Birkin por 130 mil dólares a qualquer tempo pelo período de um ano. O preço por essa opção é de 5 mil dólares.
- Faça as contas. A bolsa custa hoje 120 mil dólares. Caso o preço do produto suba para 150 mil dólares, adquiri-la por 130 mil é um excelente negócio.
- Caso o preço chegue a 200 mil dólares, a mesma opção será ainda mais valiosa. Porém, se o preço da bolsa cair para 100 mil dólares, você não precisará adquirir o produto. Pode apenas abrir mão da opção. Lembre-se: trata-se do "direito" de compra e não do "dever" de compra.
- Sabendo que o preço da bolsa Birkin tem subido de modo firme e constante ao longo dos anos, você decide comprar a opção de 5 mil dólares, e não a bolsa. Você já sabe que se o preço do produto alcançar mais do que 135 mil dólares, você terá um bom lucro. Você sente que as chances de isso acontecer são grandes, já que a moda para a próxima estação irá combinar perfeitamente com o estilo das bolsas Birkin, e que a revista Vogue planeja fazer uma matéria de dez páginas com elas no próximo trimestre.

Os preços de derivativos flutuam no mercado aberto devido a expectativas do ativo subjacente.

A opção adquirida por 5 mil dólares poderá ser vendida por, pelo menos, 5 mil dólares caso alguém acredite que o preço da bolsa subirá acima de 135 mil dólares. Com a opção nas mãos, o comprador poderá exercer seu direito de pagar 130 mil dólares pelo produto. As pessoas que não tiverem a opção terão de pagar 135 mil ou mais.

A mesma opção pode ser vendida a 3 mil dólares se as pessoas acreditarem que o preço da bolsa subirá para apenas 133 mil dólares. Em outras palavras, se este for o caso o comprador da opção perderá 2 mil dólares por acreditar que o preço subiria mais do que de fato subiu.

INVESTIMENTO CAMBIAL

Sempre que visito meus parentes na Malásia, preciso trocar algum dinheiro. O câmbio de mil dólares cingapurenses pela moeda local resulta em 2.300 ringgits. Lembro-me de quando era jovem, a taxa cambial era de 1/1, isso significava que a troca de moedas naquele tempo resultava em mil ringgits.

Ao longo dos anos, o dólar cingapurense tornou-se mais forte em relação ao ringgit. Um CGD é cambiado atualmente por um valor maior em MYR. Essa é uma ótima notícia se você for um comprador na Malásia ou se tiver dívidas a pagar em MYRs, mas se tivesse um negócio naquele país e seus rendimentos fossem na moeda local, a cada ano, ao converter MYRs em SGDs obteria um montante menor, se morasse em Cingapura.

A maioria de nós ganha e gasta utilizando uma só moeda. Contudo, muitos indivíduos ganham em uma e gastam em outra, como minha amiga Penélope, que ganhava em dólares americanos e gastava em dólares cingapurenses. O contrato dela com uma corporação multinacional foi fechado fora de Hong Kong, mas era depositado em uma conta naquele país. Certa vez, recebi uma excelente proposta de emprego, cujo salário anual era bastante atraente. Na época, pedi à empresa que atrelasse o contrato de emprego a uma faixa cambial pré-acordada (Forex*), mas isso não foi possível porque o orçamento da corporação era em dólares. Decidi não aceitar o emprego. Se o tivesse feito, meus ganhos em SGD teriam flutuado de acordo com as oscilações do mercado cambial.

Dependendo da moeda em que você recebe seu pagamento e paga suas despesas, o Forex é fundamental. Veja a explicação na Tabela 12.1, agora utilizando dólares americanos e reais.

TABELA 12.1. POR QUE O FOREX É CRUCIAL.

	Se você ganha em reais	*Se você gasta em reais*
O dólar se fortalece em relação ao real	Situação não favorável. Consegue-se menos dólares quando se troca reais por dólares.	Situação favorável. Consegue-se mais dólares quando se troca dólares por reais.
O dólar enfraquece em relação ao real	Situação favorável. Consegue-se mais dólares quando se troca reais por dólares.	Situação não favorável. Consegue-se menos reais quando se troca dólares por reais.

A fixação antecipada de taxas cambiais

Se estiver esperando receber uma grande soma em dinheiro, como um milhão de reais em doze meses, poderá fixar a taxa com um ano de antecedência. Ao fazê-lo, saberá de antemão a taxa que pagará pelos dólares, o que lhe permitirá livrar-se de

* Trata-se do Mercado Internacional de Divisas, associado ao câmbio de moedas. É o maior mercado mundial em movimentação de dinheiro – mais de 3,2 trilhões de dólares diariamente, ou seja, 32 vezes mais que a soma de todas as bolsas dos EUA e quase 1.400 vezes o volume negociado na Bovespa em 2007. (N.T.)

incertezas quanto à flutuação desfavorável das taxas cambiais. As instituições bancárias oferecem tal serviço, desde que o valor a ser negociado seja razoavelmente alto, como 100 mil dólares, por exemplo. Os bancos são capazes de fazê-lo ao identificar outro cliente que tenha uma necessidade contrária, ou seja, que queira vender dólares para adquirir reais em um prazo de um ano. Como você pode perceber, as taxas cambiais influenciam os resultados financeiros.

Eu deveria aplicar meu dinheiro em moedas estrangeiras com altas taxas de juros?

Atualmente, se você aplicar 100 mil dólares em qualquer banco local, conseguirá apenas 1% ou 2% de juros. Esses percentuais são insignificantes comparados à inflação, que tem sido superior a 5% nos últimos anos. Se investir a mesma quantia em aplicações com taxa predeterminada terá menor mobilidade financeira durante doze meses, mesmo que, no final, seu rendimento seja maior.

Não surpreende o fato de muitas pessoas sentirem-se atraídas pelas altas taxas de juros oferecidas nas aplicações em dólar australiano (DA) ou em dólar neozelandês (DNZ) que, até a recente crise de crédito global, pagavam cerca de 8% ao ano, especialmente naqueles países. Quais seriam os riscos nas aplicações em dólar neozelandês? Isso depende muito da taxa cambial entre a moeda de seu país e o DNZ, de quando a aplicação é feita e de quando ela vence. As taxas expostas na Tabela 12.2 foram simplificadas para facilitar a comparação.

Tabela 12.2. Taxa cambial DNZ/SGD e porcentagem de troca.

Data	*DNZ/SGD*	*% Troca*
A: 5 de outubro	1,18	
B: 6 de abril	0,98	-17%
C: 7 de junho	1,18	+20%
D: 8 de setembro	0,98	-17%

Suponhamos que você investisse mil dólares cingapurenses em um depósito de seis meses que pagasse 8% de juros. Digamos que você aplicasse no ponto A, quando a taxa DNZ/SGD fosse de 1,18. Isso lhe renderia 84.747 dólares neozelandeses.

SGD 100.000/1,18 = DNZ 84.747

No prazo de seis meses, no ponto B, o total com juros seria de 88.136[1] dólares neozelandeses.

DNZ 84.747 + 4% juros = DNZ 88.136 neozelandeses

[1] Simplificamos o cálculo, é claro. Você receberia 6 meses de juros à metade de 8%, o que seria 4%.

Ao converter os dólares neozelandeses em cingapurenses, a uma taxa de 0,98, você teria uma surpresa, pois conseguiria apenas 86.373 dólares cingapurenses, com uma perda de 13,6%, independentemente da alta taxa de juros.

$$\text{DNZ } 88.136 \times 0{,}98 = \text{SGD } 86.373$$

Se a taxa cambial tivesse permanecido em 1,18, você teria recebido de volta 104 mil dólares cingapurenses.

$$\text{DNZ } 88.136 \times 1{,}18 = 104.000$$

Portanto, muitas pessoas investem em depósitos em moeda estrangeira apenas para não perder seu dinheiro quando a oscilação lhes é desfavorável. Existiria, porém, um meio de ganhar dinheiro nessas aplicações e de se proteger em relação à variação da taxa cambial?

Isso seria possível se você tivesse aplicações na Nova Zelândia. Por exemplo, se possuísse um imóvel e tivesse de pagar anualmente por sua manutenção, uma aplicação em depósito a prazo fixo naquele país seria um excelente meio de se beneficiar das altas taxas de juros. Contudo, se não tiver esse tipo de aplicação e quiser trocar seus dólares neozelandeses por cingapurenses, talvez seja interessante considerar a rolagem do depósito, estendendo a duração da aplicação até o momento em que o câmbio entre as duas moedas lhe parecer favorável.

Lembre-se: o valor das moedas é sempre volátil e imprevisível. Isso significa que as chances de alcançar uma taxa favorável são altas, mas que o investidor precisará ser capaz de esperar até que os ganhos sejam, de fato, favoráveis. Muitos indivíduos se dão mal financeiramente por precisarem sacar suas aplicações quando as taxas estão baixas.

Em suma:

- *o valor das moedas é volátil.* O que ganhar com altas taxas de juros pode ser devorado pelas oscilações cambiais;
- *investir na moeda de outro país faz sentido caso você tenha aplicações nesse mesmo país.* O fato de estar planejando se aposentar, adquirir um imóvel no exterior ou enviar seus filhos para estudar fora são algumas boas razões para possuir uma conta em outro país;
- *se estiver investindo somente em função das altas taxas oferecidas, certifique-se de que poderá esperar para retirar seu capital somente quando as taxas lhe forem favoráveis.*

A previsão de oscilação nas taxas cambiais

De acordo com especialistas do mercado, prever movimentos cambiais é complicado, senão impossível. E isso é ainda mais difícil se você for uma investidora individual. Você pode, contudo, acreditar que possui o dom de prever com exatidão as variações cambiais, mas, de qualquer modo, seja cuidadosa!

O mercado é gigantesco, portanto, é muito fácil que forças globais e outros investidores influenciem os preços sem que você tenha a menor ideia do que está acontecendo, ou do que já ocorreu. Lembre-se: você será apenas um pequeno bote inflável no meio de um oceano acostumado a ondas devastadoras.

O mercado cambial é o maior e o mais líquido no mundo. Ele inclui negociações entre enormes bancos, bancos centrais, especuladores, corporações, governos e outras instituições. O volume diário médio de transações no mercado global registrado pelo Banco de Compensações Internacionais (BIS), em abril de 2007, foi de 4 trilhões de dólares.

Em um mar financeiro que movimenta esse volume de dinheiro, o que significaria seus milhares, suas dezenas de milhares ou centenas de milhares de dólares como um investidor privado? Começo a tremer só de pensar nisso. Não tenho certeza de que o mercado possua alguma lógica que você consiga compreender a tempo de aproveitar as boas ondas. Mesmo que se mantivesse grudada nos canais financeiros e lesse todos os jornais da área, é provável que jamais conseguisse aproveitar a maré favorável – esta já teria ocorrido. Mesmo assim, conheço muitos "investidores" que entram no mercado acreditando que conseguirão derrotá-lo. Fico congelada diante dessa atitude.

O resultado final dos investimentos cambiais

À medida que for se tornando mais madura e sofisticada como investidora, é fundamental que compreenda o funcionamento das aplicações cambiais. Possuir um portfólio internacional de investimentos significa que a maior parte de seu dinheiro será investida fora do seu país.

Em um dos capítulos anteriores, mencionei a compra de um imóvel de um dormitório na Malásia e também o fato de esse apartamento ter perdido metade de seu valor durante a crise cambial asiática que afetou os valores imobiliários e o câmbio internacional. Na época, fiquei exposta a dois mercados, mas não compreendia exatamente o que isso significada até ser atingida. Perdi cerca de 120 mil dólares.

INVESTIMENTO IMOBILIÁRIO

Se você sempre quis ser o dono do seu shopping center favorito, mas não possui 1 bilhão de dólares disponíveis, você pode pensar em adquirir uma pequena parte dele por mil dólares.

Quando se investe em Reit (fundos de investimento imobiliário),* um time de profissionais especializados em bens imóveis compra e gerencia esses ativos em seu nome. Os Reit permitem que você invista em imóveis sem comprar qualquer propriedade diretamente. O mercado de Reit norte-americano é o maior do mundo, e representa mais de 50% de todo o mercado mundial. Na Ásia, o Reit de Cingapura é o segundo maior, perdendo apenas para o do Japão.

Os Reit geralmente não misturam os tipos de imóveis que possuem. Por exemplo, alguns deles adotam critérios geográficos (por país ou por cidade), outros focam em tipos específicos de propriedades (shoppings, imóveis para fins industriais ou

* No Brasil a sigla utilizada é FI (fundo imobiliário). (N.T.)

residenciais). O primeiro Reit de Cingapura é o Capital Mall Trust, inaugurado em julho de 2002. Depois de seis anos já existem cerca de vinte Reit na bolsa cingapurense (SGX). A Tabela 12.3 apresenta uma amostra de Reit.

TABELA 12.3. ALGUNS REIT NA BOLSA DE CINGAPURA.

Nome do Reit	*Investe em...*
Capital Mall Trust	Shopping centers
Ascendas Reit	Parques industriais
Fortune Reit	Shopping centers em Hong Kong
Capital Commercial Trust	Imóveis comerciais
Suntec Reit	Shopping centers
Mapletree Logistics Trust	Infraestrutura logística

Os benefícios e os riscos envolvidos nos Reit

Os investidores veem inúmeros benefícios nos Reit:

- *os fundos são negociados na bolsa de valores.* Portanto, são caracterizados por maior liquidez em comparação à compra de imóveis;
- *os fundos oferecem lucros atraentes, tipicamente 2% acima dos títulos de dez anos oferecidos pelo governo.* Nesse caso, se os lucros sobre os títulos governamentais de dez anos são de 3%, pode-se esperar que os Reit paguem 5%.

Os riscos observados:

- quando as taxas de juros sobem, o custo do dinheiro provavelmente se torna vulnerável. Uma taxa mais alta significa que o custo para tomar dinheiro emprestado sobe, e, com isso, os juros sobre hipotecas e títulos se elevam. Os Reit representam todos os riscos inerentes ao mercado imobiliário, já que os preços dos Reit cairão sempre que caírem os preços dos imóveis;
- os Reit estão expostos à depreciação, o que faz os valores das propriedades negociadas por meio dos Reit também diminuir. Isso se aplica principalmente aos fundos que se especializam em imóveis industriais, já que os terrenos que tais indústrias utilizam são arrendados e não de propriedade absoluta. Por exemplo, a JTC Corporation, a maior proprietária de terras arrendadas para indústrias em Cingapura, geralmente estabelece prazos de trinta anos em cada contrato.

Em última análise, se investir em Reit estará aplicando em imóveis. Se possuir investimentos nesses fundos esteja sempre alerta ao mercado imobiliário e faça avaliações cuidadosas a cada três ou cinco anos. Lembre-se: mesmo que os dividendos se mantenham altos e sólidos, os valores do mercado imobiliário podem cair.

INVESTIMENTO EM PRODUTOS ESTRUTURADOS

Quando dois ou mais produtos financeiros são comercializados de modo conjunto (o que geralmente implica a garantia de devolução do valor principal investido no prazo estabelecido), o pacote derivado dessa junção recebe o nome de produto estruturado. A variedade desses produtos no mercado é enorme.

Alguns produtos estruturados podem ser bem simples, outros, bastante complicados. Os primeiros, surgidos na virada do milênio, eram mais fáceis de se compreender. Se você aplicasse mil dólares (pós-pagamento de comissão) em um desses fundos garantidos, o responsável por lançá-lo no mercado (geralmente, um banco) utilizaria 900 dólares para comprar títulos bons que pagariam mil dólares no prazo de maturação de cinco anos. Ao adquirir esses títulos, o fundo é capaz de garantir a devolução do principal ao investidor. Além disso, o fundo é garantido, pois o responsável por lançá-lo teria de pagar de seu próprio bolso no caso da perda de valor. Com a diferença de 100 dólares, o que lançou o título adquire uma opção de compra que está atrelada a um ativo subjacente, como, por exemplo, ações indexadas. Quando o preço dessas ações sobe, o mesmo ocorre com o preço da opção.

Quando os primeiros produtos garantidos chegaram ao mercado em 2000 e 2001, o ambiente de investimentos era pobre em alternativas e os Estados Unidos enfrentavam uma recessão. Esses produtos tornaram-se uma febre. Eles garantiam que ninguém perderia o capital investido e que se o mercado se recuperasse, ainda haveria ganhos. Porém, nada é oferecido gratuitamente. Baixos riscos significam rendimentos pequenos. Em contrapartida, caso tais rendimentos pareçam altos, então certamente existe algum risco implícito.

"Senhora de 75 anos perde 400 mil dólares investindo em títulos do Lehman"

Essa foi uma das manchetes publicadas em todos os jornais de Cingapura na época. Inúmeras pessoas, além dessa pobre senhora, perderam muito dinheiro quando o Lehman Brothers faliu, em setembro de 2008. Esse fenômeno não atingiu apenas Cingapura, mas o mundo todo. Com a falência desse banco, os produtos estruturados das séries 5 e 6 negociados em 2006 perderam totalmente seu valor.

O prospecto desse investimento continha 82 páginas e o conteúdo era praticamente impossível de se compreender, a despeito de MBA ou de experiência com números. Geralmente, as pessoas que adquirem produtos estruturados não entendem bem o que de fato compraram. Pior do que isso, posso apostar que a maioria dos agentes que comercializam esses produtos também não sabem o que estão vendendo.

Há outro aspecto importante que precisa ser mencionado: quem jamais imaginaria que uma sólida instituição, com mais de 150 anos de funcionamento, iria à bancarrota? Ninguém! Mesmo quando o banco se declarou falido, a instituição continuou a ser premiada ao longo do mesmo exercício. Ela foi considerada "a melhor empresa de derivativos" na Ásia e responsável pelo "melhor negócio na área de produtos estruturados" (pelo *The Asset*). Como se isso não bastasse, o banco fez parte da lista das cinquenta empresas com melhor desempenho em 2008 (pela *BusinessWeek*). Quem afinal pensaria na possibilidade de uma instituição tão premiada com o Lehman afundar mais rápido que o Titanic?

O conselho que gostaria de oferecer é: NUNCA INVISTA MAIS DE 20% DO DINHEIRO QUE RESERVOU PARA A APOSENTADORIA EM QUALQUER PRODUTO QUE NÃO SEJA PARTE DO SEU PORTFÓLIO CENTRAL. No próximo capítulo explicarei os portfólios e nossa estratégia dos "três cestos". A crise fortaleceu minha convicção de que a abordagem de "três cestos" é um modo simples e importante para lidar com riscos.

INVESTIMENTO EM *COMMODITIES*

Estamos cercados por *commodities* por todos os lados. Nós as comemos (arroz e milho), as alimentamos (vacas), as vestimos (roupas) e, atualmente, até especulamos por meio delas. Uma *commodity* é um bem básico indiferenciado. Vamos utilizar o açúcar como exemplo. Um quilo de açúcar em qualquer parte do mundo, seja na Índia ou no Brasil, não deixa de ser, basicamente, o mesmo produto. As *commodities* são geralmente utilizadas como elementos básicos na produção de outros produtos. Por exemplo, o trigo é usado na fabricação de cereais, pães, bolos, biscoitos e, também, na ração de animais.

Geralmente, as *commodities* podem ser classificadas em três grupos principais: metais, energia e agricultura (Figura 12.1).

- *Metais (de base e preciosos).* Os metais de base são os não ferrosos, ou seja, não contêm ferro e não enferrujam. Exemplos: cobre, alumínio, chumbo, níquel, estanho e zinco. Os metais preciosos são raros e possuem alto valor econômico. Eles incluem o ouro, a prata, a platina e o paládio.
- *Energia.* Este grupo de *commodities* consiste de produtos usados para aquecer e oferecer energia elétrica a casas e indústrias. Entre as mais comuns estão: o petróleo e seus subprodutos, como o petróleo bruto, o óleo de baixa viscosidade usado para aquecimento, o propano, o gás natural e o carvão.
- *Agricultura (grãos, softs* e semoventes).* Os grãos são, em sua maioria, plantas que fornecem sementes comestíveis ou frutas. O milho, o trigo e o arroz representam 85% de toda a produção de grãos em todo o mundo. Entre os *softs* estão o café, o açúcar, o cacau e o suco de laranja. Os semoventes são os animais usados na produção de carne, como o gado, as ovelhas e os porcos.

Os prós e contras de se investir em *commodities*

De acordo com o guru das *commodities*, Jim Rogers, embora as bolsas de valores de todo o mundo tenham sido atingidas pela crise *subprime* e pelo arrocho no crédito, a Índia e a China comandarão os preços das *commodities*. Mesmo que a economia dos Estados Unidos não se saia bem, três bilhões de pessoas nesses dois países do Oriente manteriam a demanda em alta. Rogers acredita que as *commodities* alcançarão bons resultados até 2020.

---

* O termo em inglês significa leve, suave, mas, quando usado em relação a *commodities*, se refere a produtos originários de países tropicais. (N.T.)

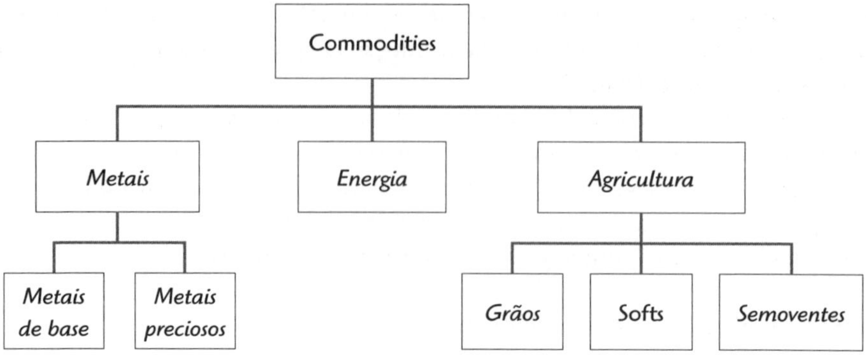

Figura 12.1. Classificação de *commodities.*

Mas, afinal, por que a Índia e a China são tão importantes na economia global?

- Existem, somente na China, 1,3 bilhões de pessoas que precisam ser alimentadas e vestidas. Nesse país, a taxa de alfabetização é de 90%, e uma ampla classe média de cem milhões de indivíduos está em condições de adquirir todos os tipos de bens e serviços. A McKinsey & Company* espera que 700 milhões de chineses integrem a classe consumidora até 2020.
- O Banco Mundial prevê que a Índia, com uma população de 1,15 bilhões de habitantes atualmente, se tornará a terceira maior economia do mundo, depois da China e dos Estados Unidos.

Investir no crescimento da Índia e da China é excitante. Embora grande parte da população de ambos os países ainda não tenha telefone celular nem micro-ondas, e jamais tenha experimentado um sanduíche da rede McDonalds, o potencial de crescimento da demanda por mercadorias nessas nações é obvio. Portanto, investir nos produtos certos pode ser visto como uma aplicação no futuro desses dois países orientais.

Os mercados de *commodities*, porém, são altamente voláteis. Durante a crise financeira global de 2008, qualquer notícia sobre o mercado financeiro causava grande flutuação nos preços das *commodities.* O preço do ouro, por exemplo, oscilou bastante, diferentemente do que ocorrera em crises anteriores, quando o preço desse metal subia sempre que os demais preços no mercado caíam. Nos dez anos que se passaram de 1998 até 2008, o ouro subiu quatro vezes, indo de 250 dólares a onça até mil dólares a onça, no início de 2008; depois caiu para cerca de 700 dólares a onça no final do mesmo ano.

Em 2008, o preço do petróleo também flutuou bastante, já que os analistas financeiros não conseguiam prever onde a demanda pelo produto seria maior no caso de uma desaceleração global. Considere, por exemplo, as exportações de produtos manufaturados da China para os Estados Unidos. Se a economia norte-americana estivesse sufocada, para quem os chineses venderiam sua produção? Será que seu mercado interno aumentaria o suficiente para contrabalançar o declínio nas exportações?

* Empresa de consultoria presente em mais de cinquenta países. (N.T.)

Se quisermos investir em *commodities*, existem vários modos de fazê-lo. Alguns métodos incluem operação a termo (quando a entrega do produto ocorre dentro de poucos dias após o fechamento do negócio) e operação de futuros (quando a entrega é programada para o futuro a um preço estabelecido na data do fechamento do negócio). Ambos os métodos requerem que o investidor tenha competências especiais e dedique tempo para rastrear o mercado. Veja a seguir uma lista de fundos de *commodities* que podem ser considerados. Faça a sua parte e obtenha mais informações antes de prosseguir.

EXEMPLOS DE FUNDOS DE *COMMODITIES*

» *The Diapason Rogers Commodity Índex Fund – segue o RICI, índice desenvolvido por Jim Rogers.*

» *The Lyxor ETF Commodities CRB – segue o índice RJ/CRB, o mais antigo índice de* commodities *do mundo.*

» *O UOB Gold and General Fund e o DWS Noor Precious Metal Funds – investe em empresas relacionadas ao ouro.*

» *Singapore-listed Wilmar – o maior processador e revendedor de óleo de dendê do mundo.*

» *Se estiver interessada em petróleo, poderá explorar a ExxonMobil (EUA), a PetroChina (China), a Gazprom (Rússia), a Petronas (Malásia) e a Petrobrás.*

» *Para negócios em* commodities, *poderá pesquisar a Noble, a ADM e a Glencore.*

Existem inúmeras opções. Não tenho dúvidas de que o investimento em *commodities* é racional para o alcance de bons resultados finais, pelas seguintes razões:

- *Serve de barreira para a inflação.* Está provado que o preço das *commodities* sobe com a inflação. Índices de preço ao consumidor são usados para rastrear a inflação no varejo. Esses índices geralmente sobem juntamente com os aumentos nos preços do trigo, do óleo e do minério de ferro;
- *Participação do crescimento global.* A demanda por *commodities* continuará a crescer em mercados industrializados e emergentes enquanto as economias de grandes países como a Índia e a China continuarem a se mostrar bem-sucedidas;
- *É importante para a diversificação do portfólio. Commodities* têm pouca relação com ações e títulos. Na verdade, elas tendem a alcançar bons resultados quando o preço das ações e dos títulos está baixo. Isso significa que a inclusão de *commodities* em sua carteira de investimento é uma boa ideia, pois reduz a volatilidade geral.

INVESTIMENTOS EM JOIAS E RELÓGIOS

Para qualquer mulher que considere a compra de joias e de relógios uma alternativa de investimento, peço que pare imediatamente e pense. Não é! Pelo menos não para

99,9% das mulheres que estão lendo este livro. Veja o que a comunidade de joalheiros de Nova York tem a nos dizer:

> *Os diamantes brancos que apresentam um preço real no atacado de 50 mil dólares não são raros o suficiente para serem considerados investimento, exceto em mercados que enfrentam grandes inflações em suas moedas. Mesmo assim, o preço dessas pedras menos preciosas poderá cair vertiginosamente quando a inflação for controlada. Se quiser obter um possível lucro e, ao mesmo tempo, garantir facilidade de revenda, terá de adquirir pedras que sejam bonitas e valiosas, cujo número disponível no mercado seja inferior ao de interessados na época de revenda.*

Portanto, até que faça parte do seleto grupo de proprietários que tenha condições de adquirir um Hope Diamond,* tenha a certeza de que qualquer joia que tiver condições de comprar representará apenas um gasto. ELAS NÃO SÃO INVESTIMENTOS! Lembre-se disso na próxima vez que um vendedor de joias lhe disser que aqueles belíssimos brincos de 2 mil dólares que está namorando são "um investimento e subirão de preço". Subir de preço não significa aumentar em valor. Quando tentamos vender o mesmo item, mesmo quando os preços estão altos, percebemos que não teremos de volta o que pagamos por ele. Já falamos sobre isso no início do livro, mas sempre vale a pena ressaltar.

SAFIRAS A CEM DÓLARES

Certa vez, cometi o erro crasso de adquirir uma pedra falsa. Enquanto aguardava por uma avaliação no escritório de um gemólogo, ele me contou sobre seu planos de comprar gemas em Burma e na Tailândia, e sobre o modo como essas pedras são comercializadas lá. Ele disse: "Pode-se comprar um saco de safiras azuis-escuras por 100 dólares. Muitos dos fragmentos de pedras maiores são conseguidos durante os processos de mineração ou de corte. Então eles são transformados em contas ou em outros produtos industriais." Ele também me disse que a maioria das pedras que encontramos nesses mercados de joias chega às mãos dos joalheiros por uma fração do preço de revenda.

Daquele dia em diante parei de comprar gemas e fiz a mim mesma uma promessa: se um dia eu decidisse investir em outra pedra preciosa, primeiramente faria um curso de gemologia e aprenderia mais sobre aquele mercado. Desse modo, saberia o que estava comprando. Contudo, se algum dia decidisse adquirir uma pedra por sua beleza, jamais pensaria nela como um "investimento", pois isso não seria possível sem a compreensão do mercado e sem que eu fosse capaz de avaliar o valor da gema.

---

* O Hope Diamond (diamante azul), também conhecido como "Le bleu de France", é uma pedra azul de 45,52 quilates. Seu preço estimado é de 250 milhões de dólares. Está atualmente em exposição no Museu Smithsonian, em Washington. (N.T.)

Portanto, pense muito bem antes de comprar sua próxima joia. Ela só tem aquele valor por causa de um cliente – você. Se você resolvesse ir embora, certamente outro apareceria para apreciá-la. Qualquer produto que tenha como cliente apenas uma pessoa – você – não é um investimento. Sua próxima parada será no penhorista, e você já sabe que preço ele pagaria por sua "joia" usada.

A propósito, geralmente costumo entrar em lojas de penhora para apreciar as belas joias das quais pessoas em desespero são obrigadas a abrir mão. Geralmente não as compro. Porém, certa ocasião, comprei dois belos relógios em uma loja de artigos de segunda mão. Na época, o preço de mercado de cada um era 50 mil dólares e 58 mil dólares, respectivamente. Paguei 8 mil dólares e 2 mil dólares. Não consigo nem imaginar quanto o antigo proprietário recebeu por eles. Ambas as peças ainda estão em perfeitas condições e custaram muito barato.

Comprar um diamante é fácil. Vendê-lo é outra história.
Se não conseguir vendê-lo ao menos pelo preço de compra,
não o considere um investimento.

INVESTIMENTO EM OBRAS DE ARTE

Investir em obras de arte e artigos de colecionador, como quadros, é um negócio muito arriscado. Essas obras não oferecem retornos estáveis como investimentos tradicionais, como ações e títulos. As variáveis que governam os preços são bastante imprevisíveis. Eventos que podem causar grande valorização das obras são: falecimento do artista, endosso de celebridades ou um forte crescimento econômico. Pesquise por Damien Hirsch na Wikipédia e entenderá do que estou falando. Se estiver no mercado de obras de arte, atente para o seguinte:

- *Transparência para o preço baixo.* A compra de ações e títulos geralmente ocorre a preços corretos, mas quando se compra obras de arte é mais difícil confirmar se o preço cobrado, e pago, é justo.
- *Segurança.* Os investidores são responsáveis por guardar essas obras em locais seguros. Se uma antiguidade é danificada ou perdida, seu valor também se perde. Em outubro de 2006, o bilionário e dono de um cassino Steve Wynn, acidentalmente fez um buraco na pintura de Picasso "La Revê", que acabara de negociar por 139 milhões de dólares. Sua venda privada teria tornado o quadro o mais caro do mundo.
- *Liquidez.* Ações e títulos podem ser comercializados muito mais facilmente que obras de arte e artigos de colecionador, pois são vendidas imediatamente em redes organizadas e em bolsas de valores.

Eu, particularmente, nunca investi em arte. Jamais gastei mais de alguns milhares de dólares na compra de qualquer obra. Não considero isso um investimento. Quando compro, o faço por gostar da peça, e não por achar que seu valor aumentará no futuro.

AGORA É COM VOCÊ

Que outros produtos você adquiriu no passado achando que estivesse fazendo grandes investimentos? E isso se cumpriu?

Quanto pagou por aquele/aquela...	*Quanto ele/ela vale atualmente?*
Relógio Patek Philippe	
Anel de diamantes/casaco de pele	
Bolsa Christian Dior	
Jaqueta Donna Karan vendida pela loja como um "investimento"	
Carro esportivo vermelho	

A volatilidade do mercado ocorre por culpa de indivíduos que inflam o preço das ações além do verdadeiro valor das próprias empresas que colocam suas ações no mercado.
Quando o preço das ações começa a atingir as alturas rapidamente, e os investidores não demonstram nenhuma dúvida quanto à continuidade do crescimento do mercado, isso geralmente indica uma bolha.
A esperança de se tornar rico é uma das principais razões que levam as pessoas a se dar mal quando o mercado quebra.
Portanto, fique atenta. Entenda suas emoções antes de investir.
Lembre-se: você é apenas uma pequena apostadora em um gigantesco mercado. É como uma pequena empresa que, diante das decisões dos monopólios, simplesmente aceita o que for determinado às menores.
Você não tem controle sobre as oscilações do mercado.

A ILUSÃO DAS TULIPAS E OUTRAS BOLHAS FAMOSAS

Uma bolha se cria quando investidores impõem uma demanda tão grande sobre determinadas ações que seu preço sobe além de qualquer vestígio de racionalidade. As bolhas parecem subir para sempre, sem quaisquer barreiras, até que estouram e o preço das ações cai vertiginosamente. Quando isso ocorre, aqueles que compraram ações quando elas estavam no auge do preço, ficam financeiramente arruinados.

A BOLHA DAS TULIPAS

A tulipa, cuja origem foi o Império Otomano, foi levada para a Europa na metade do século XVI. Uma das maiores bolhas imobiliária ocorreu na Holanda durante o início dos anos 1600, quando a especulação elevou o valor dos bulbos de tulipa às alturas.

No auge desse movimento ascendente, os bulbos das espécies mais raras eram vendidos por um preço que representava, em média, seis vezes o salário do comerciante. Tulipas eram negociadas por terras, por animais valiosos e por casas. Em fevereiro de 1637, os comerciantes de tulipas já não conseguiam negociar suas tulipas, pois os preços eram exorbitantes. Eles então passaram a vendê-las. A bolha começava a explodir.

Suspeitando que a demanda pelas flores não iria durar, os donos de tulipas colocaram todas as suas flores no mercado e o pânico tomou conta do país. Alguns negociantes perceberam que tinham nas mãos contratos de compra por preços dez vezes acima do mercado. Outros estavam rodeados por bulbos completamente sem valor. Milhares deles estavam financeiramente falidos.

Várias tentativas foram feitas para resolver a situação de modo favorável para ambas as partes. Todas frustradas. No final, as flores ficaram encalhadas. O resultado da deflação das tulipas resultou em forte depressão econômica.

Fonte: <www.wikipedia.org/wiki/tulip_mania>

A DEPRESSÃO DE 1929

A depressão de 1929 ocorreu nos Estados Unidos quando os preços do mercado caíram 90% entre setembro daquele ano e julho de 1932. Antes dessa época, os norte-americanos eram demasiado otimistas e obstinados. A Primeira Guerra Mundial fora vencida. A industrialização proporcionava luxos até então inimagináveis. Ser norte-americano era motivo de orgulho.

Todos acreditavam que a bolsa de valores não apresentava riscos e que os preços continuariam a subir. As pessoas investiam todo o dinheiro que conseguiam juntar sem procurar saber a situação das empresas em cujas ações estavam investindo. Com a verdadeira avalanche de investidores inexperientes e desinformados, a situação era perfeita para alguma manipulação. Banqueiros, corretores, negociantes e, às vezes, até empresários, juntavam-se para adquirir grandes conjuntos de ações. Pouco a pouco, esses indivíduos começaram a negociar entre eles próprios por valores cada vez mais altos. Quando as pessoas reparavam na remarcação do preço de um produto, imediatamente compravam ações da empresa que o fornecia. Os manipuladores do mercado vendiam então suas cotas acima do preço e lucravam.

Fonte: www.investopedia.com/features/crashes/chrashes5.asp

A quebra das empresas ponto.com

Durante a quebra das empresas ponto.com, entre março de 2000 e outubro de 2002, o índice composto Nasdaq perdeu 78% de seu valor. A Nasdaq é uma bolsa de valores norte-americana. É o maior mercado de ações e títulos especializado em empresas de tecnologia dos Estados Unidos, com uma lista de 3.200 de empresas.

A internet foi criada a partir de tecnologias usadas no âmbito militar norte-americano e sua popularidade começou a torná-la comercial em 1995, quando alcançou 18 milhões de usuários. O aumento no número de usuários significava acesso a um mercado internacional totalmente inexplorado. Logo, os especuladores já não conseguiam controlar sua excitação em relação à "nova economia".

A oferta pública inicial – ou seja, o lançamento dessas empresas na bolsa - emergiu com grande ferocidade e tornou-se cada vez mais frequente, varrendo a nação com euforia. Os investidores estavam se apossando de todas as novas ideias sem sequer avaliar seu plano de negócios para descobrir, por exemplo, quanto tempo as novas empresas demorariam para gerar lucros; se é que conseguiriam...

Em 1999, havia 457 ofertas públicas, das quais a maioria estava relacionada à tecnologia. Dessas, 25% dobraram de preço em seu primeiro dia no mercado. O ciclo econômico das ponto.com foi simplesmente rápido demais, grande demais. As novas empresas recebiam milhões de dólares das mãos de ansiosos investidores, que esperavam que elas adquirissem o porte de gigantes como a Microsoft instantaneamente. É óbvio que isso não aconteceria. Os CEOS das empresas ponto.com prometeram demais, os investidores acreditaram nessas promessas e empurraram essas companhias para a frente, o mercado acompanhou o movimento, até não conseguir mais. Veio a quebra generalizada, causando a perda de empregos, processos de downsizing*, o fechamento de companhias e enormes perdas.*

Fonte: <www.investopedia.com/features/crashes/crashes8.asp>

A crise imobiliária norte-americana de 2008

A valorização dos imóveis começou a ocorrer logo depois da recessão de 2001-2002. O mercado imobiliário tornou-se uma espécie de máquina de fazer dinheiro, conforme os lucros e ganhos continuavam a subir para os compradores de imóveis, para os construtores, para a indústria da construção e também para o mercado hipotecário. O que também ajudou a aumentar os gastos dos consumidores foi o boom *nos refinanciamentos, que permitiu aos proprietários reduzir o valor pago mensalmente para honrar suas hipotecas utilizando-se de taxas mais baixas.*

Os preços dos imóveis alcançaram seu pico em 2005, começaram a cair em 2006, e é possível que, em 2009, ainda não tivessem atingido o fundo do poço. O aumento da inadimplência e dos atrasos nos pagamentos de propriedades em 2006 e 2007 deu início à crise financeira mundial em agosto de 2007, com o colapso de bancos, seguradoras e agentes hipotecários. Em outubro de 2007, o Secretário do Tesouro norte-americano, Henry Paulson, considerou o estouro da bolha imobiliária como "o risco mais significativo para a economia dos Estados Unidos".

Depois que o mercado se equilibra, é possível identificar a existência de bolhas por meio de uma análise retrospectiva. O ex-chefe do Federal Reserve dos EUA, Alan Greenspan, disse: "Realmente não havia percebido a existência da bolha até o final de 2005 e 2006." Somente em 2008, o governo norte-americano alocou mais de 900 bilhões de dólares em empréstimos especiais e em planos de salvamento para os afetados pela bolsa imobiliária.

Fonte: <www.wikipedia.org/wiki/United_States_housing_bubble>

Capítulo 13

DIVERSIFICAÇÃO E OS TRÊS CESTOS

O QUE É DIVERSIFICAÇÃO?

Discutimos a questão de risco na parte 2. Quando o assunto é investimento, o risco pode ser reduzido quando diversificamos nossas aplicações. O que significa diversificar?

A melhor maneira de entender o significado desse termo é compará-lo ao *Dating Game*.* Poucas pessoas se casam com a primeira pessoa que namoram. É preciso namorar, avaliar e, somente então, decidir. Embora seja uma experiência divertida, namorar significa também gerenciar riscos. É a busca pela pessoa ideal, depois de já se ter descartado vários outros candidatos.

Namorando, descobrimos o que funciona e o que não funciona. Diferentemente dos investimentos, contudo, não se pode colocar em um cesto as quarenta melhores qualidades de trinta diferentes homens e obter a mistura perfeita. De certo modo, o homem que escolhermos será provavelmente o candidato menos errado, e não o mais adequado. Afinal, até mesmo o sujeito que escolhermos para o "sim" ainda terá algumas "sementes podres".

No campo dos investimentos é possível escolher as melhores características dos produtos disponíveis e reuni-las em nosso portfólio. Podemos buscar exatamente o que desejamos e, desde que tenhamos o capital necessário, adquirir os papéis ideais. O desempenho conjunto de todos esses produtos demonstrará a capacidade de nosso portfólio.

A LEI DOS GRANDES NÚMEROS

Esta lei estabelece que a exposição a qualquer tipo de risco financeiro diminui bastante conforme acrescentamos mais produtos de investimento (ações, títulos etc.) à nossa carteira. Como isso funciona? É muito simples. Você acrescenta um produto de investimento a outro, o mais aleatoriamente possível, de modo que, durante os altos e baixos desses investimentos, consiga manter um equilíbrio entre eles.

Para compensar todos os percalços desses ciclos, especialistas sugerem que seu portfólio contenha cerca de vinte diferentes produtos. A seleção deve ser aleatória. Apenas acrescente diferentes modalidades até alcançar o número sugerido. Com isso,

* Show produzido por Chuck Barris e transmitido pela ABC. A ideia era que uma mulher solteira entrevistasse três homens também solteiros, que ficavam escondidos, e então escolhesse um deles para sair e conhecer melhor. No Brasil, a MTV apresentou uma versão parecida intitulada "Beija Sapo". (N.T.)

estará maximizando os benefícios da redução de riscos. Veja que a inclusão de trinta diferentes produtos em sua carteira não produzirá redução tão significativa.

SERÁ QUE O CONCEITO DE "QUANTO MAIS, MELHOR" FUNCIONA NA DIVERSIFICAÇÃO?

Um famoso estudo que escolheu a Bolsa de Valores de Nova York (NYSE) para um determinado portfólio, de maneira aleatória, descobriu que os riscos caem conforme se acrescentam produtos a um portfólio.[1] Porém, esse mesmo estudo concluiu que, embora os riscos continuem a cair quando se acrescenta mais produtos à carteira, isso ocorre de maneira cada vez mais lenta, pois praticamente todos os benefícios da diversificação já terão sido alcançados.

Como fazemos para que esta seja uma escolha aleatória?

Certa vez, quando estava na faculdade para minha aula de Estatística 101, ouvi um palestrante dizer o seguinte: "Escreva em vários papeizinhos os códigos das ações e dos títulos comercializados em uma determinada bolsa de valores; coloque-os dentro de um chapéu, chacoalhe e comece a tirá-los um a um. Isso deve ser suficientemente aleatório."

Esse tipo de seleção casual garante a diversificação e resolve o problema dos ciclos de desempenhos. Contudo, isso não garante o desempenho das ações. Para garantir que todos os vinte produtos sejam de boa qualidade, os gurus de investimento recomendam que todos os produtos no chapéu sejam retirados do índice da bolsa de valores, que englobam as ações mais negociadas no mercado a que se referem. Portanto, tenha a certeza de que seu portfólio é similar ao índice da própria bolsa. Isso nos leva a outro meio de diversificar o gerenciamento de riscos, e mais preciso – a alocação de recursos.

ALOCAÇÃO DE RECURSOS: A MANEIRA DIVERSIFICADA DE GERENCIAR RISCOS

Um jeito mais eficiente e não aleatório de diversificar é investir em proporções especificadas de ações e títulos levando em conta o movimento de seus preços, que demonstra a tendência de deslocar-se em direções distintas.

Por exemplo, um indivíduo que goste de correr riscos teria em sua carteira de investimentos um maior número de ações (digamos, 80% de ações e 20% de títulos), enquanto os mais conservadores aplicariam mais em títulos (talvez 70%, sendo os outros 30% direcionados para ações).

A proporção dos recursos alocados para cada classe de produtos é denominada Alocação de Recursos. Portanto, se alguém lhe perguntar como seus recursos estão alocados, sua resposta teria de ser algo do tipo: "Tenho 60% em ações, 30% em títulos e 10% em dinheiro." Não existe proporção certa ou errada. A questão é apenas definir a que tipo de riscos está disposta a se expor e qual o retorno pretendido.

---

[1] Statman, Meir. "How many stocks make a diversified portfolio?" [Quantas ações são necessárias para um portfólio diversificado], *Journal of Financial and Quantitative Analysis*, set./1987.

A alocação de recursos é a maneira diversificada de gerenciar riscos. Segundo teria dito Warren Buffett: "Quando nasci fui programado para trabalhar na alocação de recursos." Tal condicionamento fez dele o terceiro homem mais rico do planeta no ano de 2010, com 47 bilhões de dólares, depois de Bill Gates, com 53 bilhões,[1] e de Carlos Slim Helu, o primeiro colocado, com 53,5 bilhões.

As estratégias ou fórmulas para a alocação de recursos diferem de pessoa para pessoa, e se baseiam na tolerância ao risco de cada investidor em particular. Executivos mais jovens normalmente demonstram mais disposição em se arriscar que os prestes a se aposentar, portanto, os primeiros podem aplicar 80% em ações e 20% em títulos, enquanto os últimos talvez fizessem exatamente o contrário. A ideia é sempre misturar os produtos e fazer combinações compatíveis, utilizando proporções que gerem o maior retorno possível de acordo com o risco que estiver disposta a tolerar. No geral, quanto maior o risco tolerado, maior a quantidade de ações que terá em sua carteira de investimentos.

O ESTILO WARREN BUFFETT DE INVESTIR

Nenhum livro sobre investimentos estará completo sem que seja mencionado o nome de Warren Buffett, o mais bem-sucedido investidor do mundo. Sua abordagem é exclusiva e focada. É importante compreender o que ele realmente está dizendo – o todo –, e não apenas analisar trechos de suas conversas.

A abordagem de investimento focado

Costuma-se dizer que tal abordagem não permite "ampla" diversificação. Segundo ele, se você investe nas melhores companhias, qualquer outra aplicação fora tal investimento apenas reduzirá seus lucros. Ele alega que portfólios diversificados comprovam apenas que seus investidores não sabiam exatamente no que estavam aplicando seu dinheiro.

Uma vez que saiba exatamente no que está investindo, estará em condições de se colocar no controle, os riscos serão reduzidos e seu potencial de ganhos será assegurado. Lembre-se das palavras de Warren Buffett: "Jamais invista em qualquer produto que não conheça. É por essa razão que não compro ações de empresas de tecnologia."

É claro que ele está correto. O incrível histórico da Berkshire Hathaway* comprova isso. Contudo, a antiga abordagem focada talvez seja a razão pela qual Warren diz agora que é difícil para a Berkshire continuar com seu excelente desempenho. Isso parece significar que a empresa já investiu em praticamente todas as ações disponíveis no mercado, e que a diversificação de suas aplicações no futuro implicaria aplicar em empresas que não foram consideradas anteriormente em função de suas ações não serem tão boas. A crise financeira de 2008 ofereceu ao senhor Buffett inúmeras

[1] Bernstein, Peter W. & Swan, Annalyn. *All the money in the world: how the Forber 400 make – and spend – their fortunes* [Todo o dinheiro do mundo: como os 400 homens mais ricos do mundo ganham – e gastam – suas fortunas]. Knoft Publishing Group, 2007.

* Trata-se de uma empresa sediada em Nebraska, EUA, fundada e dirigida por Warren Buffett. A organização supervisiona e gere um conjunto de empresas subsidiárias, e seu crescimento médio nos últimos 44 anos foi de 20,3%. (N.T.)

novas oportunidades, já que ações que estavam com preços baixos em comparação ao desempenho futuro esperado devem apresentar boa valorização no devido tempo.

A abordagem estratégica do investimento direto

A diferença de perspectiva entre pessoas como Warren Buffett e outros investidores está, em grande parte, no tamanho dos "fundos de guerra" que comandam para completar suas estratégias de investimento. A Berkshire Hathaway é conhecida como uma empresa que faz investimentos estratégicos diretos. Um investidor estratégico direto é aquele que participa da direção da companhia por meio de intervenções em grau diretivo, ou, em alguns casos, na alta administração.

De acordo com minha experiência anterior como gerente de fundos acionários, os representantes de empresas não listadas nos índices das bolsas, que veem seu valor como investidor estratégico direto, avaliarão a si mesmas de maneira justa para que você se sinta atraído a aplicar nelas. Quanto às empresas listadas, é possível apenas adivinhar o efeito sobre o preço de suas ações caso um investidor estratégico direto adquira uma quantidade significativa de suas ações. Grande parte dos fundos de pesquisa é usado para encontrar respostas para qualquer tipo de situação, como, por exemplo, prever a precificação das ações. Tenho certeza de que em algum lugar do mundo, algum estudante universitário está pesquisando os efeitos que o anúncio de novos investimentos por parte de Warren Buffett gera no mercado.

Embora Warren Buffett não invista em um cesto diversificado de opções, diferentemente da maioria dos gerentes de portfólio de investimentos, sabe-se que ele considera que a melhor maneira de adquirir ações comuns é por meio do índice da bolsa de valores. Por ações comuns ele entende aquelas cujas empresas estão listadas na bolsa de valores. O índice da bolsa de valores é o cesto de investimentos que melhor representa o desempenho daquele mercado. O índice é construído por especialistas que se utilizam de metodologias cuidadosamente determinadas (demasiado técnicas para serem descritas aqui) para determinar quais ações representam o desempenho geral do mercado, e em que proporção (quantidade). O índice da bolsa de valores pode ser observado como uma indicação do desempenho geral do mercado.

FUNDOS INDEXADOS E FUNDOS ATIVOS

Quando você adquire um fundo mútuo, seu desempenho é sempre comparado por meio de parâmetros denominados *benchmarks** ou índices. Por exemplo, se adquirir um fundo de ações em Cingapura, seu desempenho será normalmente comparado por meio da Straits Times Index (STI).

O STI rastreia o desempenho das trinta maiores e mais consagradas empresas do país, como a SingTel e a Keppel. O índice geralmente representa todos os principais setores do país, desde alimentação e transportes até hotéis e serviços financeiros. Em outras palavras, quando o STI sobe 2%, dizemos que o mercado subiu 2%.

* Termo utilizado em inglês. Significa avaliar e comparar seu produto aos de seus competidores (de acordo com padrões vigentes) objetivando aprimorá-los. (N.T.)

TABELA 13.1. RESUMO DAS DIFERENTES ABORDAGENS DE INVESTIMENTO.

Investimento em fundos mútuos
O indivíduo possui algum dinheiro, mas não muito. Precisa fazer investimentos para o futuro.
Possuir um portfólio diversificado
O indivíduo possui dinheiro suficiente para investir em ações ou produtos selecionados por longos períodos. Mantém um portfólio que inclui fundos mútuos, ações e títulos.
O estilo de abordagem focada de Warren Buffett
O indivíduo tem dinheiro suficiente para investir significativamente nas ações de uma empresa, a ponto de fazer diferença na própria empresa cujas ações foram negociadas. Tem a habilidade de trabalhar junto à gerência de uma empresa, caso necessário, para atingir lucros consistentes e extraordinários.

Os fundos indexados não tentam sobrepujar o mercado, apenas rastrear sua movimentação. Os fundos com os "melhores" rendimentos são ainda os ativos que demonstram poder superar os indexados. Quando você paga muito dinheiro por um fundo de ações em Cingapura, tem duas expectativas: em primeiro lugar, que as ações asiáticas subam, pois isso elevará o preço das suas; em segundo, espera que o gestor do fundo se saia melhor que o do indexado, depois das despesas, independentemente de o mercado estar em alta ou em baixa, como demonstra o gráfico a seguir.

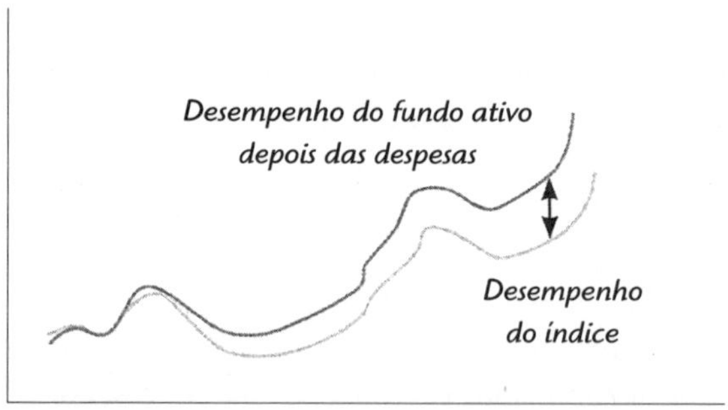

Figura 13.1. Desempenho dos fundos ativo e indexado.

Desempenho do fundo indexado

De acordo com vários estudos e especialistas, a maioria dos fundos ativos não supera os índices de *benchmark*, como demonstrado pelos resultados de um estudo de 2007, o S&P, de catorze mil fundos (Tabela 13.2).

Tabela 13.2. Resultados do Estudo S&P dos fundos norte-americanos.

	% de fundos ativos cujo desempenho foi inferior aos indexados (2002-2006)
Ampla capitalização	72,2%
Média capitalização	77,4%
Pequena capitalização	77,7%

Fonte: Standard & Poor – Indexados x Ativos – metodologia SPIVA.

Todavia, considere o fato de que se apenas 30% dos fundos ativos norte-americanos superam os indexados, isso ainda significa 4.200 fundos, o que demonstra que ainda há grandes oportunidades de sobrepujar os fundos indexados.

Estudos sobre os fundos asiáticos demonstram uma história bem diferente, pois, neste caso, os ativos superaram os indexados de maneira consistente. A razão disso é o fato de os mercados menores da Ásia serem menos eficientes e menos sujeitos a análises. Alguns gestores de fundos poderiam, portanto, ter uma vantagem em termos de avaliação e informação, e conseguiriam investir com base em mais informações que o resto do mercado. O desempenho de suas carteiras pode ofuscar os fundos asiáticos indexados.

Em contraste, o mercado norte-americano é muito amplo e monitorado por milhares de analistas. Os índices da bolsa de valores dos Estados Unidos, portanto, demonstram o efeito cumulativo de milhares de decisões e avaliações. Poucos gestores de fundos conseguem encontrar informações mais privilegiadas que aquelas já veiculadas.

E no que você deveria investir?

Alguém poderia perguntar: se o gestor do fundo não consegue superar o fundo indexado, por que você pagaria a ele por seus serviços? Afinal, você poderia construir seu próprio portfólio, desde que tenha condições de comprar ações em quantidades que englobem os fundos indexados.

Contudo, construir um portfólio que acompanhe os indexados requer grandes investimentos e muito tempo disponível, pois será necessário comprar em proporções adequadas. Por exemplo, se você tem 100 mil dólares para investir e a ação A está em 12% da indexada, então, deverá alocar 12 mil dólares para essas ações, e assim por diante. Quando o preço da ação A subir e o percentual alcançar 12% da indexada, terá de ajustar seu portfólio. Os fundos indexados cuidam desses detalhes, além disso, será possível investir valores pequenos, como mil dólares. Cheque a taxa cobrada pelo gestor do fundo. Gestores de fundos ativos que consistentemente superam o mercado cobram taxas mais altas que os mais passivos, que compram ações que englobam fundos indexados.

Os maiores fundos do mundo estão geralmente ligados a investidores que aplicam tanto em fundos ativos quanto nos indexados. Não há necessidade, portanto, de optar por investimentos somente em um ou em outro.

O SISTEMA DOS TRÊS CESTOS

Considerando que a diversificação é o caminho, mostrarei agora como construir um portfólio de investimentos. Keon, meu marido, costuma chamar o método de "sistema dos três baldes", mas eu denomino "sistema dos três cestos", já que prefiro me lembrar dos "cestos de flores" aos "baldes usados nas tarefas domésticas".

O sistema dos três cestos pode ser utilizado para pequenos e grandes investimentos. Trata-se apenas de uma estratégia de portfólio. Dependendo de como alocar seu dinheiro dentro dos cestos e adequar os riscos para que estejam de acordo com seu perfil, o sistema será um instrumento flexível de gerenciamento de ameaças.

Para ilustrar o sistema, vejamos como Betty poderá investir o dinheiro que já tem para a aposentadoria. Betty tem 45 anos, é divorciada, tem 2 filhos pequenos e trabalha como engenheira em uma empresa de energia renovável; pretende se aposentar em quinze anos; é uma investidora equilibrada e se sente confortável com um percentual de 60% aplicado em ações e 40% em títulos.

O diagrama a seguir mostra como ficam seus três cestos (vazios, por enquanto). O cesto n. 1 é para emergências. O n. 2 é seu cesto principal para a aposentadoria. O n. 3 é o suplementar para a aposentadoria, no qual pode ter investimentos mais arriscados com o objetivo de aprender, se divertir e até mesmo especular.

Cesto n. 1 (emergências) *Cesto n. 2 (aposentadoria)* *Cesto n. 3 (suplementar)*

Betty tem hoje 130 mil dólares. Com um salário mensal de 5 mil dólares, ela deveria começar reservando o montante relativo a seis meses, ou seja, 30 mil dólares, e guardando-os em sua poupança para emergências. Isso pode parecer irritante para você, mas é primordial para a saúde financeira de Betty. Antes de investir um único dólar, seu cesto de emergências deve estar preparado para o caso de perder seu emprego ou sofrer um acidente. Esse cuidado também evitará que tenha de se desfazer de alguma aplicação rapidamente quando o mercado estiver em baixa.

Betty tem, portanto, 100 mil dólares para investir. Ela aplica 60 mil dólares em ações de um fundo global e 40 mil dólares em um fundo global de títulos.

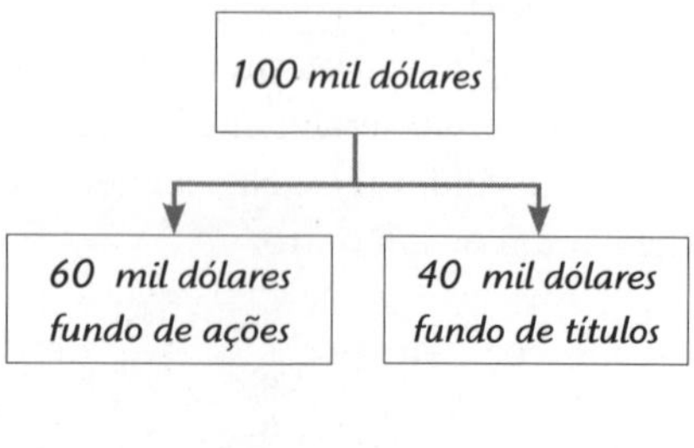

É claro que Betty poderia dividir seu dinheiro de outra maneira. Por exemplo, se quiser mais controle, poderá escolher fundos que representam as áreas geográficas mais importantes do mundo – os Estados Unidos, a Europa e a Ásia. Uma possibilidade pode ser vista na Tabela 13.3.

Tabela 13.3. Alocação sugerida para os investimentos de Betty.

Região	*Alocação sugerida*	*Montante*
Estados Unidos	30%	18 mil dólares
Europa	30%	18 mil dólares
Ásia	40%	24 mil dólares
Total	100%	60 mil dólares

Essas três regiões representam cerca de 80% da produção econômica mundial. Você poderia se perguntar: por que deveria me preocupar com isso? Por que não investir em um só fundo? Quando se investe em um fundo global de ações, não se tem controle sobre o valor que seu gestor investirá em cada área. Contudo, se dividir seus investimentos e souber que a Ásia irá superar as demais regiões, poderá, inclusive, alocar seus recursos como demonstrado na Tabela 13.4.

Tabela 13.4. Alocação alternativa para os investimentos de Betty.

Região	*Alocação sugerida*	*Montante*
Estados Unidos	25%	15 mil dólares
Europa	25%	15 mil dólares
Ásia	50%	30 mil dólares
Total	100%	60 mil dólares

A distribuição dependerá de você, e é totalmente flexível. O cesto de Betty ficará assim (veja que o cesto n. 3 ainda permanece vazio):

Cesto n. 1
(emergências)
30 mil dólares

Cesto n. 2
(aposentadoria)
100 mil dólares

Cesto n. 3
(suplementar)
0,00

Poucos meses depois, Betty recebe 50 mil dólares em bônus oferecidos pela empresa onde trabalha. Ela pretende viajar para um balneário no Nepal e fazer compras em Hong Kong. Antes disso, porém, ela deseja investir 25 mil dólares. Pouco antes de investir seu dinheiro em mais fundos mútuos, seu amigo, Daniel, liga para ela e comenta sobre um investimento em uma usina de tratamento de água no Oriente Médio, que usa nova tecnologia para dessalinizar água do mar. Daniel é um especulador e adora comprar ações em todo o mundo e, às vezes, vendê-las dentro de um mês para obter ganhos rápidos.

A ideia parece arriscada, mas Betty adora aventuras e novas tecnologias. Será que ela conseguiria investir sem prejudicar seus planos para a aposentadoria? Sim, ela pode, desde que mantenha os riscos sob controle. Há uma regra de ouro que todos devemos seguir: alocar no máximo 20% de nossa poupança para a aposentadoria em aplicações mais arriscadas e não diversificadas. Podemos colocar esse investimento no cesto n. 3. Agora seus investimentos estão assim:

Cesto n. 1
(emergências)
30 mil dólares

Cesto n. 2
(aposentadoria)
100 mil dólares

Cesto n. 3
(suplementar)
25 mil dólares

Em suma, o cesto n. 1 guardará seus fundos emergenciais, o n. 2 seus principais investimentos para a aposentadoria e o n. 3 seus investimentos especulativos, equivalentes a 20% do total investido (25 mil dólares / [100 mil dólares + 25 mil dólares] = 20%).

O risco é controlado porque se qualquer coisa der errado com o investimento na usina de tratamento de água, e ocorrer uma perda de 30% em valor, considerando que seu portfólio principal gera 6%, o efeito líquido sobre o portfólio será de apenas -1,2% (Tabela 13.5).

Tabela 13.5. Portfólio de Betty após a perda sobre o investimento.

	Cesto n. 2	*Cesto n. 3*	*Total (somente aposentadoria)*
Montante investido	100.000	25.000	125.000
Valor atual	106.000	17.500	123.500
Retorno	6%	-30%	-1,2%

O método de investimento de três cestos é de fácil e simples implementação. O foco é controlar os riscos. Os cestos asseguram que você tenha dinheiro separado para emergências, para a aposentadoria e para algum investimento de risco que signifique divertimento e aventura.

Capítulo 14

COMPREENDA A SI MESMA COMO INVESTIDORA

VOCÊ MESMA REPRESENTA UM FATOR DE RISCO PARA SEUS INVESTIMENTOS

Investir significa correr riscos com o seu dinheiro. Como você pode descobrir se é uma bonequinha de porcelana ou uma corajosa aventureira quando o assunto é assumir riscos? A despeito do seu apetite por coisas arriscadas, você realmente se conhece como investidora? Que tipo de autoconhecimento seria relevante?

Sua autocompreensão deve incluir:

- saber e estabelecer seus objetivos financeiros;
- conhecer suas necessidades e seus horizontes de tempo;
- planejar suas necessidades e desejos ocasionais (veremos mais sobre este tema no decorrer do capítulo);
- saber se possui a força de vontade para enfrentar o processo.

Sabia que além dos riscos do mercado, você mesma pode ser um grande fator de risco no gerenciamento de seus próprios investimentos? Aliás, você tem ideia de como reagirá ao ver seus rendimentos subindo às alturas e caindo vertiginosamente? Em nível pessoal, decidir antecipadamente o que irá fazer, em vez de reagir quando as oscilações ocorrerem, irá ajudá-la a colocar em prática uma estratégia de investimentos e a não reagir de modo emocional.

Gestores de fundos exercitam diariamente enorme disciplina durante a execução de seu plano estratégico. (Se o que eles fazem durante a execução é ético ou não é assunto para outra ocasião.) Eles adotam duas ordens em todos os seus investimentos no portfólio: *stop gain* [interromper ganho] e *stop loss* [interromper perda].* O quanto eles podem ou conseguem executá-las assim como o desempenho do mercado em relação às previsões, irão determinar seu sucesso.

Você deve conhecer a si mesma antes de colocar todo o seu "suado dinheirinho" em qualquer investimento. Invista devagar. Demore algum tempo refletindo sobre suas decisões financeiras. É por isso que os homens consideram as mulheres melhores no jogo do investimento. Nós aprendemos com nossos erros. Isso lhe servirá de encorajamento para tentar investir.

---

* Ambos os termos são usados em inglês e servem como ferramentas automáticas para a limitação de prejuízo. (N.T.)

O DELINEADOR DE RISCOS FINANCEIROS

Um modo de compreender a si mesma como investidora é reconhecer seu perfil de riscos. Ele lhe dará uma ideia quanto aos montantes que deverão ser alocados em cada tipo de investimento, ou seja, nos mais arriscado, como ações, ou nos de menor risco, como os títulos.

Seu horizonte de tempo é outro parâmetro importante. Quando precisará ter o dinheiro de volta e de quanto precisará a cada retirada?

O delineador de riscos financeiros* é um questionário que irá ajudá-la em seu autoconhecimento, colocando-lhe uma série de perguntas que determinarão sua tolerância a riscos. Esta, aliás, seria a primeira medida a ser tomada por seu consultor financeiro – preencher com você este questionário. Considere isso parte do seu "kit de investimentos". O delineamento de riscos não é uma ciência. Existem inúmeros no mercado e você poderá usar mais de um para sentir a si mesma como investidora.

> Qual é o seu perfil de riscos? Qual é o seu horizonte de tempo? Você deve conhecer a si mesma antes de colocar todo o seu "suado dinheirinho" em qualquer investimento.

Depois de preencher este formulário, sua estratégia para a alocação de bens mostrará quanto, para cada 100 dólares, você deverá investir em ações e títulos, em relação aos percentuais indicados ao seu perfil. Por exemplo:

- um indivíduo que adora correr riscos poderia alocar 100% do seu dinheiro em ações e nada em títulos;
- um indivíduo mais conservador poderá alocar 20% em ações e 80% em títulos.

Você descobrirá que, conforme for investindo, começará a entender a si mesma bem melhor, desde que reflita por algum tempo sobre suas decisões.

Em geral, uma alocação mais conservadora pode representar menos riscos, mas, ao mesmo tempo, rendimentos mais baixos e estáveis. Em contrapartida, uma alocação mais agressiva e arriscada, que dê preferência às ações de risco, pode culminar em retornos mais altos no longo prazo.

DESCUBRA SEU PERFIL DE RISCOS

A Tabela 14.1 nos traz uma amostra de delineador de riscos. Responda a todas as questões circulando as opções que representam sua situação em relação a investimentos.

- As perguntas 1 e 2 são a respeito de sua idade e horizonte de tempo, dois fatores objetivos que testam sua habilidade de assumir riscos. Ambos recebem o dobro de pontos em relação às outras questões, pois a idade e o horizonte de tempo tendem a pesar bastante quando se considera a tolerância a riscos.
- As próximas quatro perguntas são mais subjetivas, pois testam seu apetite pelo risco. Some os pontos das seis questões para determinar sua tolerância a riscos.

* Desde o início de 2010, todos os novos investidores no Brasil são convidados a preencher um formulário denominado Análise de Perfil do Investidor (API). Um exemplo pode ser encontrado em www.shopinvest.com.br/Fundos/perg_perfil.asp. (N.T.)

- A variação possível vai de 8 a 24 pontos. Em geral, quanto mais elevada sua pontuação, mais confortável se sente perante os riscos e mais alta a proporção de ações em seu portfólio.

Calcule sua pontuação e anote-a aqui: ______________

TABELA 14.1. DELINEADOR DE RISCOS FINANCEIROS.

1	*Quantos anos você tem?* a) (6 pontos) menos de 40; b) (4 pontos) de 40 a 54 anos; c) (2 pontos) 55 anos ou mais.
2	*Quando pretende utilizar o dinheiro investido?* a) (2 pontos) dentro de 3 anos; b) (4 pontos) em 4 a 9 anos; c) (6 pontos) em 10 anos ou mais.
3	*Considerando dois fundos hipotéticos, como você investiria? O fundo mútuo A lhe oferece um retorno médio de 5% com o mínimo de perda financeira em qualquer período de 1 ano; o fundo B lhe oferece um retorno médio de 10%, mas o portfólio pode perder 20% em qualquer período de 1 ano.* a) (1 pontos) 100% no fundo A; b) (2 pontos) 50% no fundo A e 50% no fundo B; c) (3 pontos) 100% no fundo B.
4	*Como se sente com a possibilidade de perder dinheiro?* a) (1 pontos) Odeio perder dinheiro e prefiro aceitar rendimentos mais baixos. b) (2 pontos) Não me importo com riscos moderados. Sinto-me tranquilo com alguma flutuação nos rendimentos, desde que não seja exagerada. c) (3 pontos) Estou totalmente tranquilo em arriscar, pois acredito que o retorno final será mais alto a longo prazo.
5	*Você aceita o fato de que seu portfólio flutuará em valor ao longo do tempo. Qual é o máximo de perda que poderia aceitar em qualquer período de um ano?* a) (1 pontos) 5%; b) (2 pontos) 15%; c) (3 pontos) 30%.
6	*Supondo que o mercado perca mais de 25% em valor em apenas um dia. Como isso a afetaria?* a) (1 pontos) Tanto que não conseguiria dormir. b) (2 pontos) Tentaria descobrir o que aconteceu falando com meus contatos ou pelas notícias. Talvez ficasse tentada a vender. c) (3 pontos) Não me preocuparia muito, pois provavelmente seria uma flutuação passageira.

Depois de responder o questionário, cheque a tabela de alocação de recursos em ações e títulos (Tabela 14.2) para o seu perfil. O delineador de riscos é geralmente usado juntamente com uma recomendação de alocação de recursos em ações e títulos. Na amostra aqui oferecida apresento cinco alocações.

Se você se sente muito confortável em correr riscos diante da possibilidade de obter altos rendimentos no longo prazo, provavelmente a alocação de seus recursos será AGRESSIVA, com 100% investido em ações.

Em contrapartida, se você se sente muito desconfortável em relação a riscos e fica doente só de assistir às oscilações da bolsa, um portfólio mais CONSERVADOR lhe será mais adequado. A alocação sugerida será de 20% em ações e 80% em títulos.

Para aqueles que estão entre os dois extremos, o ideal é uma alocação EQUILIBRADA.

TABELA 14.2. ALOCAÇÃO DE RECURSOS EM AÇÕES/TÍTULOS.

Pontuação total	*Perfil de riscos*	*Ações*	*Títulos*
8 a 10	conservador	20%	80%
11 a 13	conservador moderado	40%	60%
14 a 16	equilibrado	60%	40%
17 a 19	agressivo moderado	80%	20%
20 a 24	agressivo	100%	0%

SUA META NA ALOCAÇÃO DE RECURSOS

Registre a seguir sua meta de alocação de recursos em ações e títulos. Selecione um perfil.

________ agressiva
________ agressiva moderada
________ equilibrada
________ conservadora moderada
________ conservadora

________ % ações
________ % títulos

LEVANDO O TEMPO NECESSÁRIO PARA INVESTIR

Particularmente, ganho mais dinheiro com investimentos em imóveis que em qualquer outra modalidade de aplicação financeira. Conheço muitas pessoas nas mesmas circunstâncias. Sim, definitivamente, o mercado de imóveis sofreu elevação e tive "sorte". Contudo, como alguém disse certa vez, a sorte favorece os bem-preparados. De algum modo, ao longo dos anos estive sempre preparada e tive muita sorte.

Quando procuro uma propriedade para comprar, por exemplo, passo meses sondando o mercado. Costumo baixar da internet gráficos, tabelas e todas as informações sobre preços de vendas passadas pertinentes à área de interesse. Anoto todos os preços praticados por localização e categoria. Visito inúmeras propriedades.

Telefono para tantos agentes que prefiro até usar um nome falso. Norma Sit é um nome muito complicado para usar em tais empreitadas. Às vezes, sou a senhora Chee, outras, senhora Tan ou senhora Wong. O "senhora" funciona muito bem nessas situações, pois os corretores parecem não se importar muitos com as "senhoritas". Talvez na opinião deles moças solteiras não disponham de dinheiro suficiente para adquirir imóveis. Tenho a impressão de que esses profissionais se livram desses telefonemas oferecendo respostas monossilábicas. O "senhora" sempre renderá muita atenção, pois os corretores logo acreditam que você pode ser casada com algum milionário estrangeiro. O que faço é mudar o enfoque dependendo das informações de que preciso.

Mas não paro por aí. Para me certificar do tipo de vizinhança, costumo passear de carro e observar as pessoas que moram no local, o nível de barulho e o fluxo do trânsito. Faço isso durante vários dias da semana para ter certeza de que realmente conheço a propriedade. Que tipo de pessoas vivem ali? Que carros dirigem? As famílias são jovens ou mais velhas? São inquilinos ou proprietários? Então pergunto a mim mesma: eu gostaria de morar ali? Se esta resposta não for afirmativa, será que outros gostariam? Como a vizinhança afetará o preço do aluguel? Como afetará o preço de revenda? Lembre-se: é possível fazer reformas na parte interna do imóvel e até instalar um belo jardim, mas não se pode mudar a vizinhança. Se os vizinhos e o bairro não forem bons, sua propriedade não será boa.

Como uma investidora "comum", acabei aprendendo a entender o mercado imobiliário, pelo menos o suficiente para ganhar dinheiro nesse ramo. Os grandes investidores têm seus gráficos, suas avaliações e seus times de especialistas para fazer o trabalho em seu lugar. Como investidora individual, será preciso praticar bastante e ganhar experiência extraindo informações de antigos *benchmarks*.

Veja um de meus *benchmarks*: nos anos 1980, tive o privilégio de construir minha própria casa a partir do zero. Ao fazê-lo, aprendi sobre leis e regulamentos; sobre o custo por centímetro quadrado de janelas com vidros duplos; descobri os preços de portas personalizadas e de marca, de torneiras especiais, dos azulejos, dos móveis de cozinha e dos armários do banheiro feitos sob medida; tinha todas essas informações nas mãos. Tenho cinco cadernos bem grossos com todos esses dados e inúmeras anotações da época.

Agora, quando procuro por uma nova propriedade, posso avaliar com segurança os custos de reforma e saber de antemão tudo o que precisará ser gasto para valorizar o imóvel, caso eu decida comprá-lo. Quando finalmente me sentir pronta para investir, já terei visitado entre 40 e 50 imóveis, uma média de dois a três por semana, frequentado alguns leilões e compreendido parte dos elementos que poderão justificar, ou não, o preço solicitado. Digo "parte dos elementos" porque é impossível saber tudo sobre eles.

A questão aqui é a seguinte: independentemente de adquirirmos imóveis ou produtos financeiros, PRECISAMOS NOS EDUCAR. Comprar um produto de investimento não é tão diferente de comprar um Rolex em qualquer parte do mundo. Exige apenas um pouco mais de pesquisa, paciência e ousadia.

Conheça a si mesma antes de investir seu dinheiro em qualquer produto financeiro. Seja paciente. Seja uma mulher bem-informada. Seja ousada no momento certo.

PARTE CINCO

Histórias da vida

A VIDA É UMA JORNADA

Já percorremos um longo caminho neste livro. Começamos falando de nossa visão de nós mesmas, de nossa visão financeira, passamos por gerenciamento financeiro pessoal e cobrimos algumas informações básicas sobre o gerenciamento dos investimentos. Essa não é uma tarefa fácil para nenhum leitor. Se conseguiu chegar até aqui, parabéns. Espero que tenham se tornado mais claro para você os caminhos que deverá percorrer para atingir independência financeira a partir do zero.

O diagrama a seguir ilustra a importância não apenas do gerenciamento das dívidas pessoais, mas também dos investimentos. Ambos são fundamentais para que possamos construir nosso patrimônio líquido, mas o primeiro serve de sustentação para toda e qualquer estratégia no sentido de construirmos nosso patrimônio como indivíduos. Somente depois que tiver lidado com suas dívidas poderemos falar sobre investimentos.

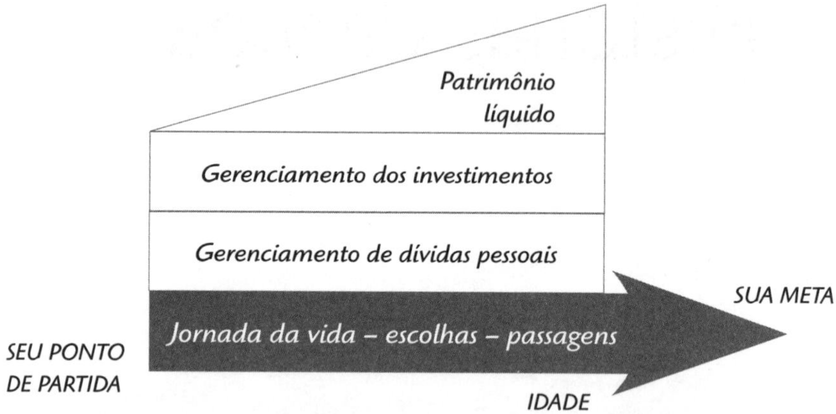

Se quisermos realmente nos tornar financeiramente independentes, ou até mesmo ricas, devemos ser cuidadosas com o gerenciamento de nossas finanças e dívidas durante toda a nossa jornada. Nossa vida é repleta de decisões: podemos permanecer solteiras ou nos casar e construir uma família; podemos nos divorciar, casar novamente e dar início a um novo lar. Cada uma dessas opções irá impactá-la financeiramente.

Conforme envelhecemos e nos tornamos mais sábias, à medida que nossos filhos seguem seu próprio destino e nos deixam sozinha, e quando perdemos nosso cônjuge, percebemos que nossa felicidade e bem-estar dependerão do modo como gerenciamos nosso dinheiro e nosso patrimônio pessoal, assim como da maneira como cuidamos de nossa família.

É provável que você ouça muitas pessoas dizerem: "dinheiro não compra tudo" ou "dinheiro não é tudo". É verdade. O dinheiro não pode comprar felicidade, mas, sem ele, o bem-estar pessoal é prejudicado, e é justamente esse bem-estar que sustenta a felicidade.

Esta parte do livro a levará pelas diferentes fases da vida nas quais você pode se encontrar. Aqui, apresento as escolhas que talvez você tenha de fazer, assim como as decisões que precisará tomar para ser capaz de proteger seu bem-estar financeiro.

Capítulo 15

SOLTEIRA, LIVRE E SOLTA

OLÁ, GAROTA DA GEÓRGIA...

"... caminhando pelas ruas tão livre e solta..."*

Adoro essa música! Ela me faz lembrar quando tinha meus 20 anos. Costumava ser livre e solta, dançar e me divertir. Recordo-me perfeitamente daqueles anos gloriosos; da ocasião em que usei aquele vestido justíssimo em tecido prateado e sapatos cujos saltos tinham uns dez centímetros de altura. Costumava ser uma garota atraente, a despeito de não ter o corpo perfeito de uma modelo. Meu pai costumava me chamar de Porquinha Petúnia,** pelo modo barulhento como descia as escadas.

Foram dias maravilhosos! Era tão bom ser jovem, namoradeira e bonita. Acho que foi a melhor época da minha vida. Vivia saltitante e, embora adorasse festas, jamais fiquei embriagada, toquei num cigarro ou tive namoricos de uma só noite. Adorava me divertir, porém, nunca cruzei os limites do bom senso. Refletindo sobre isso agora, existem algumas coisas que gostaria de ter feito de outro modo quando tinha aquela idade. Não são arrependimentos, apenas coisas que gostaria de ter feito de maneira diferente – e melhor.

Meus objetivos mais importantes na época

Havia duas coisas com as quais realmente me importava quando estava na faixa dos 20: minha carreira e encontrar o homem certo para me casar. Queria um emprego que me garantisse um salário bom o suficiente para que não tivesse mais de dar ouvidos ao meu pai superprotetor, e buscava desesperadamente encontrar um príncipe encantado. Sofria da síndrome de Cinderela, na qual o homem perfeito surge repentinamente e muda sua vida.

Naquela época, jamais imaginei comprar minha própria casa ou ter meus próprios investimentos. Olhando para trás, percebo que não fui assim tão inteligente quanto poderia. Na verdade, eu era bastante bobinha em relação a finanças. Minha sorte foi ter sido criada para ser capaz de alcançar meus objetivos e o fato de querer, mais que qualquer outra coisa, ser bem-sucedida em minha carreira. A necessidade de atingir metas me "protegeu" e evitou que eu tomasse decisões estúpidas ao longo dos anos.

---

* Tradução livre do trecho da música *Georgie girl*, The Seekers. (N.T.)

** Referência à personagem de mesmo nome dos *Looney Tunes and Merrie Melodies*, da Warner Bros. (N.T.)

A HONRA DE POSSUIR OS PRÓPRIOS IMÓVEIS AINDA SOLTEIRA

Ter meus próprios imóveis quando ainda era solteira – que pensamento fortalecedor! Em vez de crescer acreditando que apenas sairia da casa de meus pais para ocupar uma residência de casal, pensei no poder do seguinte raciocínio: "Quando deixar a casa dos meus pais irei diretamente para a minha própria casa."

Tinha pouco mais de 30 anos quando aprendi a importância de ter minha própria casa. Meu filho já não era mais um bebê, na época. Uma colega de 40 anos, solteira, foi quem abriu meus olhos. De segunda a sexta ela vivia com a mãe em uma região de Cingapura, e, nos finais de semana, ela retornava para sua própria casa. Ela costumava dizer que aquele era seu refúgio para recarregar suas forças, para poder ler, escrever e pintar. Aquela me parecia uma ideia bastante romântica e deliciosa – escapar de todos e ir para sua casa e ficar tranquila, escrevendo e pintando. Foi então que percebi que deveria ter comprado meu próprio apartamento quando tinha 20 anos.

O solteirismo é uma excelente base para a vida antes que qualquer outra grande escolha seja feita.

Talvez não seja assim tão incomum para mulheres solteiras ter seu próprio lar, porém, na época, eu não imaginava que isso fosse possível. Nunca me passou pela cabeça buscar um lugar só para mim. Lá estava eu, uma jovem liberada, que lutava pela igualdade de direitos, fazia parte de associações feministas e ocupava cargos em áreas dominadas pelos homens, mas que ainda tinha tanto a aprender.

Esperta é a mulher jovem que consegue planejar suas finanças e ter como meta possuir seu próprio imóvel, independentemente dos obstáculos que tenha pela frente, sejam eles a falta dos recursos necessários ou regulamentos restritivos por parte do governo. Casar-se apenas para ter um apartamento, o que ocorre com inúmeras jovens cingapurenses atualmente, não é uma ideia que me agrada. Também não acho que devamos nos preocupar com qualquer tipo de apoio financeiro se não vislumbramos o aparecimento do homem ideal pelos próximos anos. Além disso, os preços de algumas casas pequenas em Cingapura não estão muito acima daqueles praticados pela HDB.* Isso é interessante, pois oferece aos interessados do país o apoio necessário para a compra de um imóvel. Se dependesse de mim, me dedicaria exclusivamente à compra e venda de imóveis, fosse para uso privado ou comercial.

POR QUE PROPRIEDADES?

Tornar-se a proprietária de um imóvel será, provavelmente, o maior de todos os investimentos em sua vida. Os imóveis tendem a valorizar com o tempo, principalmente em cidades importantes. Em Cingapura existe uma forte relação entre os preços das propriedades e a renda nacional. Se o país vai bem, o preço dos imóveis sobe no longo prazo, portanto, quanto antes você adquirir sua casa, melhor se sairá financeiramente

---

* Referência à Comissão de Desenvolvimento Imobiliário, ligada ao Ministério de Desenvolvimento de Cingapura, e responsável pelo programa de assentamento de indivíduos sem teto no país. (N.T.)

no futuro. Acima de tudo, você aprenderá a compreender os sinais do mercado. No prazo de dez anos, a situação pode mudar drasticamente e, se você não tiver definido sua vida como proprietária quando os preços estavam baixos, será difícil correr atrás do prejuízo agora.

Imagine se nunca encontrar a pessoa ideal e, ao chegar aos 30, resolva permanecer solteira. Enquanto suas amigas e colegas casadas já terão reformado suas casas várias vezes, você ainda estaria dando os primeiros passos rumo à compra de seu primeiro imóvel. Se tivesse encontrado um meio de adquirir uma propriedade quando estava na faixa dos 20, certamente ela já teria valorizado consideravelmente. Já teria começado a se tornar independente a cada aumento de salário. Ao longo de cinco anos como solteira e proprietária, seu imóvel já poderia estar valendo bem mais, a menos, é claro, que tivesse fechado o negócio durante um período ruim de prolongada queda nos preços.

Seja qual for a situação, é preciso manter-se atenta ao *timing*. Ocorreram duas bolhas imobiliárias em Cingapura – a primeira no início dos anos 1980 e a segunda na metade dos anos 1990. Durante essas ocasiões, os preços dos imóveis subiram bastante antes de cair dramaticamente e retornar à tendência de longo prazo. O aumento entre 1981 a 1984 ocorreu em função de uma severa carência de imóveis residenciais e também da decisão de o governo de Cingapura permitir que o dinheiro do CPF* fosse usado para compra de imóveis particulares. A agitação da metade dos anos 1990 ocorreu parcialmente por causa do crescente interesse dos estrangeiros na compra de propriedades no país, o que piorou ainda mais com o perceptível aumento das atividades especulativas. Medidas para conter tais atividades foram introduzidas em maio de 1996 e fizeram os preços cair.

Alguns de meus parentes foram seriamente atingidos pelo frenesi de 1995. Por algum tempo, tudo o que haviam comprado valorizou. Eram os donos do que parecia uma gigantesca mina de ouro – cinco propriedades residenciais caríssimas, financiadas, e um enorme terreno. Na época, eles tomaram muito dinheiro emprestado dos bancos. Estes se mostraram superdispostos a emprestar os recursos e ter como garantia o negócio da família. Porém, o empreendimento em questão começou a ir mal, ao mesmo tempo em que os preços dos imóveis residenciais caíram drasticamente. De modo repentino, essas pessoas passaram a enfrentar uma situação financeira bastante negativa. Um dos imóveis que adquiriram por 5 milhões de dólares, por exemplo, estava hipotecado por 4 milhões de dólares. Quando o preço da propriedade foi reavaliado pelo banco em 3,5 milhões de dólares, eles foram obrigados a estender o crédito em 500 mil dólares. O banco acabou vendendo algumas dessas propriedades quando o pagamento das hipotecas não mais foi honrado. A diferença entre o valor dos empréstimos e o obtido nas vendas ainda precisa ser sanada.

Concluindo, esses parentes, agora na faixa dos 50 anos, ainda pagam uma dívida de 10 milhões de dólares e não têm sequer previsão para se aposentar. Toda a fortuna da família foi destruída por causa do *timing* inadequado e da exposição exagerada a riscos.

---

* CPF – Central Provident Fund: fundo criado em Cingapura para a aposentadoria, no qual empregado e empregador depositam mensalmente um percentual do salário. A contribuição é obrigatória. (N.T.)

Seria necessário escrever outro livro sobre investimentos em imóveis para que pudéssemos discutir o assunto apropriadamente, portanto, apresentaremos aqui apenas alguns pontos-chave. É interessante que leia mais sobre o tema e se prepare para fazer sua primeira aquisição.

Alguns conselhos

Três notas rápidas:

1. Busque a melhor localização que puder.
2. Tenha a certeza de entrar no mercado na hora certa.
3. Mantenha-se como investidora no mercado imobiliário.

Manter-se atento em relação ao mercado imobiliário é um princípio importante, especialmente para aqueles que vivem na cidade, principalmente em Cingapura. O que estou querendo dizer? Há uma história sobre uma família cingapurense que mudou para a Austrália. Eles venderam tudo o que tinham, até mesmo o apartamento, negociado na época por 250 mil dólares. Quando retornaram, dez anos depois, queriam adquirir um novo apartamento na mesma região, mas não tiveram condições de fazê-lo, já que os preços triplicaram. O período que passaram longe de sua pátria impossibilitou a aquisição de imóveis no país.

Nesse sentido, Cingapura é uma boa localização global para se investir em imóveis, se nada mudar, é claro. A tendência de retração econômica irá criar oportunidades globais para a compra de imóveis em Londres, Nova York, Tóquio, Sidney e Cingapura. Portanto, estude bem o mercado.

A PROPRIEDADE DE IMÓVEIS PARA MULHERES SOLTEIRAS

Em 2000, as trabalhadoras de período integral no Reino Unido ganhavam o equivalente a 82% do salário pago aos trabalhadores do sexo masculino. Esse percentual já havia aumentado em relação a 1986 (74%). Desde 1992, tem ocorrido na Grã-Bretanha um aumento de 52% no número de aquisições de imóveis por mulheres. Atualmente, as mulheres compram um em cada sete imóveis vendidos no Reino Unido, ou seja, 17% de todos os novos empréstimos imobiliários. As representantes do sexo feminino estão mais dispostas que os homens a comprar seus próprios imóveis sozinhas. Oitenta e cinco por cento das entrevistadas disseram que comprariam sem a ajuda de ninguém, comparados a apenas 78% dos homens. Mais mulheres que homens disseram valorizar sua independência. Veja a seguir alguns trechos retirados de blogues do site www.bbc.co.uk.

"Comprei um apartamento sozinha no ano passado. Isso fez eu me sentir segura. É ótimo possuir um investimento quando se trabalha tão duro. Agora, eu e meu namorado acabamos de comprar uma casa juntos, então saí do apartamento." - Lex, York

"A primeira vez que comprei um imóvel foi aos 18 anos. Aquele foi um passo horrível, pois eu não entendia exatamente o que estava fazendo e acabei sendo atraída pelo negócio. Era o final dos anos 1980 e as financeiras estavam desesperadas tentando fazer as pessoas se endividar completamente. De modo ingênuo, assumi um financiamento no qual, no início, pagaria somente os juros, sem pagar o principal da dívida; paguei juros altíssimos durante oito anos. Quando vendi o imóvel consegui menos do que havia pago por ele, e eu nem havia começado a pagar o principal da dívida. Fiquei superaflita com a situação. Acho que a propriedade acabou custando 20 mil libras. Em contrapartida, aprendi a ser mais disciplinada financeiramente e a ter mais confiança em mim mesma. Apesar do terrível começo, agora possuo minha própria casa (embora conte com um inquilino que me ajuda a pagar o financiamento, depois que perdi o emprego). O valor do meu patrimônio é de 200 mil libras e isso me faz sentir ótima. Contudo, às vezes, sinto-me ressentida pela constante preocupação em ter dinheiro para pagar as prestações. Sei que, de modo geral, foi a coisa certa a fazer. Adoro ser financeiramente independente." - Isabel, Londres

O SOLTEIRISMO COMO A BASE DA VIDA DAS MULHERES

Muitas mulheres, incluindo eu mesma quando estava na faixa dos 20, não conseguem visualizar a beleza de serem solteiras. Costumava pensar no casamento como o alicerce de que precisava antes que eu pudesse construir meu futuro. Esse pensamento não poderia estar mais equivocado.

Se você é uma mulher solteira construindo uma vida maravilhosa para si mesma, não há motivos para entrar em pânico por ainda não ter se casado. Vale lembrar que se você não é capaz de arquitetar sua vida sozinha, provavelmente terá dificuldades de ser bem-sucedida na vida a dois. Especialmente no mundo em que vivemos, as pessoas precisam se descobrir como indivíduos, saber quem são de verdade, para somente então buscar a pessoa certa para compartilhar o resto de sua vida.

No filme *Noiva em fuga*, a personagem de Julia Roberts, Maggie Carpenter, costuma preparar ovos de diversas maneiras, de acordo com o homem que está namorando. Ela se sente confusa. Ao longo de sua vida adulta já experimentou ovos cozidos, fritos, estrelados, quentes, crus e até omelete. Dependendo do namorado do momento, Maggie se mostra uma grande exploradora, uma excelente dona de casa ou qualquer outra coisa. Ilke, o belo jornalista interpretado por Richard Gere, percebe que toda aquela confusão na mente de Maggie é o motivo que a leva a fugir do altar todas as vezes. Ele finalmente a faz refletir e buscar dentro de sua alma quem ela realmente é. Adoro esse filme.

Quando se é solteira, o maior presente que recebemos é a possibilidade e a liberdade de descobrirmos quem somos. Hoje percebo que se no passado tivesse a mesma percepção de hoje algumas de minhas decisões teriam sido diferentes.

A LISTA DE PRIORIDADES DA "GAROTA DA GEÓRGIA"

Se pudesse reescrever minha vida, minha lista de prioridades aos 20 anos seria a seguinte:

1. Fazer um plano de vida para os próximos dez anos.
2. Colocar no seguro tudo o que fosse mais importante em minha vida.
3. Guardar dinheiro suficiente para emergências e pensar nele como "fundo emergencial", caso algum dia tenha de cuidar de mim mesma sozinha.
4. Dar início a um ardente romance com produtos financeiros.
5. Ser forte e corajosa o suficiente para adquirir meu próprio imóvel, sem depender do casamento para fazê-lo, ou, pelo menos, começar a planejar a compra de um imóvel.
6. Preparar um testamento.
7. Encontrar o "príncipe encantado" (veja que este é o último item, não o primeiro nem o segundo).

Além do que já foi exposto, veja a seguir outras coisas com as quais a "garota da Geórgia" deveria se preocupar atualmente.

Compromissos familiares

Sempre pratiquei o seguinte princípio: dar à minha mãe uma parte do meu salário. Houve períodos em que isso não foi possível, pois não tinha uma renda estável. Meus pais realmente não precisam da minha colaboração no dia a dia, contudo, assumir e manter esse tipo de compromisso é uma disciplina importante. Tão importante quanto "pagar a si mesma".

Namoro

Quem paga o quê? Dividir as despesas quando se namora é um princípio importante. Por exemplo, se pretende ser financeiramente independente, deve começar assumindo suas próprias despesas na vida, ou, pelo menos, ter os recursos necessários para isso, mesmo quando permite que outra pessoa eventualmente pague algo para você. Os casais de namorados têm quatro opções quando o assunto é pagar a conta: ele sempre paga; ela sempre paga; sempre dividem a conta meio a meio ou descobrem outro jeito de dividir as despesas.

Gosto quando os casais encontram outras maneiras de dividir suas despesas. Não importa quem paga mais em dinheiro, desde que, proporcionalmente, a coisa funcione.

Testamentos

Em muitas famílias asiáticas, falar sobre testamentos é visto como algo que traz má sorte, portanto, não se deve conversar sobre isso, nem pensar a respeito. Porém, as pessoas solteiras também morrem. Você poderia perguntar: "Por que o testamento é importante?" Esse documento assegura que aquilo que hoje lhe pertence irá para as mãos da pessoa que você quer que o receba. Todos sabem disso, ainda assim, muitos não fazem seus testamentos por inúmeras razões: acreditam que traga má sorte;

acham caro; consideram-se jovens demais; acham que ainda têm tempo suficiente; têm medo de advogados e não entendem o "legalês"; acham que não têm nada para deixar para os outros.

Em Cingapura, fazer um testamento com um escritório de advocacia de primeira linha custa cerca de 2 mil dólares locais. Se você é como uma de minhas amigas de vinte e poucos anos, já deve ter comprado relógios, joias, um carro e talvez até acumulado alguma soma em sua poupança.

Já fez um orçamento pessoal quando era solteira, jovem e livre? Será que seu orçamento consegue eliminar as dívidas do cartão de crédito? Já abriu sua "conta para a liberdade"? Quando acha que terá independência financeira se continuar solteira? Quando começará a investir? Já começou a procurar casas e a planejar ter seu próprio imóvel? Já tem seguro? Já fez seu testamento?

Entrevista com a sorridente Jennifer

Jennifer Khoo tem quase 30 anos. Ela tem cabelos longos e brilhantes que, de vez em quando, mudam de cor. Isso é fácil, já que ela trabalha para uma das maiores empresas de cosméticos do mundo. Jen trabalha duro, mas curte bastante sua vida. Sempre é possível encontrá-la em festas na cidade, acompanhada por seu namorado atraente e musculoso. Ambos compartilham do mesmo espírito para amar e viver a vida. Jen é a melhor amiga de Keon, abaixo dos 30. Nós simplesmente a amamos!

Como pode ser tão livre e solta e, ao mesmo tempo, tão focada no que deseja para o seu futuro?

R: Bem, já estabeleci claramente os objetivos que quero alcançar em minha vida, e isso me proporcionou a liberdade para fazer outras coisas e me sentir livre e solta. Gosto da história de colocar pedras em um vaso. Primeiro se coloca as grandes (as coisas que preciso fazer na vida), então as de tamanho médio (as coisas que posso fazer) e, finalmente, as pedras menores e a areia (as coisas que seriam legais conseguir). Se preencher o vaso somente com pedras pequenas, não terei espaço para os grandes objetivos em minha vida. É claro que sempre podemos acrescentar champagne depois que o recipiente está cheio de pedras e areia – na vida sempre há espaço para divertimento!

Quais são seus planos para os próximos dez anos?

R: Quanto à minha carreira, gostaria de embarcar no desenvolvimento de um plano de negócios e ter um salário de 5 mil dólares quando completar trinta anos. Entre os 30 e 35 anos, pretendo já ter uma visão mais estratégica de gerenciamento de marcas e ter um excelente time de funcionários trabalhando sob minhas ordens e dispor de um salário entre 8 mil dólares e 10 mil dólares por mês. Aos 35, pretendo iniciar meu próprio negócio (meio período ou tempo integral) e dedicar-me aos meus filhos. Quanto à minha vida pessoal, pretendo me casar aos trinta e mudar para meu próprio apartamento. Aos 33 gostaria de ter meu primeiro filho, e, aos 35, o segundo.

E quanto aos planos pessoais?

R: O cenário perfeito é mais ou menos o seguinte. Aos 45 minha empresa já estará funcionando bem, portanto terei tempo para outros investimentos e para alcançar alguns objetivos pessoais. As crianças estarão com 13 e 11 anos. Aos 50 anos, já terei uma renda passiva de 10 mil dólares para sustentar um padrão de vida confortável. Aos 55, poderei pagar os estudos universitários dos meus filhos e manter meu padrão de vida.

O que procura em um companheiro?

R: Alguém que tenha a mente de ferro e o coração de ouro. Ele tem paixão pela vida, mas é temente a Deus e se preocupa muito com a humanidade. Claro, ele deve ter um salário superior ao meu, ser mais alto, bem-apessoado e confiante.

E se você chegar aos 42 sem se casar?

R: Continuarei a namorar outros homens solteiros (é meu direito!); formar meu próprio joy luck club* *para mulheres acima dos 40; usar botox regularmente; começar a adotar afilhados em instituições e oferecer a eles todo o amor que tiver; viajar para estudar; reservar um lugar para mim em um asilo do tipo resort; e continuar a namorar homens solteiros.*

Considera o casamento necessário?

R: Para mim, certamente, pois quero ter filhos. Mas se algum dia decidir não me casar, me importaria em ter um relacionamento. É importante ter alguém especial na vida para compartilhar os bons e maus momentos.

Quem a ensinou a maior parte do que sabe sobre viver bem?

R: Diria que foram os meus pais, mas aprendi muito sozinha. Eles trabalham. Somos de uma família de classe média alta, mas não somos milionários. Meus pais vivem uma vida confortável, mas equilibrada.

* Referência ao romance *The joy luck club*, de 1989. (N.T.)

Tenho sorte de ter nascido com uma mente tão positiva. Costumo abraçar a vida. Adoro meus livros, pois eles me mostraram como viver bem – física, emocional e financeiramente.

O QUE FAZ PARA SE DIVERTIR?

R: Qualquer coisa! Sou muito curiosa e adoro aprender coisas novas. Na área de esportes: patinação, wakebording, dança e, minha última mania, golfe. Socialmente: trabalhar como mestre de cerimônias, organizar festas, ajudar em eventos públicos, networking, curtir os amigos, assistir filmes. Pessoalmente: participar de seminários, cursos, workshops para aprender diferentes habilidades e ampliar meus conhecimentos.

COMO SERIA SEU EPITÁFIO?

R: Jen – alguém que sabia a importância de amar um pouco mais, de rir um pouco mais, de aprender um pouco mais e de ser muito generosa. Alguém que amamos, com quem nos divertimos muito, com quem aprendemos e por quem nos sentimos tocados.

O QUÃO IMPORTANTE É O DINHEIRO PARA VOCÊ?

R: Em uma escala de 1 a 10, o dinheiro é provavelmente o número 8. A saúde e os relacionamentos estão acima. O dinheiro serve para ser gasto com as pessoas de quem eu gosto (incluindo eu mesma), e, sem saúde e relacionamentos significativos, não há valor no dinheiro. É claro que uma quantidade suficiente de dinheiro é importante para manter a saúde e, de certo modo, até os relacionamentos.

Capítulo 16

O PRIMEIRO E O SEGUNDO CASAMENTOS

– Gerry, você está errada! Detesto dizê-lo, mas você está errada.

Lembro-me de ter dito isso enquanto tomava café da manhã com minha amiga, Germaine – cujo apelido é Gerry. No início dos 50, ela é uma mulher bonita, tem olhos bastante expressivos, é esperta, articulada, inteligente, uma ótima pessoa com quem conversar. Ela compartilhava comigo o fato de estar casada com um homem bem mais velho, Jonathan, que pertencia a uma família europeia para a qual o dinheiro não era um assunto que deveria ser tratado abertamente; assumia-se que tudo seria feito na hora certa e com base em honestidade.

ESSA COISA DENOMINADA "CONFIANÇA"

Começamos, então, a discutir algumas possibilidades. E se Jonathan morresse e ela ficasse sozinha? Gerry abrira mão dos melhores anos de sua carreira corporativa em nome de seu casamento, acompanhando seu marido em todos os seus compromissos nos mais distantes cantos do mundo. Ela comentou que não tinha nada em seu nome e que simplesmente confiava em seu marido para fazer tudo o que precisava ser feito por ela e pelos filhos. Ele tinha um filho de seu primeiro casamento e uma filha com Gerry.

Disse a Gerry que me sentia desconfortável pelo modo como ela confiava em seu marido. Não conhecia Jonathan. Talvez ele, de fato, fosse o homem perfeito, um verdadeiro cavalheiro, e fizesse tudo certo. Mas e se toda a confiança dela em seu marido fosse infundada? Em minha mente, havia grandes possibilidades de Gerry se dar mal – e se Jonathan a abandonasse quando ficasse mais velho? E se ele resolvesse deixar tudo para seu filho? (Gerry conheceu Jonathan vários anos depois de seu divórcio; sua filha nasceu depois que o filho já era um homem independente.) A partir de tudo o que me contou, o marido parecia um homem honrado e dono de um clássico código de ética. Pessoas como ele não deixavam as outras na mão, disse ela. Se este for o caso, pensei, Gerry tinha sorte de ter se casado com ele. Esse tipo de homem é muito raro.

Mesmo assim, achava que ela estava errada, e que deveria conversar com Jonathan e pedir para ver seu testamento. Ela precisava saber quanto dinheiro o marido tinha e o quanto seria deixado para ela. Considerando que ele sofria de uma forma leve de câncer, talvez ele não vivesse muito mais que cinco anos. Ela, em contrapartida, provavelmente viveria cerca de três ou quatro décadas, se levássemos em conta as estatísticas de mortalidade para mulheres.

Gerry comentou que não se preocupava com dinheiro, desde que fosse financeiramente independente. Perguntei-lhe então o que essa independência significava e ela respondeu: "Trabalhar e receber um salário no final de cada mês." Fiquei chocada. Ali estava na minha frente aquela mulher inteligente cuja definição de independência financeira era, na sua idade, receber apenas uma renda mensal e sem a garantia de qualquer patrimônio líquido. Quase dei um grito ao dizer: "Mas, Gerry, que tipo de trabalho você faria?" Sei que aquela seria uma pergunta dura, mas não queria vê-la servindo e limpando mesas ou lavando banheiros naquela idade. Não ela.

Entre a época em que escrevi este parágrafo e o momento em que este livro foi publicado muitas coisas mudaram. De um dia para o outro Jonathan saiu de casa e Gerry descobriu que sua conta conjunta fora encerrada. Todo o dinheiro do casal estava agora na conta particular dele; seu ex-marido mudara para o apartamento de um velho amigo homossexual.

Quando encontrei Gerry, um dia depois do ocorrido, descobri que Jonathan, mesmo aposentado e contando com uma poupança de cerca de 10 milhões de dólares, queria que sua ex-mulher procurasse emprego aos cinquenta anos e que ganhasse seu próprio sustento. O fato de ser extremamente difícil para ela conseguir novamente um emprego corporativo em sua idade não importava para ele, afinal, ela não tinha o direito de se aposentar, já que o dinheiro em sua conta pertencia a ele, não a ela. Jonathan viajou para a Europa por alguns meses, deixando-a para trás com dinheiro suficiente apenas para sobreviver por algum tempo em um apartamento alugado. Então, num belo dia, ele retornou, e Gerry ficou feliz em revê-lo. Seu ex-marido queria discutir a reconciliação, desde que ela concordasse em obedecer às suas regras. Pelo que sei desde nosso último contato eles ainda estão tentando resolver a situação, vivendo em casas diferentes. Quanto a Gerry, ela hoje trabalha como secretária em uma pequena companhia na área de construções.

Portanto, observando esse exemplo, percebemos que jamais devemos confiar nos homens a ponto de prejudicar nossa segurança financeira, mesmo que eles sejam indivíduos honrados. Se quiser confiar, faça-o com os dois olhos bem abertos.

O CONTRATO NUPCIAL

Muitas de nós crescemos tendo como modelo o casamento "hollywoodiano". A jovem encontra seu príncipe encantado e ambos se apaixonam. Eles deparam obstáculos, mas juntos superam todos. Um dia eles se beijam, se casam e vivem felizes por toda a vida.

O matrimônio no contexto histórico, porém, é algo muito mais prático que a abordagem cinematográfica. De acordo com os educadores matrimoniais Sheri e Bob Stritof, "a maioria das sociedades antigas precisava de um ambiente seguro no qual a espécie pudesse ser perpetuada; de um sistema de leis que lidasse com a garantia de propriedades e que protegesse os laços consanguíneos. A instituição matrimonial cuidava disso". Aliás, era justamente a necessidade de garantir propriedades e laços de sangue que obrigava os homens hebreus a se casar com as viúvas de seus irmãos.

Muito já foi escrito e estudado sobre as diferentes formas de amor – do formal ao romântico, do platônico ao erótico. Embora atualmente soe inapropriado tratar, ao mesmo tempo, de dinheiro e casamento, ao longo da história esses dois assuntos sempre caminharam juntos. Veja a seguir dois fatos extraordinários sobre dinheiro e matrimônio que raramente são discutidos nos dias de hoje:

1. A antropologia nos mostra que enquanto os homens do passado saíam para caçar, as mulheres permaneciam em casa cozinhando, cuidando dos filhos e arando a terra. Ao cuidarem das plantações, as mulheres eram as donas da terra e do que ali era produzido. Considerando que essas tarefas geravam renda e a caça não, acredito que as mulheres fossem verdadeiramente ricas naquela época.
2. Em muitas culturas, os casamentos baseavam-se em contratos assinados por duas famílias e selados com a troca de bens. Existem inúmeras variações e formas de matrimônio em termos de obrigações financeiras e sociais entre famílias, que sustentam tradições como: os noivados e casamentos arranjados, os matrimônios realizados por procuração, os pedidos (oferecimentos) de dotes, a instituição de preço para as noivas e até a transferência de títulos de nobreza. Não é que as filhas não fossem amadas e valorizadas; em algumas culturas elas eram. Entre as famílias ricas, as jovens podiam até escolher entre vários candidatos. Em alguns casos, a família da noiva exigia que o marido adotasse o sobrenome da esposa.

Portanto, o atual modelo de casamento baseado em amor somente se tornou comum recentemente, ou seja, no último século. Contudo, considerando que a taxa de divórcio em algumas sociedades já alcança 50%, quem pode afirmar com certeza que este modelo é o mais correto ou apropriado?

Casamentos "de facto"

Na Austrália, casais que vivem juntos por longos períodos têm direito à divisão de bens. * *Estas relações são conhecidas como uniões "de facto". Alguns estados australianos como New South Wales, Victoria, Território do Norte e South Australia adotam leis específicas que oferecem aos parceiros "de facto" alguns direitos dos casais oficialmente unidos, incluindo a divisão de bens. Minha amiga, Lynn, se separou de seu namorado australiano com quem vivera por um ano, ao perceber que ele não era o tipo de pessoa com quem gostaria de dividir seu apartamento caso ele mais tarde alegasse que sua relação fora "de facto".*

---

* No Brasil, essa convivência fática é tratada como "união estável". Neste caso, homem e mulher convivem sem que haja impedimento para se casarem (artigos 1.723 a 1.726 do Código Civil). (N.T.)

O CASAMENTO – UMA FUSÃO DE BENS

Como visto anteriormente, os matrimônios no passado representavam a junção de riqueza e poder para famílias que já os possuíam. Nos dias de hoje, praticamente nos esquecemos disso, embora casamentos "arranjados" ainda ocorram entre os milionários. Hoje, nos concentramos nos rituais envolvendo troca de presentes e festas, mas não nos lembramos das fusões de propriedades. No contexto histórico, as uniões baseadas em amor são algo relativamente novo.

Faça suas contas antes de se casar

Há muitos anos, estive em Hong Kong para avaliar um acordo financeiro. No meio da reunião, o representante da outra empresa pediu que eu enviasse a ele o balanço financeiro da organização que eu representava. Ao perceber meu olhar de surpresa, ele disse: "Este acordo é como se estivéssemos nos casando. Você se casaria com alguém cujo patrimônio financeiro desconhecesse? Preciso conhecer seus bens e suas obrigações financeiras. Quero saber que tipo de parceria teremos se este acordo for assinado." No final, percebemos que o acordo representava pouco em relação aos fundos de ambas as empresas. Contudo, o que realmente permaneceu em minha mente foram as palavras do meu novo parceiro comercial.

Os pais geralmente sugerem que as filhas façam as contas antes do casamento. Eles querem saber se elas serão devidamente sustentadas pelos "escolhidos". As mães, em contrapartida, em geral pedem às suas filhas que façam seus cálculos depois do casamento. Elas precisam se certificar de que as jovens não serão enroladas pelos maridos, e que caberá a elas o controle financeiro. Porém, o melhor conselho que já recebi sobre casamento não veio dos meus pais, mas daquele investidor em Hong Kong.

Portanto, antes de se atirar em uma relação, verifique o balanço financeiro do seu futuro cônjuge. Determine como a "fusão" será realizada e decida se é realmente isso o que você quer. Talvez fosse interessante fazer as seguintes perguntas:

- Quais são seu patrimônio e renda atuais?
- Quais são seu patrimônio e renda conjuntos?
- Quais são o patrimônio e a renda projetados? Qual a probabilidade de ambos atingirem esse objetivo juntos?
- O que poderia acontecer no caso do divórcio?
- Como poderia proteger seu patrimônio?
- Como poderia proteger seus direitos em relação aos bens do casal?
- Estarei mais protegida reunindo os patrimônios ou mantendo-os separados por meio de um acordo pré-nupcial?

DOTES – UMA SUBIDA NA ESCALA SOCIAL

Em algumas sociedades atuais, o sistema de dote é reconhecido como um meio para os homens atingirem um patamar social e econômico mais elevado, status e segurança! (Embora a maioria acredite que o dote se refira ao dinheiro, bens e propriedades que a esposa passa ao marido por ocasião do matrimônio, existem os dotes que vão dos maridos para as esposas.) Por causa dos contos de fadas, aprendemos a pensar na plebeia que se apaixona e se casa com o príncipe encantado, mas não devemos nos esquecer de que os homens, ou plebeus, também podem buscar uma princesa.

É importante lembrar que tanto os homens quanto as mulheres podem se casar com o intuito de elevar seu status na sociedade. Devemos estar cientes disso, independentemente de ser ou não verdade em nosso caso específico. Lembre-se também de que, embora possa não ser o seu caso, poderá ser o de sua filha depois que você tiver feito uma ótima poupança no nome dela. Será que o homem que se interessar por ela não estará de olho em seu dinheiro? Como poderá protegê-la?

Quando tinha uns 25 anos, namorei um homem muito charmoso chamado Frederic. Ele era alto, leal, engraçado e articulado. Nós nos formamos juntos e quando retornamos da Austrália, ele passou seis meses pesquisando a área de corretagem na bolsa de valores na Malásia. Uma noite, ao me levar em casa depois do jantar, ele olhou fixamente para a casa dos meus pais em um ótimo bairro residencial e disse: "É uma bela propriedade conjugada. Ela ficará para você no testamento? E quanto aos seus irmãos e sua irmã? Meu irmão e eu já decidimos que cada um de nós ficará com uma das casas quando nossos pais falecerem."

Fiquei chocada e nunca mais saí com Frederic depois daquela noite. Ele deve estar maluco, pensei. Agora, refletindo sobre o assunto, acho que ele estava apenas sendo financeiramente honesto.

Você se casaria com alguém cujo patrimônio financeiro desconhece? Mais importante, você se casaria com alguém sem conhecer seu próprio patrimônio?

CONTRATOS PRÉ E PÓS-NUPCIAIS

Certa vez, estava participando de um jantar maravilhoso quando, de repente, o assunto deixou de ser a comida e passou a ser as fofocas da sociedade. Alguém relatou que uma bem-conhecida matriarca de Cingapura exigira que seu neto fizesse um acordo pré-nupcial com sua noiva, limitando a divisão de bens a 3 milhões de dólares. (O patrimônio líquido daquela família estava na casa das centenas de milhões.) O fato é que a exigência do acordo fora feita havia mais de dez anos, mas a noiva se ofendera e se recusara a assiná-lo.

Atualmente, embora não estejam oficialmente casados, ambos vivem juntos, mas não há uma terceira geração de herdeiros para a família. A matriarca, porém, não mudou seu modo de pensar.

Enquanto alguns convidados concordavam com a noiva e achavam que o dinheiro não deveria ser considerado quando o assunto é amor, preferi defender a matriarca, pois achava que ela estava certa em exigir a limitação do patrimônio familiar, já que este ficaria exposto a uma eventual separação. Quando expressei meu ponto de vista, percebi uma mudança repentina no modo como meus amigos me tratavam naquela noite. Como se para eles eu tivesse deixado de lado minha feminilidade e fragilidade e me transformado em uma mulher fria, prática e com visão financeira.

Discutiremos os acordos pré-nupciais em mais detalhes no próximo capítulo, mas acho importante ressaltá-lo aqui, pois é muito difícil chegar a um consenso para a divisão de bens no momento do divórcio. Nenhum homem voluntariamente abriria mão do que lhe pertence se soubesse que isso lhe seria desfavorável.

Gostaria de estabelecer duas questões importantes:

1. Se as mulheres do passado eram ricas como donas de propriedades, mas perdiam seus bens por não saberem como forjar espadas e liderar exércitos que aniquilassem seus oponentes, certamente há mérito no fato de hoje tentarmos aprender a implementar estratégias defensivas que protejam nosso patrimônio. Na verdade, essa deve ser uma prioridade. Não devemos assumir que amar é o suficiente. A questão é: caso o amor acabe um dia, seremos capazes de nos sustentar financeiramente?
2. Se as famílias do passado já reconheciam a necessidade de proteger seu patrimônio por meio do casamento – e de garantir seu crescimento combinando adequadamente os casais – e a aprovação do rei era necessária para impedir que qualquer família se tornasse poderosa demais por meio das "fusões" patrimoniais, também há fundamento em avaliar os casamentos de hoje por meio da análise de patrimônios.

Portanto, é muito importante que as mulheres atentem para seus bens antes de se casar e encontrem um meio de protegê-los. Os acordos pré e pós-nupciais são instrumentos legais importantes para homens e mulheres, mas ainda são algo novo em muitos países. Muitas pessoas ainda se surpreendem quando o assunto é abordado. Porém, com as elevadas taxas de divórcio nos países mais desenvolvidos, é preciso reconhecer que o patrimônio familiar não pode e não deve ser afetado negativamente por casamentos malsucedidos.

Qual acordo é mais adequado – o pré ou o pós-nupcial?

Sugiro que, caso você espere ganhar mais que seu futuro marido ou ter direito a algum tipo de herança, providencie um acordo pré ou pós-nupcial.

Um advogado em Cingapura contou-me a seguinte história: uma mulher, cujo marido a enganou durante o casamento, queria o divórcio. Naquele momento, o marido se arrependeu e pediu uma nova chance. A mulher, então, exigiu a assinatura de um acordo pós-nupcial que o deixaria quebrado caso ele a traísse novamente. Ele concordou.

Devido à insistência dos advogados da mulher, ele teve de contar com aconselhamento jurídico e assinar o contrato na presença de seus próprios advogados. Os representantes da esposa queriam deixar bem claras as consequências que adviriam caso ele a traísse novamente. De fato, a traição ocorreu, e o marido, reconhecendo que ficaria falido, resolveu contestar o acordo alegando que a assinatura teria ocorrido "sob forte coação". Os advogados da mulher estão confiantes em suas chances de vitória, já que o acordo foi verificado pelos advogados dele e assinado na presença deles.

É importante que a mulher conte com um bom advogado ao tratar de acordos pré ou pós-nupciais, mas também é fundamental que o marido tenha seu próprio profissional para acompanhá-lo na avaliação desses documentos. Isso garantirá ao juiz que ambos os cônjuges tenham completo entendimento da situação, no caso de divórcio.

Lei da propriedade

Acordos pré e pós-nupciais podem, contudo, não ser aplicados de maneira compulsória, dependendo do seu país de origem. No Reino Unido, por exemplo, esses acordos não são obrigatoriamente seguidos, e o juiz pode determinar a divisão de bens que lhe parecer mais correta. Já aqueles feitos entre indivíduos não oficialmente casados são compulsórios. Não surpreende, portanto, que as pessoas relutem em se casar.

Em Cingapura esses arranjos também não são obrigatoriamente seguidos, e recebem o nome de "acordo para a eventualidade de divórcio". O capítulo 353 (seção 112) da Carta de Direitos da Mulher (de Cingapura) estabelece o seguinte: "A corte [...] terá o poder [...] de determinar a divisão de bens entre as partes [...] conforme considerar mais proporcional e adequado." Diz também: "Será de responsabilidade da corte decidir se deverá ou não exercer seu direito e de que maneira o fará; considerar todas as circunstâncias do caso específico, incluindo [...] a existência de qualquer acordo entre as partes com relação à posse e divisão de bens e propriedades na eventualidade de divórcio."

O que isso significa? No entendimento de uma leiga, isso quer dizer que a corte pode até avaliar acordos existentes, mas não será obrigada a executá-los, caso não os considere "justos e equitativos". Voltaremos a este assunto no capítulo sobre divórcio.

O acordo pré-nupcial no caso de um segundo casamento

Acordos desse tipo são importantíssimos para garantir que filhos de um primeiro casamento sejam devidamente protegidos. Embora todas nós desejemos que os casamentos funcionem, porém, seria terrível perder não apenas o companheiro e o casamento, mas também toda a riqueza da família. Visto a partir dessa perspectiva, não assinar um acordo pré-nupcial é uma atitude irresponsável.

Nas palavras do meu marido, Keon, esse tipo de documento impede que os cônjuges critiquem as decisões e as intenções um do outro, principalmente no caso de novos casamentos, quando tanto está em risco. No primeiro capítulo de seu livro *Pense grande nos negócios e na vida* (Ediouro, 2008), Donald Trump pergunta a seus leitores se eles já possuem um acordo pré-nupcial. O autor comenta que se alguém está realmente decidido a enriquecer, deve fazer um acordo desse tipo. Eu e Keon não poderíamos estar mais de acordo.

E OS TESTAMENTOS?

Se fazer um testamento é importante quando se é solteiro, revisá-lo ou até refazê-lo quando decidir se casar, de acordo com a necessidade, é primordial. Por que digo isso? Pelo fato de seu estado civil mudar tudo. Depois do casamento, o testamento feito antes do matrimônio não se aplica mais.

Se você estiver casada, não possuir filhos e morrer antes de preparar seu testamento, seus bens serão distribuídos entre seus pais e cônjuge.

Se fizer um testamento antes de se casar, deixando seus bens para seus pais, cachorro ou melhor amigo, e morrer antes de refazê-lo, o documento perderá sua validade legal em função do matrimônio. Portanto, nesse caso você terá morrido sem um testamento legal.

Se um testamento foi assinado quando era casada e você se divorciou por causa de traição, seu ex-cônjuge ainda poderá requerer a parte que lhe foi atribuída no testamento, dependendo de como ele foi nomeado. Se o nome do seu ex-marido constar do testamento, a corte o reconhecerá como beneficiário legal. Você quer que isso aconteça? Oh-oh, desculpe, você já está morta! Para evitar que isso ocorra, um novo testamento deverá ser feito na ocasião do divórcio.

E já que estamos falando sobre testamentos, sugiro que regularmente reavalie e altere este documento se as seguintes situações ocorrerem:

- se você se casar;
- se mudar o seu próprio nome ou alguém mencionado no testamento o fizer;
- se o testamenteiro ou gestor de seus bens morrer ou tornar-se incapaz de realizar suas obrigações devido a problemas de saúde;
- se o beneficiário falecer;
- se decidir vender ou dividir qualquer propriedade constante do testamento;
- se ocorrer qualquer alteração significativa nas circunstâncias, ou seja, se adquirir bens ou propriedades que não constem do testamento original.

Morrer sem um testamento

Ao fazer um testamento, é importante contar com um advogado, pois, caso o documento não seja formalizado, a lei poderá utilizar-se das próprias regras de partilha de bens, segundo as quais o cônjuge recebe 50% e os filhos os outros 50% divididos em partes iguais.

Dóris era uma empresária bem-sucedida que morreu em um acidente de automóvel durante uma viagem de negócios. Ela era amada por seus familiares e por sua equipe. Quando era viva, empregava e cuidava de suas irmãs e se responsabilizava pela estada de seu pai idoso e inválido em uma casa de repouso de alto padrão. Quase que imediatamente após sua morte, seu marido pediu que as irmãs deixassem a empresa e suspendeu o pagamento das contas relativas ao sogro. Já que Dóris morreu sem deixar um testamento, o marido herdou 50% de todos os bens. O fato de o casal não ter um bom relacionamento, de o marido manter vários casos amorosos e de estarem juntos apenas para manter as aparências – o que a levou a mergulhar no trabalho – não importou para a lei. Também não foi considerada a questão de o negócio pertencer a ela e de o marido não ter absolutamente nada a ver com ele. A morte de Dóris colocou tudo nas mãos de seu marido e de seus filhos. Também gerou desemprego para as irmãs e deixou o pai sem lugar para morar.

Faça sempre um testamento. Reavalie seu conteúdo regularmente. Se resolver se casar, seja pela primeira ou segunda vez, faça as alterações cabíveis.

A IMPORTÂNCIA DO SEGURO

Para mulheres casadas, existe o seguro de vida. Estatísticas demonstram que casais enriquecem mais que indivíduos solteiros. Esse fato não está ligado apenas à fusão de bens; envolve vários fatores, como a sinergia positiva existente entre os cônjuges. É por essa razão que viúvas e viúvos são mais afetados pela perda do cônjuge que indivíduos que não tenham firmado laços formais. Casais apaixonados geralmente se esquecem de providenciar seguro de vida, mas isso não deve ocorrer.

Interesse segurável

Para muitas pessoas, a simples ideia de ter um seguro atrelado à morte do cônjuge, e de beneficiar-se disso, é inimaginável. Esses indivíduos não querem ser vistos como interesseiros. No entanto, não deveríamos nos preocupar com isso. Por quê?

A lei proíbe que as pessoas contratem seguros sobre a vida ou propriedade de terceiros, a menos que esteja incluída a cláusula de interesses seguráveis sobre esse mesmo bem ou indivíduo. O interesse segurável significa que não será possível adquirir uma apólice em nome de seu cônjuge se ele/ela for considerado(a) mais valioso(a) morto(a) que vivo(a). Também garante seu desejo de que essa pessoa permaneça viva tanto quanto possível. Entre as várias situações que exigem a cláusula de interesses seguráveis estão: ser casado(a), financeiramente dependente do cônjuge ou compartilhar a posse de propriedade ou negócio.

Este conceito de interesse segurável foi estabelecido para impedir qualquer tipo de risco à vida de terceiros apenas pelo fato de estarem segurados. Também foi instituído para evitar que alguns contratassem seguro sobre a vida de outros e, posteriormente, atentassem contra a vida dessas pessoas e requeressem o direito à indenização.

E SE EU ME CASAR COM ALGUÉM QUE ESTEJA FALIDO?

A proporção de indivíduos "quebrados" ou legalmente declarados falidos em Cingapura é pequena. Porém, embora os números sejam pequenos, os efeitos devastadores dessa situação são enormes, assim como as inconveniências impostas pela corte e o estresse emocional gerado. Algumas perguntas importantes surgem a partir disso:

1. Serei considerada falida se me casar com alguém nessa situação?
2. Se já estiver casada e meu marido for declarado falido, eu também o serei?

A resposta é "não". Você é legalmente uma entidade separada de seu marido ou futuro marido.

OS VERDADEIROS CUSTOS DO CASAMENTO

A cerimônia de casamento pode acabar com o próprio casamento. Embora saibamos que a celebração e o matrimônio são coisas absolutamente diferentes, a confusão entre os dois conceitos é bastante comum. Vejamos como uma cerimônia pode aniquilar um matrimônio.

Em 2005, o custo médio de um casamento nos Estados Unidos era de 15 mil dólares. Em 2006, esse valor aumentou em 73% e passou para 26 mil dólares. Com cerca de 2,2 milhões de casamentos ao ano, o mercado matrimonial norte-americano gira em torno de 57 bilhões de dólares por ano (Fairchild Bridal Group, 2005; Mc Murray 2005). Entre esses casamentos, cerca de 50% das noivas alegam ter gastado mais do que pretendiam. No Reino Unido, de acordo com um relatório de 2004 da empresa Mintel, de Londres, o custo médio de um casamento era de 16 mil libras, o que significa um aumento de 50% sobre as despesas em 1998. Se considerarmos que o salário médio na Grã-Bretanha era de pouco mais de 25 mil libras anuais em 2003, sem contar os impostos, veremos que os casais britânicos gastaram quase um ano de salário para garantir que o dia do casamento fosse inesquecível.

Quinze por cento dos primeiros casamentos acabam em divórcio nos primeiros cinco anos; 25% terminam em separação nos primeiros dez anos. Cinquenta por cento desses indivíduos voltam a se casar em um período de até três anos e meio (Censo norte-americano de 2005). Com essa perspectiva, é impressionante que as pessoas gastem tanto em suas cerimônias. Os números do "setor" são totalmente contrários a esse tipo de "investimento".

Segundo uma recente pesquisa dos corretores da Brewin Dolphin, para muitos casais a única maneira de financiar a cerimônia é por meio de grandes sacrifícios. Cerca de 15% dos casais deixaram de sair de férias por um ano, 9% arrumaram um segundo emprego e 45% tiveram de financiar as despesas. Um estudo também demonstrou que 10% dos casais usam os cartões de crédito para pagar as dívidas. Dois por cento chegam a contar com refinanciamentos para quitar os gastos com o "grande dia".

Quanto eu gastei em minha cerimônia? Eu e Keon tivemos uma celebração muito romântica em uma capela digna de conto de fadas em Lake Tahoe. Estavam presentes apenas o celebrante e uma testemunha. Havia neve do lado de fora e uma pequena lareira do lado de dentro da capela para nos manter aquecidos. O custo total foi de 300 dólares. Será que nosso casamento significou menos por causa disso? Acho que não. Talvez você não precise ter um casamento tão discreto como o nosso, afinal, é o *seu* dia e deve fazer o que a deixar feliz. Contudo, lembre-se de que a mesma quantia poderia ser usada em inúmeras outras coisas. Imagine investir 20 mil dólares em uma cerimônia em um hotel cinco estrelas ou gastar o mesmo montante para mobiliar sua casa ou até mesmo para abrir uma poupança para seu primeiro filho, quando ele nascer.

Se, entretanto, resolver perguntar aos amigos, a maioria deles a encorajará a gastar o quanto deseja, afinal, é o seu dia especial. Se perguntar ao organizador do casamento, ouvirá um monte de elogios e uma lista interminável de palpites que somente elevarão ainda mais suas despesas. Será que conseguirá resistir? Pelo menos, PENSE muito bem antes de se comprometer com um casamento deslumbrante pelo qual passará anos pagando.

OPÇÕES DE VIDA EM UM BARCO PRESTES A AFUNDAR

Já que os casamentos têm historicamente ocorrido em função de acumulação de bens e da proteção à propriedade, não surpreende o fato de muitos casais permanecerem juntos mesmo depois que qualquer resquício da relação já tenha desaparecido.

Todos conhecem histórias de famílias que se mantiveram fisicamente unidas mesmo depois da traição do marido (ou da esposa, mesmo que em menor número). Na maioria das vezes, desde que a mulher aguentasse firme, o lar se mantinha intacto.

Um amigo, Stephen, disse certa vez: "É claro que um homem casado jamais deixaria sua esposa por causa da amante. É muito difícil. Seus bens estão amarrados à mulher e em um divórcio, ele teria de enfrentar a perda de parte deles e, possivelmente, do amor de seus filhos. A primeira esposa sempre terá sobre o homem muita força. Portanto, a outra mulher terá de encarar e compreender a situação. Isso vai além do amor."

Aquela foi, sem dúvida, uma revelação interessante a partir da perspectiva de um homem. Serve também de aviso para as mulheres que têm caso com homens casados e pensam que "um dia ele deixará sua esposa e ficará comigo". Minha cara, se estiver pensando assim, as chances não lhe são favoráveis.

Para as que estão casadas, caso as coisas não estejam indo bem, existem soluções. Talvez o divórcio não seja a única saída. Talvez vocês possam continuar como um casal, mas vivendo em casas separadas. Seja qual for a decisão, considerem a situação financeira antes de tomá-la. Isso pode parecer frio, eu sei. É claro que não me refiro a casos em que a esposa é maltratada ou abusada de alguma maneira. Se este for o caso, por favor, deixe essa relação imediatamente.

MAIS FELIZ DENTRO DE CASA DO QUE FORA

Alguns casais se encontram com mais frequência em salas de reuniões que em seus quartos. Essas pessoas permanecem juntas porque sabem que a separação significará a perda de riqueza por parte da família. Para muitos, proteger os próprios bens e os de seus filhos é mais importante que estar para sempre ao lado de sua nova paixão.

Uma boa amiga, Suzanne, está em uma relação desse tipo. Ela sabe que seu marido mantém um relacionamento de longa data com outra mulher. Ele fica na casa dela quatro dias por semana. Ela disse: "A essa altura, Norma, já não ligo mais. Tenho minha casa e meus filhos. Eles acham que ficarão juntos para sempre, mas eu acho graça nisso. É só uma questão de tempo. É claro que me magoa o fato de ele agir assim comigo, mas não vou sair. Se o fizesse, ela ficaria com ele e com tudo o mais que eu construí. Não quero perder minha casa. Ela diz que não quer que ele perca as crianças e que por isso ele deve ficar em casa. Talvez ela esteja apenas fazendo um jogo, não tenho certeza. Mas sei que se eu for embora ela se mudará para cá e ficará com tudo o que levei anos para construir ao lado de Keat. Isso seria muito estúpido de minha parte."

Considero este o tipo de relação em que a mulher está "mais feliz dentro de casa do que fora". Conheço muitas mulheres que optam por esse tipo de vida. Nem todas são financeiramente dependentes do marido, mas preferem não abrir mão do estilo de vida de casadas e adotar outro quando divorciadas. Desde que o equilíbrio do lar seja mantido, ficam satisfeitas com o *status quo*. Talvez minhas amigas que enfrentam essa situação sejam espertas. Seja como for, elas são definitivamente bastante tolerantes. Afinal, o casamento foi estabelecido para proteger propriedades, e estas mulheres estão fazendo justamente isso. Eu, sinceramente, não o faria.

> Você precisa de um acordo pré ou pós-nupcial para salvaguardar a si mesma caso o seu casamento termine mesmo que nenhum dos dois cometa uma falta grave?
> Você já fez um testamento após o casamento?
> Ambos já têm seguro de vida?

Entrevista com Guy Baker, autor e palestrante na área de Gerenciamento de Riquezas

Guy Baker é diretor da BTA Advisory Group, na Califórnia, Estados Unidos. Ele ajuda famílias cujo patrimônio líquido está acima de 25 milhões de dólares a planejar sua trajetória financeira. Frequentemente, Guy visita a Ásia, onde ministra palestras e aproveita para visitar os amigos.

Como soube que Colleen era a mulher certa para você?

R: Nós nos encontramos pela primeira vez na faculdade. Quando a vi, soube que havia nela algo especial. Ela era honesta, inteligente e aberta a um nível de comunicação mais profundo que qualquer outra mulher que conhecera. Nossa amizade se aprofundava cada vez mais e um dia ela me chamou e disse que precisávamos conversar. Ela acabou me confessando que tinha um namorado com quem já saía por quase dois anos e que ele não estava nada feliz com o fato de termos nos tornado grandes amigos e queria que não voltássemos a nos encontrar.

O que eu podia dizer naquela situação? Foi uma enorme surpresa, mas tive de aceitar. Saímos pela última vez e nos despedimos. Depois disso, fiquei muito abalado. Não fiquei bravo com ela, apenas triste. Então, enviei-lhe uma flor e um cartão dizendo que esperava que ainda pudéssemos ser amigos. Conversamos pelo telefone naquela noite e em todas as noites daquela semana. No final daquele período ela me disse que havia se separado do namorado e que estava livre. Aquilo me deixou muito assustado. O que eu havia feito? De repente eu estava encarando uma relação séria, permanente e nem sabia se realmente estava pronto para aquilo. Mas, considerando que já tivera várias namoradas e jamais me sentira confortável ao lado de nenhuma delas, não queria me afastar de Colleen, só por causa do medo. Então me mantive próximo dela, apesar do medo.

O semestre acabou e tivemos todo o verão pela frente. Arrumei um emprego temporário em Los Angeles que ficava próximo da casa dela, então conseguíamos nos ver regularmente. Quando as aulas recomeçaram ainda nos víamos e percebi que nossa relação não era simplesmente de amizade – era mais profunda. O mesmo aconteceu com ela. No Natal, decidi pedi-la em casamento e ela aceitou. Terminei a faculdade em junho do ano seguinte e nos casamos em julho.

Você é o principal provedor em sua casa, então, como vocês dividem as despesas?

R: Colleen jamais trabalhou durante toda a nossa vida conjugal. Sempre ganhei todo o dinheiro da família. Demorou bastante até que conseguíssemos lidar com nossas diferenças. Ela sempre foi muito boa com o dinheiro, mas seu estilo para gastar é diferente do meu. Eu gosto de comprar coisas grandes a dinheiro; ele prefere usar dinheiro para compras menores. Esses pequenos gastos parecem gigantescos no final, mas custa muito caro cuidar de uma casa e de quatro filhos. Agora já estão todos crescidos, mas ao longo dos anos, toda vez que ela gastava era como uma adaga em meu coração. Eu via aquilo como um dólar a menos a ser guardado e investido em nosso futuro.

Nós resolvemos o problema quando finalmente estabelecemos um orçamento e passei a lhe dar uma espécie de salário todo mês – independentemente de nossas finanças. Meu salário dependia de comissões, então às vezes tínhamos muito, e outras, quase nada. Mas sempre me certificava de que ela recebesse seu cheque, pois assim não precisaria ficar me preocupando com seus gastos, desde que ela não precisasse de mais. Ela nunca me pediu nem um centavo a mais. Aquilo funcionou muito bem e ainda funciona. É pena que tenha demorado dez anos para chegarmos a esse acordo.

Já está casado há quarenta anos. Quais são seus três principais segredos para um casamento de sucesso?

R: Estar casado por tanto tempo é uma benção que somente ocorrerá se ambos estiverem verdadeiramente comprometidos um com o outro. Não pode haver dúvidas ou desejos de que algo seja diferente. Quando um casal caminha pela vida, seus passos representam mais que uma simples jornada, representam uma empreitada. Se existem segredos? Duvido. Mas gostaria de compartilhar alguns pensamentos.

Viva sem egoísmo. Isso não significa que não deva atender às próprias necessidades, mas que sempre busque maneiras de atender às de sua esposa. As coisas das quais eu preciso não são mais importantes que as dela. Trate o outro com estima e respeito em toda e qualquer circunstância. Isso significa sem ofensas nem xingamentos; sem dizer coisas que não deveriam ser ditas. Significa estar sempre disposto a pedir desculpas se sair da linha ou se tiver ofendido o outro.

Viva dentro de suas possibilidades. O dinheiro é uma das batalhas mais difíceis em qualquer casamento. Cada um tem seu estilo para gastar. No final, tem de haver um entendimento sobre o que ambos estão tentando alcançar. Sem ele, o que se planta são apenas sementes de descontentamento. Estabeleça objetivos e mantenha-se firme em relação a eles. Crie uma métrica para seu sucesso. E, acima de tudo, tome as grandes decisões em conjunto, e jamais mantenham segredos um do outro. Um casamento de sucesso é aberto – não deve haver segredos.

Apreciem um ao outro sexualmente. O segundo maior problema no casamento é o sexo – a quantidade, a frequência, o nível de intimidade e de comunicação são questões importantes que podem sustentar ou dilapidar um relacionamento. É fundamental que esses assuntos sejam discutidos com honestidade. Se realmente estiver comprometido, a honestidade irá apenas aumentar seu amor e respeito.

E o mais importante: lembre-se de que homens e mulheres são diferentes de inúmeras formas – e não me refiro apenas à questão física. Ambos pensam de maneiras diversas, agem de modos distintos e expressam seus sentimentos de formas diferentes. Aprenda a apreciar as dessemelhanças e a divertir-se com elas. O casamento não é uma competição. Não há, portanto, vencedores e perdedores. É um esporte de equipe, e nele não existe "eu", apenas "nós".

Você já pensou a respeito de divórcio?

R: Nunca! O divórcio jamais foi uma opção. Na verdade, durante algumas seções de aconselhamento conjugal percebi que a terceira maior causa de desentendimento matrimonial (além de dinheiro e sexo) é justamente o medo do divórcio. E até que cada um dos cônjuges possa olhar nos olhos um do outro e dizer "o divórcio não é uma opção," tudo será uma opção. O que se pode fazer quando as coisas não vão bem? Planejar uma rota de fuga. Que tipo de comprometimento é esse?

Colleen e eu tivemos de fazê-lo, embora isso demorasse até os 25 anos de casados. Nossa família estava atravessando momentos difíceis. Nossos dois filhos mais velhos estavam com problemas e tiveram de participar de programas de reabilitação. Colleen começou a fazer terapia e, ao longo do processo, chegou à conclusão de que não gostava de mim o suficiente. Mas essa não era uma prerrogativa dela, pois eu também não estava feliz ao seu lado. Contudo, o divórcio nunca foi uma opção para mim.

Há muitos anos ela me havia dito que não queria que eu me mantivesse casado apenas por causa do compromisso assumido com Deus. Mas, naquele momento, tudo o que me mantinha no casamento era justamente minha promessa no altar. Não sei se ela pensava em separação, mas sei que não a estava agradando na época. Finalmente, decidimos encarar o problema. Nós nos sentamos no sofá e olhamos uma para o outro. Então surgiu a fatídica palavra que começa com "D" e imediatamente eu lhe disse que, para mim, aquela não era uma opção. Ela disse o mesmo. Ela disse que não gostava muito de mim naquele momento, mas que precisávamos ser mais simpáticos e respeitosos um com o outro.

Considerei aquela uma ótima ideia. Percebi que ela continuava comprometida comigo, e nós dois conseguimos reavivar nosso amor. Demorou algum tempo. Saber que ela não considerava o divórcio uma opção fez toda a diferença. Não tinha de ficar imaginando o que passava pela cabeça dela, nem a que hora e em que local a bomba seria detonada. Tudo o que precisamos fazer foi agir com carinho um com o outro e respeitar os espaços individuais. O resultado de tudo isso foi um casamento sadio e uma relação mais próxima conforme os anos passaram.

QUE CONSELHO DARIA A UM CASAL QUE ESTIVESSE COMEÇANDO AGORA?

R: Existe um livro fantástico escrito pelo doutor Emerson Eggerichs, intitulado Amor e respeito *(Mundo Cristão, 2008). Ele foi pastor e oferecia aconselhamento conjugal. O fato de ter falhado com muitos casais o fez estudar a Bíblia e buscar compreender o que estava fazendo de tão errado.*

Logo descobriu o segredo para um casamento duradouro. A Bíblia diz aos homens que amem suas esposas e às mulheres que respeitem seus maridos. Ela já havia lido aquilo inúmeras vezes, mas não havia percebido o motivo pelo qual a Bíblia enfatizava tanto as palavras amor e respeito.

Foi aí que reparou o quão diferentes são os homens e as mulheres. Uma pesquisa realizada com homens, na qual eles tinham de escolher se preferiam receber amor ou respeito das mulheres, apresentou resultados interessantes. A esmagadora maioria disse que preferia ser respeitado a ser amado. Em outras palavras, sua necessidade de adoração, estima e admiração ultrapassava sua carência por amor.

As mulheres, em contrapartida, valorizavam justamente o amor, acima de tudo. Para elas, o amor superava qualquer outro pecado. Sua necessidade por ser amada era medida pelo modo como eram tratadas – flores, presentes, encontros e até pelo tempo a elas dedicado.

Já os homens, precisam apenas de uma palavra de encorajamento e um tapinha nas costas para se sentirem felizes.

Eis o problema: as mulheres tentam obter amor sendo desrespeitosas; os homens tentam conseguir respeito das mulheres sendo frios. Este ciclo infindável leva ambos ao desespero e ao divórcio. Se quiser ter um casamento feliz, é importante que a mulher demonstre ao seu marido sua admiração, e respeito por seus talentos, por sua habilidade de prover o sustento do lar e por seu desejo de protegê-la. Se o homem, por outro lado, quiser obter o respeito e a admiração que merece, precisa amar sua esposa, protegê-la, dar a ela o que deseja realmente e merece, tratando-a com amor. Isso significa fazer pequenas coisas, levá-la para um jantar, cuidar dela mesmo quando ela própria não deseja fazê-lo.

Esta fórmula simples funciona muito bem e separa os maduros dos imaturos. Tente fazê-lo e observará milagres em sua relação.

Você acredita em acordos pré-nupciais?

R: Eu particularmente não acredito nisso, pois envia aos cônjuges uma mensagem totalmente equivocada. Eles dizem: "Eu adoro você, querido(a), e quero me casar com você, mas caso isso não funcione, tudo o que tenho será meu e não terá direito a nada." O casamento é uma parceria para toda a vida. Não pode haver acomodação. Se não for assim, por que então alguém se casaria?

Capítulo 17

O DINHEIRO E A SUA NOVA FAMÍLIA

Conforme nossos papéis na vida mudam, as responsabilidades que os acompanham também mostram seu peso. Lembro-me de quando minha filha Elizabeth surgiu em minha vida. Não sei se foi um caso de depressão pós-parto, mas o fato é que passei a sentir uma verdadeira obsessão por planejar meu futuro para quando ficasse mais velha. Senti urgência em adquirir seguros e poupar dinheiro para a aposentadoria. Repentinamente, deixei de me sentir livre e solta e tornei-me "responsável". Tornei-me absolutamente paranoica em relação à minha velhice e pensava somente em investir. Aquilo foi totalmente maluco e inesperado, afinal, ninguém precisa entrar em pânico daquele modo.

AS CRIANÇAS MUDAM TUDO

O orçamento de qualquer casal muda radicalmente com a chegada do primeiro filho. As despesas mensais passam de repente a incluir inúmeros itens relacionados ao bebê e, posteriormente, às crianças.

Gastamos uma fortuna criando nossos filhos. Observe alguns dados sobre os Estados Unidos:

- em um estudo de 2004, o Departamento de Agricultura dos Estados Unidos descobriu que famílias que ganhavam entre 41.700 dólares e 70.200 dólares por ano despendiam cerca de 184.320 dólares para criar os filhos até a idade de 17 anos;
- as que ganhavam acima de 70.200 dólares gastariam em torno de 269.520 dólares. Já as famílias com renda superior e vivendo em áreas urbanas no oeste, gastavam ainda mais: 284.460 dólares;
- os custos não caíam proporcionalmente para famílias de renda mais baixa. Elas gastavam 134.370 dólares.

A educação não leva em conta algumas despesas, como cuidados médicos e hospitalares ou escolas particulares caras. Ela também não considera os milhares de alunos que são parcial ou integralmente sustentados pelos pais. Para piorar as coisas, acrescente aos números mencionados de 20 mil dólares a 150 mil dólares em gastos com os outros três ou quatro anos de ensino médio, dependendo do nível da escola.

Despesas mais altas para famílias de pais solteiros

Estatísticas norte-americanas demonstram que as despesas de criação, seja em lares com renda dupla ou individual, são praticamente as mesmas – 124 mil dólares × 130 mil dólares, de zero a 17 anos (informação fornecida pelo Departamento de Agricultura dos Estados Unidos, em 2003). Essa soma, contudo, significa uma porção significativamente maior da renda de mães ou pais solteiros. Ao mesmo tempo, essas famílias de renda individual sofrem com custos mais altos em moradia, transporte, cuidados gerais e alimentação.

O QUE SIGNIFICA CONSTRUIR UMA FAMÍLIA EM TERMOS DE ORÇAMENTO FAMILIAR

Talvez o indivíduo inicie uma nova família para se tornar um ser mais completo. Meus filhos são provavelmente a razão pela qual faço a maioria das coisas em minha vida. Desde o dia em que nasceram mudaram toda a minha realidade. Eles me definiram como pessoa e fizeram com que eu me desdobrasse para compreender o mundo e para amar cada vez mais. Contudo, se qualquer ser humano sentasse e calculasse as despesas que teria ao construir uma família, a civilização chegaria ao fim. Os números são assustadores. Considere o seguinte:

O fundo para despesas emergenciais

Esta é uma poupança que se faz para situações de emergência. Os residentes de Cingapura têm sorte, pois podem contar com uma reserva oferecida pelo Medisave,* um sistema de seguro-saúde compulsório do país. Independentemente disso, é possível estabelecer um fundo extra para outras despesas emergenciais, como perda de emprego, impossibilidade de trabalhar por algum tempo devido a problemas de saúde na família ou acidentes. Essa poupança também será bem-vinda caso seu apartamento apresente vazamentos e infiltrações causados por problemas no encanamento do seu vizinho do andar superior.

Uma casa maior

Ter filhos exige uma casa maior. Depois da chegada do bebê, será necessário espaço para acomodar o bebê e a babá. Caso tenha filhos de sexos diferentes, cada um precisará de seu próprio dormitório conforme forem crescendo.

Custo de educação

As despesas para colocar um filho em uma boa universidade no exterior podem variar de 250 mil dólares a 500 mil dólares. Neste caso, suas despesas domésticas não aumentarão

* Oitenta e cinco por cento de cobertura de saúde em Cingapura é feita por meio da Medisave, uma conta poupança nacional de saúde (HSA), programa introduzido em 1984. Tal como os encontrados nos Estados Unidos, as contas Medisave são isentas de impostos e oferecem rentabilidade. É possível para a família resgatar parte dessa poupança depois da morte de um contribuinte. Porém, o dinheiro somente pode ser utilizado em tratamentos médicos como hospitalização, cirurgia e radioterapia. Fonte: http://brasilcomz.wordpress.com/2009/07/22/saude-vai-bem-obrigado/. Acessado em 16/12/2010. (N.T.)

tanto, mas você praticamente terá de estabelecer uma nova residência fora do país. Caso opte por uma universidade local, suas despesas serão mais baixas durante o período de três a cinco anos, desde que o estudante continue vivendo em sua casa.

De acordo com a Associação das Universidades Norte-americanas, as despesas com mensalidade, moradia e alimentação nas universidades mais caras dos Estados Unidos, entre 2007 e 2008, variou de 44.556 dólares a 47.147 dólares por ano. Entre as universidades estão: Columbia (primeira do ranking); Universidade de Chicago, Universidade Brown, Universidade de Harvard, Instituto de Tecnologia de Massachusetts (MIT) e Yale.

Um estudo realizado pelo Centro de Pesquisa em Serviços financeiros da Universidade de Tecnologia Nanyang de Cingapura demonstra que um curso de administração de três anos naquele país que custa hoje 35 mil dólares locais, custará cerca de 80 mil dólares cingapurenses dentro de dezoito anos. Isso significa que se a minha despesa atual para cobrir os estudos universitários do meu filho é de 35 mil dólares agora, terei de despender 50% a mais quando minha filha alcançar a idade para iniciar a faculdade, daqui a sete anos.

Comparativamente, o mesmo estudo demonstra que, em relação aos 80 mil dólares, 130 mil dólares e 165 mil dólares gastos atualmente na Austrália, Reino Unido e Estados Unidos, os custos universitários nesses países alcançarão, respectivamente, 190 mil dólares, 300 mil dólares e 390 mil dólares. Portanto, qualquer família deve se programar cuidadosamente, quer tenha um ou três filhos.

Sabendo o custo da educação, seria interessante e inteligente poupar dinheiro para custeá-la desde a concepção de seu bebê. Existem inúmeros produtos financeiros disponíveis atualmente. Não se preparar partindo do pressuposto que na hora H tudo se resolverá não é uma atitude sábia. Ou você acha que teria a coragem de dizer-lhes: "Sinto muito, não tenho como apoiá-los financeiramente," mesmo tendo a certeza de que seus filhos poderiam ser bem-sucedidos na vida?

Mesada

Quando meu filho Brian completou 17 anos, perguntei aos meus colegas que tipo de mesada davam aos filhos. Não tinha a menor ideia de quanto um garoto de 17 anos precisaria ganhar, mas queria ser justa com ele. Eles me disseram que as mesadas giravam entre 500 dólares e 800 dólares por mês, e que o dinheiro era gasto em transporte, entretenimento, alimentação e lanches com os amigos. Fiquei chocada. Meus colegas eram de classe média alta e seus salários variavam entre 8 mil dólares e 14 mil dólares por mês. Segundo eles, a quantia que davam aos filhos excluía mensalidades escolares, roupas e viagens.

Achava que dar ao meu filho cerca de seiscentos dólares já era extravagante, então como famílias que ganhavam menos do que 5 mil dólares por mês lidavam com o problema? Honestamente, não entendo como as famílias com rendas ainda mais baixas resolvem essa questão, já que as crianças de hoje parecem precisar de tantas coisas.

Para ensinar ao meu filho o valor do dinheiro, encorajei-o a trabalhar no McDonald's. Eles pagam entre 3,50 dólares e 4 dólares a hora. Costumo contratar jovens para trabalhar em minha empresa, pagando-lhes entre 6 dólares e 8 dólares por hora trabalhada, o que pode resultar em um salário diário entre 50 dólares e 80 dólares.

As coisas que as crianças querem e aquilo de que precisam

Há uns dois anos, estava em um salão de cabeleireiros com meu filho Brian quando uma vizinha entrou com o filho dela. Enquanto conversávamos sobre presentes para as crianças, ela mencionou que havia comprado para o "filhote" uma novíssima bugiganga eletrônica pela bagatela de mil dólares. Aquela fora sua recompensa por ter se saído bem na escola. Não tenho certeza de que seja positivo dar a uma criança um presente tão caro como recompensa por algo que, afinal de contas, era sua obrigação. O fato é que as necessidades de nossos filhos crescem ano após ano, assim como seus desejos.

Seria um telefone celular uma necessidade ou um desejo? E aquele aparelho de última geração? Em que categoria se encaixa o pedido de minha filha por um iPod quando todos os colegas de classe ostentam novíssimos modelos? Particularmente, prefiro ver essas coisas como desejos, e não como necessidades. Quando meus filhos desejam algo eles precisam trabalhar para consegui-lo. No caso de necessidades, eu certamente estarei lá para ajudá-los.

PLANEJANDO A HERANÇA

Uma boa amiga, doutora Lilian, disse-me durante nosso segundo encontro que ganhara muito dinheiro em sua vida. Ela está na casa dos 60 e alega que sempre guardou o dinheiro destinado ao filho em um fundo separado. Segundo ela, embora ele estivesse feliz em seu matrimônio e ela adorasse seus netos, simplesmente não desejava que a esposa dele ficasse com a quantia em caso de divórcio. Saúdo a doutora Lilian por sua sabedoria financeira.

Em uma recente viagem de ônibus a Kuala Lumpur, comecei a conversar com outro viajante. Meu novo amigo estava em uma sinuca. Suas duas filhas eram "ótimas garotas já crescidas" e se preocupavam bastante com os pais; uma delas era médica, e a outra, engenheira da Microsoft. Seus dois filhos, em contrapartida, estavam lhe causando grandes problemas. Ambos namoravam jovens completamente malucas, cheias de tatuagens e cujos penteados eram bastante estranhos. Nem ele nem a esposa tinham qualquer preconceito em relação à aparência das duas, apenas achavam que seus filhos não deveriam se casar com mulheres que encontraram na "balada". Eles não acreditavam que aquelas jovens seriam boas esposas. Meu companheiro de viagem estava enfrentando dificuldades para estruturar seu testamento. Como funcionário público, ele fizera muita economia para educar seus filhos no Reino Unido, assim como para garantir seu próprio pé-de-meia.

Contei a ele sobre o fundo criado pela doutora Lilian para seu filho. Expliquei a ele que o valor total jamais poderia ser retirado, mas que renderia ao rapaz uma quantia anual para que vivesse bem pelo resto da vida. Contei-lhe que aquela aplicação não seria herdada pela esposa caso o pior ocorresse. O viajante ficou superfeliz em ouvir aquelas palavras.

Acordos entre familiares

Um ato *inter vivos* é um mecanismo legal que protege e preserva seus bens e recursos estando você vivo ou morto. Aquele que o estabelece, geralmente uma pessoa física, entrega seu dinheiro ou bens nas mãos de um representante legal denominado curador. O dinheiro e/ou os bens são doravante administrados pela instituição financeira e pela curadoria em prol dos beneficiários designados. Este profissional é útil nos seguintes aspectos:

- permite ao contratante manter sigilo sobre seus bens e sua distribuição;
- pode ajudá-lo a reduzir despesas de impostos, ou seja, com as taxas *causa mortis* cobradas sobre a transferência ou herança de seus bens. Essa é uma lei federal em muitos países, embora não possa ser aplicada sobre os residentes de Cingapura, já que foi abolida naquele país;
- é capaz de preservar seus bens em relação aos credores;
- a curadoria pode atravessar gerações.

O sistema é simples em conceito, mas os trâmites legais podem ser complexos, pois dependem da legislação local. Se quiser explorar o funcionamento desse mecanismo, converse com um advogado ou especialista em processos de curadoria.

Investimentos familiares ou sociedades gestoras

Com efeito desde abril de 2008, um novo veículo de investimento para família foi criado em Cingapura. O objetivo é agrupar bens familiares e facilitar seu gerenciamento. Esse mecanismo oferece proteção tributária para os dividendos e para certos tipos de investimento. Se possuir bens e quiser preservá-los como pertencentes à sua família, talvez seja interessante verificar a existência desse tipo de estrutura em seu país.

O ORÇAMENTO FAMILIAR E SUA PRÓPRIA INDEPENDÊNCIA FINANCEIRA

Inúmeros livros falam sobre orçamentos e sobre a importância de não se gastar demais. Alguns capítulos atrás, ofereci algumas informações gerais sobre orçamento doméstico que podem ser utilizadas em qualquer fase de sua vida. Na Tabela 17.1 a seguir, incluo um orçamento detalhado para famílias jovens. Compreender o conceito de orçamento é fácil, mas manter-se no curso exige disciplina.

Mais uma vez, a área mais importante do orçamento – seja você casada ou solteira – é a que se refere à saída de fundos para contas de investimento e aplicações que objetivem levá-la à independência financeira e garantir sua aposentadoria. Independentemente de ser casada, esses fundos específicos DEVEM ser mantidos.

A POUPANÇA DEVE SER SEU OBJETIVO PRIORITÁRIO. PAGUE A SI MESMA EM PRIMEIRO LUGAR!

AGORA É COM VOCÊ

Que atitudes já tomou para proteger sua família? Você já...

- Refez seu testamento?
- Adquiriu seguros educação, saúde e básico para seus filhos?
- Considerou estabelecer um curador para cuidar de sua herança e se certificar de que ela não seja aniquilada?
- Abriu uma conta para despesas emergenciais, além de sua conta pessoal, para garantir sua independência?

Seja uma pessoa bastante determinada a tornar-se financeiramente independente, de modo a não se transformar em um problema para seus filhos quando ficar mais velha. Ensine-os desde cedo sobre finanças, sem, contudo, mantê-los presos a uma atitude mental de pobreza.

TABELA 17.1. ESTRUTURA DE UM ORÇAMENTO FAMILIAR.

Renda mensal total bruta			$
IMPOSTOS	$		
POUPANÇA PARA INVESTIMENTOS	$		
= renda mensal para despesas			$
Despesas fixas			
GASTOS DOMÉSTICOS:			
· Financiamento imobiliário ou aluguel	$		
· Contas de água, luz, gás e telefone	$		
· Seguro da casa	$		
· Manutenção e reparos	$		
· IPTU	$	$	
AUTOMÓVEL:			
· Financiamento	$		
· Combustível	$		
· Seguro e impostos	$		
· Manutenção e reparos	$	$	
DÍVIDAS:			
Credor 1:			
Situação antes do pagamento:	$		
Credor 2:			
Situação antes do pagamento:	$	$	

Tabela 17.1. Estrutura de um orçamento familiar.

Gastos: crianças			
· Cuidados gerais	$		
· Escola e materiais	$		
· Mensalidades e taxas	$		
· Despesas médicas e receitas	$		
· Aulas extras	$		
· Mesada	$	$	
Gastos: família em geral			
Família			
· Supermercado	$		
· Jantares e entretenimento	$		
· Despesas médicas e receitas	$		
· Celular e internet	$		
· Vestuário	$		
· Pet shop e animais de estimação	$		
· Férias	$		
· Outros	$	$	
Pessoal			
· Doações	$		
· Ginástica	$		
· Vestuário e artigos de uso pessoal	$		
· Presentes	$		
· Diversão com amigos	$		
· Educação	$	$	$
Resultado mensal (sobra ou falta)			$

Capítulo 18

DIVÓRCIO

Certa vez estive em Johor Bahru para um casamento. A noiva estava simplesmente deslumbrante, e o noivo, lindo de morrer. No momento em que ela fez o seu discurso, disse algo que até hoje ainda martela em minha mente: "Este é o dia mais feliz de toda a minha vida. Esperamos que isso dê certo." Aquilo foi algo estranho para uma noiva dizer em plena festa de casamento – eles *esperavam* que funcionasse?

Nunca tive um plano B quando me casei. Sempre imaginei o casamento como algo para sempre. Divorciei-me em 1998, depois de treze anos tentando fazer aquela relação funcionar. Durante todo o tempo queria que tudo terminasse como em um conto de fadas. Demorou dez anos para que eu dissesse isso publicamente. Isso se chama "amadurecer". Hoje, dependendo do seu ciclo de amizades, o divórcio pode ser um status aceitável ou um motivo para franzir a testa.

NO-FAULT – O DIVÓRCIO NÃO PROVOCADO POR NENHUMA DAS PARTES

Esta é a separação em que não se faz necessário um motivo ou falta grave por parte de um dos cônjuges para que o divórcio seja concedido. Neste caso, qualquer uma das partes poderia solicitar ou receber o pedido de divórcio a despeito de possíveis objeções do outro lado.

Uma equipe de pesquisadores da Universidade de Oklahoma, Estados Unidos, estudou os efeitos da adoção da separação *no-fault* nos cinquenta estados norte-americanos e descobriu que o número de divórcios aumentou naqueles em que a lei fora promulgada.[1] É possível que quando o divórcio esteja ligado a razões específicas seja difícil demais para os cônjuges suportarem suas emoções e dificuldades em público, e até apontarem quem fez o quê. As pessoas querem poder dizer que o que fracassou foi uma instituição denominada "casamento", e não eles próprios enquanto seres humanos.

Porém, fracasso é sempre fracasso. Para amadurecer é preciso enfrentarmos isso. Não importa se erramos na escolha da pessoa, se não conseguimos nos comunicar ao longo da jornada, se não nos adaptamos ao outro, se ocorreram relações extraconjugais

[1] Nakonezny, P.A.; Shull, R.S. & Rodgers, J.L. "The Effect of No-Fault Divorce Law on the Divorce Rate Across the 50 States and Its Relation to Income, Education and Religiosity" [O efeito do divórcio *no-fault* sobre a taxa de separação nos cinquenta estados norte-americanos em relação à renda, educação e religiosidade]. *Journal of Marriage and the Family*. p.477-88, Maio/1995.

ou se fracassamos em tentar proteger e cuidar um do outro. Admitir o fracasso nos dá a chance e a liberdade de mudar para melhor e seguir em frente.

AS MULHERES SÃO PREJUDICADAS PELO DIVÓRCIO

Existem jornais bastante sensacionalistas que divulgam histórias de mulheres que saem do casamento milionárias. Estatísticas, contudo, demonstram que as mulheres não se beneficiam ao se divorciar. Em um estudo publicado pelo *The Telegraph* (Reino Unido), sociólogos que acompanharam a renda de casais divorciados ao longo de sete anos concluíram que as mulheres separadas se davam melhor buscando um novo marido que tentando encontrar um emprego! Esse mesmo estudo demonstrou que, entre os quatro mil indivíduos acompanhados, a renda dos homens costumava aumentar em 11% depois da separação, enquanto a das mulheres caía em torno de 17%.

AS CRIANÇAS TAMBÉM NÃO SE BENEFICIAM COM O DIVÓRCIO

Se não existem crianças envolvidas na separação, praticamente não há nada a ser dito entre os envolvidos, já que ambos estarão livres para viver como bem entenderem e encontrar a felicidade na vida. Contudo, se o casal tiver filhos, a história muda completamente.

A despeito das palavras encorajadoras que receberá dos amigos – "o divórcio é algo normal", "as crianças são fortes", "os filhos irão se recuperar" –, estudos mostram algo completamente diferente. Paul Amato, da Universidade de Nebraska, e Alan Booth, da Universidade Estadual da Pensilvânia, concluíram:

> *Para o bem das crianças, alguns casamentos (de alto nível de conflito) não deveriam ser poupados. Porém, naqueles em que os conflitos estão em um patamar controlável, as futuras gerações se dariam melhor se os pais permanecessem juntos até que os filhos crescessem.*

Talvez esta seja a razão pela qual alguns de meus amigos se mantenham casados mesmo que infelizes. Os conflitos conjugais são mantidos em um grau controlável pelo bem-estar das crianças.

A MELHOR ESTRATÉGIA – FAÇA UM ACORDO PRÉ-NUPCIAL

As taxas de divórcio na Austrália no Reino Unido, nos Estados Unidos e em Cingapura estão em torno de 20% a 50%. Uma das melhores estratégias de defesa contra os problemas associados ao divórcio é fazer um acordo pré-nupcial, e eu já disse isso anteriormente.

Se SOUBESSE que sua chance de ser atingida por um meteoro em meio a um campo aberto em um dia quente e ensolarado fosse de uma em cinco, você ainda assim permaneceria nesse campo? Se esse fosse o caso eu a consideraria maluca.

Se TIVESSE CONHECIMENTO de que sua chance de se envolver em um acidente rodoviário indo para a praia em um ônibus leito fosse de 30%, você ainda o faria? Acho que cancelaria sua passagem imediatamente.

As pessoas continuam a acreditar em contos de fadas mesmo quando são expostas a estatísticas que comprovam exatamente o contrário. Elas gastam fortunas em cerimônias luxuosíssimas, compram vestidos de noiva deslumbrantes e sapatos *a la Cinderela* que não poderão ser usados em nenhuma outra ocasião e se atolam em dívidas. Depois, elas se abraçam e dizem umas para as outras: "Fizemos a coisa certa. Aquele dia foi simplesmente perfeito."

Se eu fosse você e SOUBESSE que existem grandes chances de o meu casamento terminar em divórcio, trataria de providenciar um acordo pré-nupcial urgentemente para assegurar meu futuro. Veja isso como um seguro de vida. Você não quer morrer, e acha que isso de fato não acontecerá, mas, ainda assim, faz seguro. Você também não quer o divórcio e não acha que isso ocorrerá, mas faz um pré-nupcial apenas para prevenir.

Se já estiver casada e não tiver assinado um acordo pré-nupcial, faça as contas e as perguntas certas antes de se aventurar em um divórcio. Afinal, há somente uma coisa pior que entrar em um casamento sem fazer cálculos: SAIR DE UM CASAMENTO SEM FAZER CÁLCULOS!

Quando o assunto é divórcio, o fato de você ter ou não um acordo (assinado antes ou depois do matrimônio), que determine como os bens serão divididos, tem sido considerado importante. Como discutido anteriormente, a seção 112 da Carta de Direitos da Mulher (de Cingapura) autoriza os juízes a considerar quaisquer desses acordos.

De fato, nos últimos tempos, a corte de Cingapura tem demonstrado consideração para com tais arranjos, como se acordos formais tivessem sido assinados.[1] Em 10 de fevereiro de 2009, a Suprema Corte de Apelações tomou uma decisão sem precedentes demonstrando que, embora os acordos pré-nupciais não sejam automaticamente validados no divórcio, eles também não são imediatamente rejeitados. Ou seja, eles serão considerados com cuidado e atenção nos casos de divórcio, dependendo das circunstâncias e da racionalidade dos termos ali contidos.

Faça o acordo em tempos de alegria para que quando a situação se tornar complicada você tenha a certeza de ter feito tudo o que estava ao seu alcance para se proteger de eventuais riscos. Lembre-se de que assinar tais acordos em momentos ruins é praticamente impossível tanto para homens quanto para mulheres. Sempre conte com a ajuda de um advogado especializado para cuidar de tudo. (Para informações sobre acordos pré/pós-nupciais em todo o mundo, acesse www.international-divorce.com.)*

NEGOCIANDO UM DIVÓRCIO

Meu bom amigo Benny foi casado durante muitos anos com a belíssima Maria. O casamento acabou quando Maria descobriu que seu marido a estava traindo. Em seu coração, Benny sabia que amava Sofia mais que Maria, mas deixou a amante por saber que não conseguiria viver longe de suas filhas. Sofia deu a ele um ultimato para que deixasse a esposa. Benny escolheu as filhas e permaneceu casado.

Três anos mais tarde, Benny e Maria praticamente não se falavam. Ambos tinham advogados negociando o divórcio. Benny estava tão esgotado com o processo e com

[1] Referência a TQ *versus* TR, [2007] *SGHC* 106; data da decisão: 11 de julho de 2007. A Suprema Corte de Cingapura fez cumprir um acordo pré-nupcial assinado na Holanda entre uma esposa sueca e um marido holandês.

* Este site, em inglês, traz informações sobre a legislação brasileira em relação aos direitos sobre menores no caso de divórcio. (N.T.)

o aumento dos honorários e taxas processuais que decidiu gastar todo o dinheiro que possuía para que ela não pudesse tirar nada dele.

Daniel, outro bom amigo, da Austrália, decidiu não trabalhar mais depois do divórcio. A decisão judicial em favor de sua esposa o obrigava a pagar um altíssimo percentual de seu salário. Resultado, se ele não tivesse um salário, ela não ganharia nada. Ele alegou que não concordava em pagar pensão para aquela "maluca por dinheiro" (palavras dele). Daniel se tornou um "rato de praia". Ele disse certa vez: "Norma, pelo amor de Deus, por que eu deveria me tornar um escravo para garantir-lhe roupas de grife? De jeito nenhum. Prefiro passar o dia com meus amigos na praia." Daniel era um cirurgião dentista altamente qualificado.

Tanto Benny quanto Daniel não conseguiram negociar sua separação.

Escolha o advogado corretamente

Invista algum tempo escolhendo o advogado adequado para cuidar do divórcio. Lembre-se: advogados cobram por hora, portanto, se arrumar um profissional guerreiro, talvez ele tenha mais a ganhar do que você no acordo. Quando decidi me divorciar, meus amigos advogados disseram: "Deve procurar alguém que esteja interessado em ajudá-la e a salvar a relação, mesmo que ela já não exista mais."

Embora você possa realmente odiar aquela pessoa horrorosa por quem já foi apaixonada, e a despeito de querer desferir-lhe uma bela facada ou brindar-lhe com um tiro de bazuca, a pior coisa que poderá fazer é arrumar um advogado belicoso para cuidar de sua separação. A menos que seu futuro ex-marido se responsabilize por todas as despesas, processos prolongados irão apenas acabar com ambos.

Os bons advogados buscam estabelecer a paz. Eles sabem que há mais em jogo que propriedades e bens a serem divididos, especialmente no caso de existirem crianças envolvidas. Quanto a encontrar bons advogados, converse com pelo menos três ou quatro e ouça o que eles têm a dizer. Preste atenção no modo como eles falam. Se disserem coisas como: "Vamos acabar com aquele filho da ...", sugiro que caia fora. Procure um cujo discurso seja: "Vamos nos concentrar nos fatos."

Você não deve procurar um advogado que simpatize com sua causa ou até mesmo com você, mas um profissional que faça o que for preciso, a um preço justo e pelo melhor resultado possível.

Mas, antes disso, permita-me lembrá-la de que o divórcio não é uma boa opção se houver a possibilidade de reconciliação. A separação tende a tornar as pessoas mais pobres e menos preparadas para enfrentar a vida, nunca o oposto. Tem certeza de que a reconciliação é impossível? Já tentou?

A cordialidade é uma ótima estratégia

Conheço várias mulheres que se mantêm casadas mesmo depois de traídas por seus companheiros. Desde que tenham feito todos os cálculos necessários (dinheiro, emoções, crianças, vida, sustento, futuro, oportunidades e felicidade), aplaudo sua decisão, do mesmo modo como o faria caso tivessem optado pela separação.

Também conheço homens e mulheres asiáticas que se mantêm casados a despeito de casos extraconjugais, secretos ou não. Eles sabem que divórcios são onerosos e turbulentos. Para muitas dessas esposas, a relação homem-mulher é apenas parte de uma grande equação. Então, elas preferem poder desfrutar da parte do bolo que lhes cabe. Parafraseando uma amiga, "é perfeitamente possível ter um bom lar sem possuir um bom casamento".

Seja qual for sua decisão, mantenha-se no controle. Não permita que suas emoções tomem as rédeas. O que estou querendo dizer? Você grita, ele grita; você berra e chora, ele berra e sai de casa; você chora, ele dorme em um hotel. No dia seguinte, ambos já têm advogados e não dialogam mais; as coisas se arrastam; ambos querem tudo, o que não é possível; os advogados enriquecem e você e seu ex-marido empobrecem.

SEUS DIREITOS FINANCEIROS EM UM DIVÓRCIO COM PENSÃO ALIMENTÍCIA

No passado, em geral, as mulheres tinham a prerrogativa de receber pensão de seus ex-maridos no caso de divórcio. Isso não necessariamente ocorre atualmente. Em Cingapura, a questão é definida na seção 114 da Carta de Direitos da Mulher. A corte, ao decidir sobre pensões, levará em consideração se a mulher trabalha ou é capaz de trabalhar, se o marido está desempregado ou se é incapaz por conta de algum tipo de invalidez. Portanto, nem sempre as mulheres recebem pensão. Os pais, em contrapartida, são sempre obrigados a pagar pensão alimentícia aos filhos, mesmo que estejam desempregados.

A justiça no tribunal é abordada na seção 14(2), que determina que a corte deverá fazer o possível para garantir que ambas as partes mantenham a posição financeira à qual teriam direito se o casamento não tivesse terminado, considerando que ambos tenham se livrado de dívidas e responsabilidades em relação um ao outro.

Em outras palavras, você jamais conseguirá arrancar as calças do seu ex-marido sem ter de abrir mão de suas roupas de grife. Para mim, isso é absolutamente justo. Além disso, sob as novas leis de Cingapura, os maridos têm o direito de solicitar pensão, mas, no caso dos homens asiáticos, que são bastante orgulhosos, isso é praticamente inimaginável.

Algo para pensar

Certa vez, li um artigo que trazia informações interessantes sobre o modo como ricos e pobres lidam com questões emocionais. Não consigo lembrar-me do autor, mas lembro-me da mensagem. Segundo o texto, o mundo está dividido em duas classes de indivíduos: a classe pensante e a classe emocional. Os pobres tendem à classe emocional, enquanto os ricos tendem a fazer parte da classe pensante.

Isso não significa que os mais ricos não tenham sentimentos. Eles os têm, mas não permitem que suas emoções determinem suas ações. Do mesmo modo, o texto não sugere que os pobres não possam pensar. É claro que pensam, mas suas decisões são norteadas pelas emoções. Isso quer dizer que quando o pobre não quer ir trabalhar ele liga e diz que está doente, enquanto o rico se apronta, dá um sorriso, sai, faz seu *networking* e cria oportunidades favoráveis a uma posição melhor para si mesmo.

Aprendi com este artigo que os ricos tendem a manter a cabeça fria e são capazes de se livrar de situações difíceis, em vez de apenas reagir emotivamente. Alguém disse em certa ocasião: "Se quiser ser rico, imite os ricos." Siga sua linha de raciocínio, seu comportamento e, até mesmo, o modo como se vestem.

Como reagiria se encontrasse seu marido na cama com outra mulher ao chegar em casa depois do trabalho? O que faria se uma grande amiga lhe contasse que seu cônjuge mantém um caso amoroso por oito anos? Como se sentiria se encontrasse a caixinha de preservativos dele, os contasse e percebesse que estão faltando dez?

Minha amiga Lynette acidentalmente descobriu um pacotinho de preservativos dentro da maleta do notebook de seu parceiro, enquanto ambos curtiam férias em Bali. Ao questioná-lo, ele explicou que o tal pacotinho pertencia a um colega de trabalho que frequentemente viajava a Bangcok. Lynette esperou até o final das férias para terminar o relacionamento, mas não sem antes fazê-lo comprar-lhe uma bela e caríssima joia, e provocá-lo a fazer sexo com ela durante todos os dias que restavam. Lynette se manteve fria durante todo o período.

Um estudo realizado pela *Forbes* demonstrou que enquanto 50% dos casamentos nos Estados Unidos terminam em divórcio, apenas entre 20% e 30% dos casais estão na lista dos 400 mais ricos. Desses, os que de fato se divorciam são os mais ricos. De acordo com Judith Stern Peck, terapeuta e diretora do Ackermam Institute for the Family de Nova York, que aconselha casais prestes a se divorciar, diz que as pessoas somente levam a separação a cabo se seus estilos de vida não sofrerem.[1]

Então, o que fazem os ricos? Eles encontram meios de gerenciar a riqueza da família de maneira conjunta. Eles sabem que, se o dinheiro for dividido, perderão seu poder aquisitivo. Cada um poderia até permanecer bastante rico, mas seria mais difícil viver sem o mesmo número de zeros do lado certo da vírgula. Por causa disso, eles permanecem juntos. Todos os estudos de caso comprovam tal situação.

Os serviços profissionais nos Estados Unidos existem para ajudar famílias a lidar com essas situações de modo civilizado e cordial. Isso serve para o bem de todo o "clã" e colabora para o controle da fortuna. A morte, os casamentos, os divórcios e os nascimentos, todos estão diretamente relacionados ao clã. Este é um modo pelo qual a riqueza gera riqueza e é mantida geração após geração. Este também é um motivo pelo qual os ricos permanecem ricos.

AGORA É COM VOCÊ

Se o casamento já não funcionasse para você ou até mesmo para o casal, o que faria? Cheque a lista a seguir e busque as alternativas que se aplicam a você:

- "Eu o processarei e exigirei cada centavo que tiver, afinal, ele me traiu e eu precisarei de dinheiro para recomeçar minha vida."
- "Eu lhe darei tudo, pois sem ele não sou ninguém. Não quero dinheiro, quero meu marido."

[1] Bernstein, P.W. & Swan, A. *All the money in the world* [Todo o dinheiro do mundo].

- "Não sei e já não me importo mais."
- "Sairei desse casamento o quanto antes e recomeçarei minha vida do zero. Não ligo para dinheiro."
- "Precisaremos nos sentar e discutir a situação. Se ele não puder fazê-lo agora, o faremos quando tudo estiver mais tranquilo."
- "Tenho meus filhos. Quero ter certeza de que ele dará às crianças tudo o que precisarem (Quanto? Tudo, é claro). Jamais deixarei que aquele homem horrível os veja novamente. Ele é um verdadeiro...!"

Dizem que Ivana Trump teria falado o seguinte: "Não se enerve, apenas dê o troco!" Isso se explica pelo fato de ter sido casada com Donald Trump. Para o resto de nós, o ideal é: "Não se enerve demais. Faça as coisas funcionarem!" Lembre-se: quanto mais velha for, mais ganhará. Você deve se importar, pois isso afetará sua vida financeira e, possivelmente, a de seus filhos.

O divórcio: algumas perguntas e respostas

Descubra o que a lei diz sobre o divórcio, o patrimônio conjugal e a divisão de propriedade em seu próprio país. Esteja sempre bem-informada, pois as leis podem mudar de tempos em tempos. Não tire conclusões precipitadas e sempre pague pelos conselhos de um profissional antes de partir para a separação oficial. Lembre-se: alguns advogados gostam de arrastar processos desnecessariamente apenas para garantir seus próprios interesses.

O que é patrimônio conjugal?

R: Muitos casais tendem a adquirir um imóvel durante o curso de seu casamento. Alguns terão outros bens, como automóvel, negócio próprio, contas bancárias e apólices de seguro. Se a propriedade ou o bem for um patrimônio conjugal, então faz parte de um conjunto de bens que será dividido pela corte quando o casal solicitar o divórcio. Se o bem foi adquirido após o casamento, é um patrimônio conjugal.

Contudo, se o bem foi adquirido por você antes do casamento, somente será considerado patrimônio conjugal se:

- *tiver sido utilizado por seu cônjuge ou filhos enquanto estavam vivendo juntos;*
- *tiver sido substancialmente aprimorado por seu cônjuge, ou por ambos, durante o casamento.*

Se o bem foi um presente ou foi herdado por você, não será considerado patrimônio conjugal, exceto se for o imóvel habitado pelo casal *ou tiver sido substancialmente aprimorado durante o casamento por seu cônjuge ou por ambos. **

COMO A CORTE TOMA SUA DECISÃO SOBRE A PARTE DO PATRIMÔNIO CONJUGAL QUE CABE A CADA UM DOS CÔNJUGES APÓS A SEPARAÇÃO?

R: O fato de você ou seu cônjuge não ter investido em um patrimônio conjugal específico não é conclusivo. Não há uma fórmula certa para a partilha de bens. A decisão da justiça ocorre depois de o juiz ter acesso a todas as evidências. Caberá à corte dividir o patrimônio de modo justo e equitativo, dependendo das circunstâncias. O juiz atentará para:

- *a contribuição financeira direta de cada um dos cônjuges, como salário e outros ganhos;*
- *a contribuição não financeira de cada um dos cônjuges para o bem-estar da família, incluindo os cuidados com a casa e com os membros da família;*
- *as necessidades das crianças;*
- *qualquer acordo que tiver sido feito entre o casal em relação à divisão de bens conjugais no caso de divórcio.*

Se o casal não conseguir chegar a um acordo sobre a partilha do patrimônio conjugal, a corte pedirá a cada um que preencha uma afirmação ou confirmação de bens e rendimentos para a fase processual em que serão abordados assuntos complementares.

COMO A CORTE DECIDIRÁ A QUEM PERTENCE UMA PROPRIEDADE E COMO OS BENS SERÃO DIVIDIDOS?

R: A corte aplicará à disputa os princípios gerais da lei de propriedade. Em outras palavras, a corte tomará sua decisão de acordo com os mesmos princípios utilizados para definir posse entre indivíduos não casados. É preciso buscar aconselhamento jurídico para garantir que as medidas certas sejam tomadas pelos interessados.

O QUE ACONTECERÁ SE UM DOS CÔNJUGES ESTIVER FALIDO?

R: Quando um dos cônjuges for considerado falido, um procurador de justiça fará parte do processo e cuidará dos bens. A corte prosseguirá com a divisão do patrimônio conjugal do mesmo modo como faria nos demais casos. O procurador de justiça poderá participar da audiência para resolução de assuntos complementares para colaborar na representação do cônjuge falido. Se os cônjuges já tiverem chegado a um acordo sobre a divisão patrimonial, será necessário obter uma aprovação do procurador de justiça antes que a corte endosse o acordo.

---

* No Brasil, não serão partilhados os bens possuídos pelos cônjuges antes da união, nem os que vierem depois do casamento por doação ou herança. Para mais informações acesse: www.contextojuridico.com.br/quais-os-meus-direitos-na-separacao-judicial/. (N.T.)

Capítulo 19

VIÚVA, MAS NÃO FALIDA

AS MULHERES VIVEM MAIS

A maioria das mulheres deve estar preparada para viver mais que os homens. A expectativa de vida do ser humano em todo o mundo é de 64,3 anos. Os homens alcançarão 62,7 anos de idade, já as mulheres, 66 anos – uma diferença superior a três anos. Contudo, essa discrepância varia de acordo com a região, sendo na América do Norte e na Europa de quatro a seis anos, e na Rússia, mais de treze.

Conforme as pessoas envelhecem, esse diferencial diminui. Por exemplo: a expectativa de vida de uma mulher de 50 anos é de 82, já a do homem é de 78. Esse total de 4 anos relativo ao gênero sexual diminui se ambos já estiverem com 85 anos. Neste caso, a mulher poderá viver até os 91 e o homem até os 90 anos.[1]

As "uvas podres" da viuvez

Vários anos após me divorciar de meu primeiro marido, ele faleceu em um acidente de automóvel. Embora eu estivesse tecnicamente divorciada e, portanto, não pudesse ser considerada uma viúva, sua morte me abalou tanto quanto se ainda estivéssemos casados. Eu era a única pessoa da família em Cingapura e, por causa disso, tive de cuidar de tudo. Foi muito doloroso. Naquela semana perdi nove quilos.

Minha amiga Jannie Tay costuma usar o termo "uvas podres" para designar coisas desagradáveis. Neste caso, as "uvas podres" estavam realmente "podres". As memórias daquela semana ainda são bastante impactantes em minha vida. Afinal, o que eu sabia sobre caixões, flores, cremação, validação de testamento etc.? Lembro-me de ter optado por um caixão de preço médio, pois considerei o de mil dólares barato demais e o de 15 mil dólares caro demais para ser queimado. É incrível como até mesmo nos momentos mais dolorosos somos obrigados a pensar em dinheiro. Queria que meu filho compreendesse o processo e, ao mesmo tempo, aceitasse a morte do pai, por isso o levei comigo para me ajudar a tomar todas as decisões. "Que caixão você acha que deveríamos comprar para o papai?" Escolhemos um de 3.500 dólares.

Ele morreu na mesma semana do atentado de 11 de setembro. Ver toda aquela tristeza na TV e perceber como aquilo afetou o mundo todo, de algum modo,

[1] Social Security Administration Actuarial Tables [Gráficos atuariais do Departamento de Previdência Social (dos Estados Unidos). Disponível em: www.ssa.gov.

abafou minha própria dor. Embora já estivéssemos oficialmente divorciados e prosseguindo com nossa vida, senti-me completamente entorpecida em saber que alguém muito próximo partira.

No prazo de uma semana, parentes que não víamos há anos começaram a aparecer e a reclamar coisas que pertenciam a ele. Na verdade, no dia seguinte ao falecimento, um dos meus parentes na forma da lei já queria saber sobre o testamento. Outros queriam coisas como sua caneta Mont Blanc, mas de antemão rejeitavam sua camisa do Manchester United. E eram justamente os artigos do Manchester que mais bem definiam meu ex-marido, e não aquela caneta importada que eu lhe dera de presente.

Portanto, esteja preparada. As pessoas surgirão do nada exigindo direitos sobre itens de valor. É muito doloroso. Elas têm um pouco de razão, pois querem se lembrar do falecido. Mas e você? Talvez esteja desalentada demais para saber como reagir. Foi assim que me senti.

Nós certamente sofreremos. Não aceitaremos facilmente a ideia de ficarmos para trás, sozinhas. Podemos até nos culpar por nosso companheiro ter partido antes de nós. Às vezes, ficaremos enfurecidas com o fato de eles nos forçarem a enfrentar as dificuldades e as pressões da vida. Mas seja qual for a emoção, ela precisará ser controlada, pois, a despeito de toda a nossa dor, teremos de nos concentrar em planejar nosso futuro.

A IMPORTÂNCIA DO TESTAMENTO

No caso do meu ex-marido, foi importantíssimo o fato de ele ter feito um testamento. Na verdade, ambos cuidamos disso enquanto ainda éramos casados. O documento por ele assinado permaneceu em vigor mesmo depois da separação. Ele não voltou a se casar, portanto, o testamento dele garantiu o futuro de nossos dois filhos.

LIDANDO COM LEIS E TRIBUTOS

Sempre contrate um bom advogado, especialista em testamentos, para tratar dos assuntos legais relativos a bens e propriedades. Lembro-me de que tentar entender o funcionamento de tributos, impostos e leis, da execução, dos beneficiários e de todo o resto estava além de minhas forças naquela ocasião. Senti-me completamente perdida e tive de confiar em meu advogado. Fiquei bastante apreensiva e assustada com a possibilidade de meus filhos perderem seus direitos caso o testamento fosse contestado, afinal, já estávamos divorciados. No final, o testamento foi validado e posso dizer, com orgulho, que meu ex-marido cuidou muito bem de nossos filhos ao manter o documento intacto. O divórcio e a morte podem não mudar os laços que existem entre pessoas que já foram casadas. Nisso eu acredito piamente.

A VIÚVA RICA

Maridos e esposas que trabalham de maneira árdua e conjunta para construir seu patrimônio são justamente os que mais demonstram cuidados e carinho um pelo outro. Se você sempre esteve envolvida nos assuntos financeiros, junto a seu cônjuge, certamente tem "sorte". Quando uma das partes jamais se envolve, a morte pode trazer surpresas desagradáveis, já que, neste caso, o cônjuge falecido levará consigo todas as informações sobre contas, senhas e aplicações, assim como a base lógica para os investimentos realizados.

Bloqueie o acesso ao dinheiro o mais rápido possível

Se o seu marido faleceu e você nunca antes se envolvera com questões financeiras, minha primeira recomendação é: bloqueie o acesso ao dinheiro deixado até que você possa pensar e definir o melhor modo de cuidar dele. NÃO FAÇA QUALQUER INVESTIMENTO NEM COMPRE QUALQUER PRESENTE, INDEPENDENTEMENTE DAS PRESSÕES QUE POSSA SOFRER.

Todos lhe dirão saber exatamente o que fazer com o dinheiro, desde parentes e amigos até consultores financeiros. Lembre-se de que parentes podem não ser seus melhores amigos, mesmo quando tentam fazê-la acreditar nisso depois que percebem que você tem acesso ao dinheiro. Bons amigos e parentes confiáveis também não se qualificam como bons conselheiros da área de finanças. Quanto aos consultores, cuidado! Sabendo que viúvas são presas fáceis que normalmente garantem boas comissões, eles poderão prometer-lhe ganhos maravilhosos e irreais.

Deixe o dinheiro no banco em um depósito a prazo fixo até que tenha condições de tomar decisões seguras. Superar a dor demora algum tempo. Fique atenta em relação a pessoas que surgem do nada e tornam-se grandes amigas. O dinheiro cria "grandes amigos" da noite para o dia. Até novos pretendentes surgem de repente.

O problema é que quando estamos sofrendo devido a uma grande perda e recebemos uma grande soma de dinheiro podemos tomar decisões precipitadas ao transferir a responsabilidade. Talvez você diga que é melhor ter alguém para cuidar de você novamente. "Esta pessoa [...] esta nova e maravilhosa pessoa em minha vida [...] ele também é viúvo [...] ele se importa comigo. Posso pedir-lhe ajuda." Mantenha o dinheiro fora dessa equação, e tente sempre cultivar as amizades e relacionamentos deixando o dinheiro de lado.

Invista algum tempo em sua própria recuperação e tente descobrir em quem pode de fato confiar. Por algum tempo, se tiver dinheiro, não acredite em ninguém, exceto, talvez, em si mesma. Lembre-se de que existem "especialistas em enganar viúvas." Ninguém poderá ajudá-la se perder o bom senso no momento em que mais precisa.

Invista algum tempo educando a si mesma

Seu marido lhe deixou algum dinheiro para seu bem-estar. É preciso descobrir como gerenciá-lo. Tudo começa pela leitura e pela busca de informações corretas. Estipule para si mesma um salário mensal enquanto compreende melhor a situação. O dinheiro guardado em um banco ou investido em propriedades não desaparece de uma hora para outra.

A VIÚVA POBRE

Se, contudo, o seu marido não lhe deixou muito dinheiro, terá muito trabalho pela frente. Todas as informações neste livro ainda se aplicam, porém, terá de agir com a cabeça fria e com um coração de aço.

- Se tiver filhos, deve se concentrar neles e vê-los como a razão para seguir em frente e para se tornar financeiramente independente.
- Se não os tiver, terá um pouco mais de folga e tempo para curar sua dor; erga a cabeça e siga em frente.
- Se puder, tente se relacionar com outras viúvas. Se estiver triste demais para encontrar outras pessoas, faça-o pela internet. Os amigos a ajudarão a se recuperar.
- Se tiver um emprego, mantenha-o. Peça que lhe atribuam tarefas menos complicadas e extenuantes, mas mantenha-se no trabalho.
- Se não tiver um emprego, trate de arrumar um rapidamente. Faça como minha amiga, Mei, cujo marido morreu e a deixou sem um tostão. Ele ergueu a cabeça e conseguiu seguir em frente depois de dois anos.

Não desista! Peça ajuda! Talvez você possa conversar com algum político ou representante do serviço social e obter informações sobre auxílios disponíveis. Existem alguns programas assistenciais que atendem a casos especiais.

> As viúvas se dividem em duas categorias:
> as desoladas e as aliviadas.
> *Victor Robinson*

ACORDANDO NO MEIO DE UM LABIRINTO

Mas e se o seu marido a deixar perdida bem no meio de um labirinto de bens e obrigações financeiras? E se toda a papelada espalhada na sua frente a deixar completamente aterrorizada e confusa?

Se a questão do testamento já estiver resolvida, e tiver herdado ações em um pequeno negócio ou uma empresa cheia de problemas, busque ajuda profissional para conseguir resolver tudo.

Se o patrimônio e as obrigações se apresentarem na forma de bens e empréstimos, receberá a lista do patrimônio líquido durante o processo testamentário.

Veja que as dívidas pertencem ao falecido e não poderão ser cobradas de você.

O TEMPO CURA

O mais importante é lembrar que o tempo sempre cura tudo. Leve o tempo que for necessário para se reencontrar. Talvez seja necessário um período de seis meses a um ano.

Durante os primeiros meses, concentre-se em CONSERVAR dinheiro, não em fazê-lo crescer. Agir assim é menos arriscado. Seu julgamento poderá não estar muito claro devido à morte ou às suas próprias emoções. Decisões tomadas logo após a morte do cônjuge podem basear-se apenas em sentimentos, não na lógica. Tome cuidado! Ninguém mais poderá fazê-lo por você. Se alguém tentar apressá-la, afaste-se!

As leis não serão mais brandas com você apenas porque assinou um contrato sem estar emocionalmente preparada, a menos que prove que foi coagida pela parte beneficiária do contrato. Isso leva tempo e envolve despesas.

AGORA É COM VOCÊ

Seu marido já fez um testamento? Você conhece o conteúdo do documento? Sabe onde está guardado? Se ele morresse amanhã, receberia o suficiente para sobreviver? Se este não for o caso, o que pretende fazer no campo financeiro?

Lembre-se: sua vida continua e você tem obrigações para consigo mesma. Precisará viver o resto de seus dias. Como pretende fazê-lo?

Cuide-se financeiramente caso fique viúva.
Com dinheiro no banco, poderá encontrar dentro de você
a força para viver e ser feliz.

ENTREVISTA COM PERLITA TIRO, UMA AVÓ SUPERDINÂMICA

Perlita Tiro é diretora financeira da Tiro Consulting Services, uma empresa fundada por ela própria juntamente com seu marido em janeiro de 1989. A Tiro Consulting é acionista da EMA Partners International, um grupo internacional de consultores na área de headhunting *em nível executivo, empresa da qual ela foi a presidente-executiva em 1992. Perlita atuou também como coordenadora da Ásia Pacific, de 1998 a 2005.*

Ela fez história no Rotary Club de Cingapura. Foi a primeira mulher a ser eleita para a diretoria-executiva da instituição, em 2002, e, dois anos depois, a primeira mulher a ser premiada como Membro do Ano nos 75 anos de existência do Rotary. Foi vice-presidente da organização durante dois mandatos, 2005-2006 e 2007-2008. É vice-presidente da Women's Business Connection em Cingapura.

SUA FILHA ESTAVA NA UNIVERSIDADE QUANDO SEU MARIDO FALECEU. QUAIS FORAM SEUS PRIMEIROS PENSAMENTOS EM RELAÇÃO A DINHEIRO?

R: Minha primeira preocupação foi saber quem iria cuidar de mim, já que eu estava completamente sozinha em Cingapura e não tinha nenhum apoio familiar. Também não sabia como lidar com minha filha, pois ela costumava ouvir mais o pai do que a mim. Outra questão importante era definir quem me ajudaria a cuidar da empresa que havia montado com meu marido – especialmente na área de finanças. Fiquei imaginando como cuidaria dos investimentos que meu marido fazia enquanto eu cuidava da empresa.

EM QUE ÁREA DA EMPRESA VOCÊ TRABALHAVA QUANDO ELE FALECEU? COMO LIDOU COM O TRABALHO E COM O FATO DE TER SE TORNADO A ÚNICA RESPONSÁVEL PELO SUSTENTO DO LAR?

R: Deixe-me responder primeiramente à última questão. Foi bastante difícil, mas tive muita determinação para prosseguir. O que mais me ajudou foi confiar plenamente em Deus. Pude contar também com a ajuda de alguns amigos fiéis. Eles não apenas me ofereceram apoio moral, mas também financeiro, já que me passaram trabalhos que eles próprios poderiam ter assumido ou passado para outras empresas. Eles sempre estarão em meu coração.

Eu já dirigia a empresa de headhunting *que eu e meu marido inauguramos havia sete anos. Não era uma funcionária assalariada, mas tinha de pagar os salários de meus funcionários e o aluguel. Mesmo que meu marido trabalhasse apenas meio período antes de falecer, ele me dava muita energia, apoio e sugestões. Era ele também quem cuidava de nossos investimentos no mercado de ações.*

A crise financeira asiática causou grandes problemas à empresa e foi nesse momento em que mais senti falta do meu marido. A receita e o fluxo de caixa caíram consideravelmente e, naquele momento, dei graças a Deus por termos uma boa reserva para nos manter. Sempre vale a pena ser conservadora no gerenciamento do fluxo de caixa.

Também tenho de sustentar meu pai, e isso tem se tornado cada vez mais complicado à medida que ele envelhece, especialmente depois do derrame cerebral. Foi meu pai quem mais me motivou para estudar, e embora eu já estivesse trabalhando, foi ele quem pagou pelo meu MBA. Jamais deixarei de cuidar dele.

QUE ATITUDES RELATIVAS A FINANÇAS PESSOAIS VOCÊ GOSTARIA QUE TIVESSEM SIDO TOMADAS DE MANEIRA DIFERENTE ENQUANTO SEU MARIDO AINDA ERA VIVO?

R: O que ajudou bastante foi o fato de nossa casa já estar quitada e em meu nome. O imóvel não teve de ser declarado parte do espólio de meu marido. Sendo sua idade mais avançada que a minha, e achando que morreria mais cedo, ele colocou a propriedade em meu nome para o caso de algo lhe acontecer. O financiamento também já estava quitado.

O que eu poderia ter pedido a ele que fizesse quando nos casamos era um seguro de vida. Quando ambos recebíamos salário tínhamos o seguro da empresa. Não víamos a necessidade de contar com apólices individuais. Quando abrimos nossa própria empresa de consultoria, somente eu fiz uma apólice, já que era responsável por tudo. Se ele tivesse feito um seguro naquela época as coisas teriam sido bem mais fáceis para mim.

QUE ATITUDES RELATIVAS A FINANÇAS PESSOAIS VOCÊ GOSTARIA QUE TIVESSEM SIDO TOMADAS DE MANEIRA DIFERENTE NOS PRIMEIROS ANOS APÓS A MORTE DE SEU MARIDO?

R: Poderia ter declarado mais dividendos da empresa e os lançado em minha conta pessoal. Além disso, deveria ter unificado meus investimentos pessoais em modalidades mais conservadoras.

Enquanto meu marido era mais conservador e investia mais tempo observando os investimentos mais arriscados, eu investia tanto o dinheiro da empresa como meus fundos pessoais em aplicações de alto risco. Acabei enfrentando perdas significativas e não tive tempo suficiente para avaliar pessoalmente o que acontecia no mercado financeiro. Estava ocupada demais trabalhando. Isso foi exatamente na época do escândalo envolvendo a Enron e do problema com as ponto.com. Eu poderia ter cortado alguns gastos se tivesse monitorado o mercado com mais atenção ou contado com consultores financeiros mais confiáveis.

O QUE SIGNIFICA INDEPENDÊNCIA FINANCEIRA PARA VOCÊ? COMO DEFINIRIA ISSO EM SUA PRÓPRIA VIDA?

R: Em geral, independência financeira significa ser capaz de sustentar um estilo de vida de modo confortável e sem precisar de ajuda financeira. Nesse estágio da minha vida, implica sustentar meu padrão de vida com ajustes mínimos pelo maior tempo possível, com investimentos suficientes para garantir retornos adequados que me possibilitem sustentar a mim mesma e ao meu pai, e ter, ao mesmo tempo, a chance de ajudar àqueles que necessitam ainda mais que eu, estando preparada para emergências.

QUAIS SERIAM SEUS TRÊS CONSELHOS PARA MULHERES JOVENS EM RELAÇÃO AO GERENCIAMENTO DE SUAS FINANÇAS PESSOAIS?

R: Aprendam cedo a controlar seus gastos. Por natureza, mulheres jovens na Ásia tendem a não se importar muito com as finanças pessoais. Diferentemente do que ocorre no Ocidente, onde os jovens saem da casa dos pais logo que se tornam financeiramente independentes, na Ásia eles preferem permanecer na segurança de seus lares e na companhia dos pais até se casarem. Alguns continuam a morar com os pais nos primeiros anos do casamento. Sendo assim, a pressão do controle orçamentário só ocorre mais tarde na vida das pessoas.

Mantenha uma conta separada daquela do seu marido, independentemente de você contribuir ou não com o orçamento doméstico. Isso a ajudará a se tornar independente caso algo ocorra. Isso não tem nada a ver com a mesada que receberá do seu cônjuge para despesas do lar e com as crianças. Coloque o seu dinheiro em investimentos seguros. Eu prefiro aqueles protegidos de riscos, mas segundo alguns consultores eles podem ser mais caros.

Por último, tenha sempre investimentos específicos para emergências. Eles não devem ser movimentados em hipótese alguma.

QUAIS SERIAM SEUS TRÊS CONSELHOS PARA MULHERES JOVENS EM RELAÇÃO AO PLANEJAMENTO PESSOAL?

R: Perguntaram-me a mesma coisa em uma entrevista para uma revista feminina há alguns anos. O conselho é o mesmo. A primeira coisa a fazer é alcançar o mais alto nível educacional possível. Então, é preciso investir na carreira e estabelecer-se profissionalmente. Claro, elas não devem parar de namorar nesse período simplesmente porque estão progredindo na carreira. Aquelas que se concentram em demasia no trabalho poderão perceber tarde demais que os homens pelos quais se interessavam já estão comprometidos.

Depois de três ou quatro anos em suas carreiras, elas se mostrarão estabelecidas e terão provado seu valor para sua chefia. Esse é o melhor momento para o casamento. Planeje os filhos para daí a dois ou três anos. Construir uma família rápido demais, logo após o matrimônio, pode significar dificuldades. As mulheres mais jovens devem fortalecer seus laços matrimoniais antes de a família crescer. O bebê é uma terceira pessoa! O tempo para a autodescoberta do casal e para fortificar as respectivas carreiras será o mesmo. Priorizar a carreira e retardar a gravidez por muito tempo também não é aconselhável.

Finalmente, trabalhe duro e planeje o futuro. Nunca é cedo demais para começar a planejar.

Capítulo 20

A OUTRA MULHER

O OUTRO LADO

O objetivo deste capítulo não é apresentar a "outra" como uma pessoa boa ou má. Já vi famílias serem destruídas pela infidelidade conjugal e ouvi muitas amigas de coração partido, sem saber o motivo pelo qual seus maridos as substituíram por outras mulheres. Já testemunhei muita dor e sofrimento e senti empatia por todas elas.

Este capítulo é direcionado à "outra", pois ela também precisa se proteger financeiramente. Afinal, ela também é mulher – um ser humano real com seus próprios desafios – assim como o resto de nós.

O "OUTRO" RELACIONAMENTO

Já foi comprovado que pássaros e peixes preferem pares que já tenham acasalado aos totalmente "livres". De acordo com Donald Pfaff, chefe do Laboratório de Neurobiologia e Comportamento da Universidade Rockefeller, uma série de experimentos demonstrou que camundongos do sexo feminino sempre preferiam o cheiro dos ratinhos que já tivessem acasalado àquele dos "virgens" (www.sciencedaily.com).*

Segundo Pfaff: "Nossos dados sugerem que as fêmeas de camundongos utilizam-se do mesmo comportamento das outras, ou até o copiam, e baseiam-se em pistas olfativas. É como se uma fêmea confiasse na escolha de outra por um determinado macho." O pesquisador diz ainda que a preferência das fêmeas é tão forte que se mantém mesmo quando os machos sexualmente experientes estão intencionalmente cobertos pelo cheiro de parasitas infecciosos.

No mundo dos humanos, tal preferência se reflete no lamento comum entre as mulheres solteiras: "Todos os homens interessantes já estão comprometidos." May Lin, uma amiga recém-divorciada, reclama que agora terá de esperar até que um dos homens que ela já conhece se separe ou seja "reciclado", como costuma dizer. Com quarenta e poucos anos e vivendo na Austrália, onde a taxa de divórcio é alta, ela sabe que, mais cedo ou mais tarde, algum homem "interessante" será "reciclado". Ela precisa apenas esperar.

* O endereço específico para o artigo é www.sciencedaily.com/releases/2006/03/060322183814.htm. Site em inglês. (N.E.)

Será que realmente todos os "homens interessantes" já estão comprometidos ou estamos apenas demonstrando uma preferência do nosso inconsciente, que calcula automaticamente a probabilidade de que se alguém no final dos trinta ainda não foi escolhido, provavelmente não é adequado como parceiro?

Generalizando, parece haver apenas dois tipos de relacionamento extraconjugal. No primeiro caso, a "outra" é uma mulher jovem, possivelmente uma alpinista social, que se aproxima de um homem casado em busca de conforto. O segundo caso trata de duas pessoas infelizes em seus longos e fracassados casamentos, que se apaixonam perdidamente uma pela outra.

DINHEIRO PARA A "OUTRA"?

Na verdade, a "outra" enfrenta uma situação financeira bastante complicada:

- na maioria dos países, não há qualquer tipo de proteção para ela em termos financeiros ou legais. A esposa mantém todos os direitos caso o marido venha a falecer;
- não há possibilidade de divórcio. Portanto, quando a relação acaba, simplesmente acaba – sem qualquer ressarcimento;
- promessas feitas podem ser desfeitas, assim como qualquer compromisso. Apólices de seguro no seu nome podem ser alteradas ou até encerradas. Não surpreende, portanto, que a "outra" tente arrancar o máximo possível de seu "parceiro" enquanto ele ainda estiver vivo, seja na forma de presentes, propriedades ou dinheiro.

O QUE VALE PARA UM, TAMBÉM VALE PARA O OUTRO

Conheço uma mulher bastante especial chamada Marianne. Ela era casada, tinha três filhos e era CEO de uma grande empresa. Seu marido era um reconhecido mulherengo. Com quase 50 anos, ela se apaixonou por Joseph, que lhe prometeu amor para toda a vida. Ela manteve um caso secreto com ele por três anos, mas considerando que ambos eram pessoas importantes no mundo corporativo, os rumores intermináveis acabaram fazendo ambos concordarem em se separar de seus cônjuges e casar-se.

Marianne deu início aos procedimentos do divórcio e contou à família sobre sua infidelidade. Seu marido deixou a casa e os filhos acompanharam o pai. Joseph também conversou com sua esposa e filhos, mas, em vez de o deixar partir, todos trabalharam duro para que ele mudasse de ideia. No final, ele não cumpriu a promessa que fizera a Marianne, desculpou-se e retornou para a família.

O que se pode dizer de uma situação como essa? Que ele estava errado? Que ele foi um cafajeste ao não honrar a promessa que fizera a Marianne? Ou talvez que ele jamais deveria ter traído sua família? Tudo o que restou à amante foi desejar-lhe que fosse feliz. Ela perdeu Joseph e a própria família. No fundo do coração, Marianne sabia que ele não amava sua esposa, mas reconhecia que ele simplesmente adorava a família e não poderia destruí-la.

Sendo uma mulher casada, considero muito fácil dizer algo como "bem feito para ela!" Mas espere um momento. Marianne é uma pessoa maravilhosa e tem um coração enorme; ela ajuda comunidades carentes e doa tempo e dinheiro para caridade. Seu amor é profundo e sincero. É uma pessoa romântica que acreditou que pudesse ter um amor especial em sua vida. Seu casamento era difícil, pois o marido era constantemente infiel. Todavia, quando ela admitiu sua própria infidelidade ele a deixou sem pestanejar. Nesse caso, o que valeu para um não valeu para o outro.

Tudo o que aconteceu a Marianne impactou profundamente sua vida pessoal e profissional. Ela foi obrigada a deixar a empresa e a aceitar um emprego bastante inferior, onde sofreu bastante com a perda de poder e status. Em contrapartida, Joseph continuou a progredir no mundo corporativo e o ex-marido recomeçou sua vida ao lado de uma mulher mais jovem. Enquanto isso, Marianne, lutando contra uma forte depressão, acabou se mudando para um local onde ninguém a conhecia para tentar recomeçar sua vida.

A TRAIÇÃO DA NOITE PARA O DIA

A melhor amiga de minha mãe, tia Jessie, era a "outra". Já estava quase com 50 anos quando finalmente encontrou o homem da sua vida, um pouco mais velho que ela. Ele a presenteou com uma pequena casa em Penang e ela mudou-se para lá com seu filho do segundo casamento.

O primeiro casamento de tia Jessie terminara com outra mulher tomando seu marido. Na ocasião, ela perdeu a custódia de sua filha. O segundo casamento acabou quando seu marido saiu de casa para unir-se a uma garota bem jovem, depois que ele se tornou um homem bem-sucedido. Ela já havia perdido a esperança de ser feliz no casamento quando Harold apareceu em sua vida.

Harold era um homem atencioso e amável, mas tinha sua própria família. Ele era conhecido em Penang e todos sabiam que ele e a esposa viviam vidas separadas, embora morassem na mesma casa. Sabendo disso, tia Jessie não queria acabar com a paz familiar, afinal, ela própria já sentira a dor de ver sua família destruída por terceiros, duas vezes. Tudo o que ela desejava era cuidar de Harold e ser cuidada por ele. Ela não se importava de ficar em segundo plano. Logo, a comunidade se acostumou a considerar tia Jessie a "segunda esposa" de Harold, ou sua "pequena esposa". Aquela era uma situação aceitável naquela sociedade.

A casa em que tia Jessie morava estava no nome de Harold e eles não tinham uma relação legalizada, embora todos aceitassem a situação. Vinte anos depois, quando já estava com quase 70 anos, Harold terminou o relacionamento e pediu-lhe que, no prazo de um mês, saísse da casa que ela considerava um lar. Não lhe restou nada – nem pensão, nem dinheiro, nem título. Todas as promessas feitas desapareceram ao vento.

Finalmente, tia Jessie compreendeu a razão para Harold a visitar tão pouco no último ano, sempre alegando estar ocupado com os negócios e com o seu testamento. Quando ele terminou a relação, nenhuma explicação lhe foi dada a não ser que ele estava ficando velho e já era tempo para continuar com a vida.

Uma noite, tia Jessie me ligou para dizer que estava se mudando para o Reino Unido, onde viveria com sua irmã. Ela disse que não sabia o que faria naquele país com uma idade tão avançada, mas que pelo menos teria um teto sobre a cabeça. Ela não sabia mais o que fazer. Suas economias eram insuficientes para comprar uma nova casa. Ela confiara em Harold ao tornar-se sua "segunda esposa". Da noite para o dia, em troca de vinte anos de amor e dedicação, ela se viu sem absolutamente nada.

FALANDO COMO UMA MULHER CASADA

Frequentemente, culpamos a "outra" pela destruição de nosso lar. Durante um jantar, ouvi uma história sobre o fato de os vários sócios e associados de uma empresa bastante conhecida, enviados para trabalhar em Xangai, terem rapidamente estabelecido novos lares. Aquele era o boato mais interessante dentro da companhia. As esposas desses funcionários não sabiam o que estava ocorrendo, mas todos na organização tinham pleno conhecimento.

A questão é: homens e mulheres jogam de maneiras distintas. Ao ouvirmos histórias desse tipo, nós, mulheres, dizemos: "Isso é chocante! É absurdo que todos aqueles homens não contem a verdade para suas esposas." Contudo, existe entre os homens um código de silêncio. Eles não falam sobre tais relacionamentos, mesmo que saibam. Você pode achar que o fato de conhecer bem os colegas e amigos de seu marido fará com eles sejam "honestos" e lhe digam o que está ocorrendo, mas as coisas não funcionam assim. Qualquer homem que quebre o código será visto como alguém que tem algum interesse em causar a separação.

Acredito que as mulheres ajam de modo diferente nessa situação. As que se importam chamarão suas amigas de lado e conversarão com elas para ajudá-las a se proteger. Todas deveriam conhecer minha sofisticada amiga Catherine, que compreende como ninguém as regras de como segurar seu marido.

Ela é casada com um homem milionário, diretor financeiro de uma importante empresa malaia, e o acompanha aonde quer que ele vá. Quando lhe perguntei a razão disso, ela disse:

> *Tenho tanta responsabilidade em impedir que ele me traia como ele tem de não me trair. Portanto, vou atrás dele a todos os lugares, independentemente da distância ou do tempo de viagem. Estarei ao lado dele mesmo que isso implique ouvir horas de entediantes discussões sobre negócios. Como sua esposa, milhões de dólares estão em jogo. E se ele deparar com alguma mulher interesseira durante um desses encontros comerciais? Não acha que eu deveria mesmo estar por perto?*

Catherine me fez perceber que as mulheres geralmente não sabem que precisam cuidar de seu relacionamento e protegê-lo. Embora não seja do tipo possessivo, ela é esperta o suficiente em seu modo de agir. Seu marido sempre valorizou sua bela presença e sentia-se orgulhoso em tê-la por perto. Manter-se bonita e acompanhar seu marido foi a escolha de Catherine. Não concordo totalmente com isso, mas respeito seu modo de pensar.

A FORÇA DO PENSAMENTO

Estava jantando certa vez com um velho amigo, Quincy, quando ele me disse: "Sabe, Norma, você é atraente, mas não bonita." Eu estava prestes a derramar vinho sobre sua cabeça, quando ele começou a rir da minha irritação. Ele completou: "Não fique brava comigo. Os homens podem conseguir belas garotas a qualquer hora e em qualquer lugar. Mas para que um homem realmente se apaixone e se mantenha interessado por uma mulher é preciso que a beleza não seja apenas superficial."

Naquele momento eu coloquei a garrafa de vinho sobre a mesa e ouvi o que ele tinha a dizer.

Ele então continuou: "Você é uma mulher interessante, e isso fará qualquer homem se ligar a você por um longo período. Depois de algum tempo, as mulheres bonitas cansam. O fato de haver entre o casal um diálogo inteligente e companheirismo conta muito."

Percebi que Quincy estava deliberadamente me passando uma cantada ao apelar para minha vaidade intelectual. Não caí em sua história, é claro, mas certamente havia alguma verdade no que ele disse.

Há três meses, depois de duas doses de *margarita* e vestida com uma blusa bastante sexy, minha amiga Pat começou a desabafar ao meu lado. Ela me perguntou o que deveria fazer com seu marido. Ele havia perdido o interesse por ela e ambos não mantinham relações sexuais havia oito anos. Então ela disse: "Olhe para mim. Ainda sou uma mulher bonita. Olhe o meu corpo. Está simplesmente perfeito com todos os cuidados que tenho com ele." De fato, Pat tem um corpo perfeito, é alta e tem cabelos sedosos. Quando estou ao seu lado confesso que me sinto um tanto inferior em termos de beleza.

Conheço o marido de minha amiga e acho que ele simplesmente perdeu o interesse em conversar com ela. Ele é um profissional do mercado financeiro em um banco importante e lida todos os dias com milhões de dólares. Seu ritmo de trabalho é bastante dinâmico. Pat, em contrapartida, parece não ter progredido ao longo dos vários anos em que estão casados, e continua a mesma, mental e emocionalmente. Enquanto ambos começaram a vida no mesmo nível educacional, seu marido se desenvolveu e galgou os degraus do mundo corporativo, alcançando uma posição de comando e um excelente salário.

Consigo apenas imaginar a enorme diferença entre Pat, sempre sexy, e as colegas de trabalho do marido, inteligentes e sofisticadas. Fiquei imaginando o que minha amiga deveria ter feito para manter o interesse do esposo e conclui que deveria ter investido tempo educando sua mente.

Para manter o diálogo vivo (e o interesse do marido!), acredito que as mulheres devam desenvolver vários interesses e tornar-se pessoas interessantes, sem permanecer como sombras intelectuais de seus cônjuges. Há várias possibilidades:

- *matricular-se em cursos e comparecer às aulas;*
- *envolver-se em trabalhos sociais e de caridade.* Esta é, aliás, uma ótima maneira de encontrar pessoas e abrir a mente para o mundo;
- *envolver o marido em algum trabalho que estiver realizando e até embarcar em projetos comuns;*
- *interessar-se por algo que seja importante para ele, seja futebol, música, livros, concertos etc.* Invista algum tempo nessas atividades ao lado do marido. Fazer as refeições juntos não conta, pois isso não retrata um interesse pessoal, a menos, é claro, que ele escreva para uma revista de gastronomia.

CONSELHO PARA A "OUTRA"

Saia dessa situação se puder

Se você for a outra, meu primeiro conselho é que saia dessa relação o mais rápido possível. Em alguma parte deste livro já mencionei o que meu amigo Stephen disse sobre este assunto: "Poucos homens realmente deixarão suas esposas. Eles têm filhos e bens com suas cônjuges, mas não têm praticamente nada com suas amantes. Estas sempre sairão perdendo."

Para as mulheres que acreditam que ter um filho ilegítimo com o homem desejado é o melhor caminho para mantê-lo, é melhor repensar. Lembro-me de que Stephen mencionou o seguinte: "Muitos homens conseguem segmentar seus sentimentos. É por isso que conseguem ir para a guerra e retornar para suas famílias. Talvez isso explique inclusive porque até assassinos conseguem ter esposas amorosas e filhos. A maioria das mulheres não consegue isso, pois tendem a amar com todo o seu coração. Os homens são diferentes."

O que este amigo disse é preocupante. Embora existam casos em que o homem realmente ama sua amante por toda a vida, o ato de abandonar sua casa para viver com ela não é absolutamente comum.

Se não conseguir afastar-se, pelo menos trate de assegurar sua situação financeira

Sendo a "outra", se não conseguir abandonar essa relação com um homem casado por amá-lo profundamente, é preciso buscar alguma segurança financeira para o caso de algo dar errado, pois certamente não irá desejar que anos de sua vida sejam desperdiçados à toa. Veja a seguir algumas informações que precisa saber, e dicas caso pretenda continuar por esse caminho:

- ter seu nome incluído no testamento dele não significa nada. Ele poderá alterar o conteúdo do documento sem informá-la;
- colocá-la como beneficiária de uma apólice de seguro somente funcionará se o seu nome estiver devidamente escrito na apólice e se ele não alterar essa apólice antes de morrer;
- se tiver alguma propriedade em conjunto com ele, ela deverá estar em seu nome, mas o nome dele deverá constar como comprador ou credor hipotecário. Obtenha uma apólice de prêmio único para o financiamento ou

hipoteca em nome dele, pois isso fará com que o imóvel seja considerado quitado caso ele faleça;

- peça a ele que lhe garanta uma renda regular e guarde esse dinheiro para o caso de emergências. Certifique-se de que esses valores sejam considerados presentes monetários, e não empréstimos;
- nunca dependa dele para sua segurança financeira. Seja sempre independente.

ÚLTIMAS CONSIDERAÇÕES SOBRE O ASSUNTO

Como esposa, não me sinto confortável com a possibilidade de existir "outra mulher". Como cônjuge, preferiria que cada mulher encontrasse seu próprio companheiro e não perturbasse a paz doméstica de outras famílias. Porém, existem circunstâncias e realidades que diferem de acordo com o caso.

Vivemos em um mundo complexo e as pessoas são seres complicados. Às vezes, até mesmo os indivíduos mais honestos e amáveis podem deparar situações difíceis e encontrar-se em apuros. Se você for a "outra", procure sair dessa situação. Caso não consiga por achar que finalmente encontrou sua cara-metade, proteja-se. Siga seu caminho e procure não ferir outras pessoas, como os filhos e até a esposa, se possível. O mal causado às crianças é muitas vezes irreparável e nenhum amor justifica esse tipo de dor.

Você é a "outra"? Encontra-se em uma situação em que pode se tornar a "outra"? Se este for o caso, pare e pense em sua situação financeira e considere se a jornada vale a pena no longo prazo, tanto emocional como financeiramente.

Capítulo 21

TORNANDO-SE A MATRIARCA

MATRIARCA E LÍDER

Considerando que, estatisticamente, as mulheres vivem mais que os homens, provavelmente continuarão vivas depois que seus maridos partirem, e, em alguns casos, até mesmos seus filhos do sexo masculino. Os chineses costumam dizer que não há dor maior que a sofrida por uma mãe que enterra seu próprio filho. Praticamente todas nós conhecemos mulheres que se tornaram matriarcas na família. Então, raciocinemos, se você é uma mulher e provavelmente viverá mais que os homens de sua família, o que gostaria de ser quando alcançasse 70, 80 ou 90 anos?

MINHA PRÓPRIA VISÃO

Minha bisavó morreu aos 90 anos. Minha avó materna, que enviuvou depois do nascimento de sua última filha, morreu próximo aos noventa. Meu avô paterno faleceu aos 104 anos; sua esposa ainda está viva e com saúde, mais de quinze anos depois. Tenho genes longevos.

Já espero pelo dia em que serei considerada a matriarca da família. Minha pergunta é que tipo de matriarca eu serei? Alguém amada por meus netos ou aquela sobre a qual todos temem ouvir falar, caso eu decida lhes fazer uma visita? Estou determinada a ser amada e respeitada, alguém a quem todos queiram ter por perto. Quero ser uma pessoa que mereça que os filhos e netos viagem meio mundo pelo menos uma vez por ano, e que nosso tempo juntos seja maravilhoso e alegre. Acredito que serei essa pessoa sábia em minha família.

Quero viver uma vida repleta de paixão quando estiver com 70 anos. Consigo visualizar a mim mesma como uma pessoa ativa que contribui para a sociedade. Nessa idade avançada, já terei aberto um ou dois orfanatos, feito algo significativo para crianças com doenças como câncer e estarei vivendo uma vida tranquila em alguma comunidade voltada para as artes em que o clima seja temperado.

Espero viver até os 89 e, depois disso, ter uma morte serena. Talvez você considere isso um pouco mórbido, mas quando planejamos para a vida é preciso também planejar para a morte. Não se pode viver bem até que se compreenda o que significa morrer bem.

Lembro-me de mulheres mais velhas que serviram em grupos e programas voluntários. Algumas delas permaneceram atrás das cortinas, sem ser notadas, mas seu papel foi fundamental para que tudo saísse corretamente. Elas me servem de inspiração. Pretendo ainda ser útil à sociedade quando ficar mais velha.

MODELOS DE VIDA

Minha tia Susie é um ótimo exemplo de vida. Agora, no início dos 70, ela caminha até a igreja todas as manhãs para abrir as portas para os fieis que buscam conforto e acende as velas para as orações. Este é um trabalho que, embora seja quase despercebido, é bastante significativo para a humanidade.

No outro extremo, existem mulheres com a mesma idade que dirigem empresas e grandes organizações ou até estão à frente de importantes causas globais. Em abril de 2002, o secretário-geral Kofi Annan nomeou a doutora Jane Goodall como "mensageira da paz" das Nações Unidas. Essas pessoas servem como defensoras em inúmeras áreas, como a erradicação da pobreza, direitos humanos, resolução de conflitos e busca da paz, prevenção de doenças como a Aids, desarmamento e ambientalismo. Em 2003, a doutora Goodall tornou-se Dama do Império Britânico, título equivalente ao de Cavaleiro para os homens. Ela já tem mais de 70 anos e continua a trabalhar incansavelmente ensinando aos jovens como preservar o meio ambiente.

Que visão inspiradora é poder promover o bem ao planeta, independentemente de apenas abrir as portas de uma igreja pela manhã, como tia Susie, ou influenciar as pessoas globalmente, como a doutora Goodall. Ambas são grandes mulheres que servem a humanidade do melhor modo possível.

A CRITICALIDADE DA INDEPENDÊNCIA FINANCEIRA

Perseguir nossos sonhos, viver do modo como desejamos e enfrentar um fim de vida tranquilo são coisas fantásticas, MAS não é possível atingir tais objetivos se não formos financeiramente independentes. Não é muito bom chegar aos 60 quando se é pobre. Não é nada fácil suprir as próprias necessidades trabalhando de sol a sol. Talvez o trabalho na terceira idade seja bom para o espírito e para a saúde mental, mas não gostaria de ter de depender de um salário aos 60 anos de idade, de correr o risco de passar fome ou de ficar sem um teto sobre a cabeça.

O SEGREDO DA FELICIDADE

Em minhas pesquisas, antes de escrever este livro, vasculhei a internet e repeti todas as manhãs o mesmo mantra: "Sempre serei honesta, positiva e ajudarei ao próximo." Neste caso, o segredo está na palavra "sempre". Veja que a ideia não é fazê-lo "às vezes", "dependendo de como estiver se sentindo" ou "de como o seu chefe estiver se sentindo", mas "sempre" (www.howtobehappy.org). Tente! Ser feliz e manter-se feliz conforme ficamos mais velhos é a coisa mais importante da vida.

PAREÇA BEM, SINTA-SE BEM E AJUDE OS OUTROS

Meus maravilhosos amigos na casa dos 60 jamais voltarão a falar comigo se mencionar os nomes dos que já passaram por cirurgia estética. Cá entre nós, já removemos algumas linhas, esticamos rugas, fizemos lipo e até alguns enxertos para entrar em roupas da moda e parecer fantásticas. Sim, todas sabemos que estamos mais velhas, mas ainda queremos parecer fenomenais e, mais importante, nos sentir maravilhosamente bem. Keon costuma me dizer que se um dia eu precisar de alguma cirurgia plástica mais drástica, eu devo fazê-la sem pestanejar. Então, outro lembrete importante: faça as correções necessárias em sua aparência conforme ficar mais velha!

EM RESUMO, DIZ RESPEITO ÀS PESSOAS

Estava certa vez em um jantar rodeada por pessoas maravilhosas que doam dinheiro, tempo e energia a causas sociais. Ao meu lado estava Peter Ong, o diretor financeiro regional do Instituto Gallup. Ele me perguntou: "O dinheiro é importante?" Será que aquilo era algum tipo de teste?

Minha resposta: "O dinheiro não é a coisa mais importante na vida, mas possuí-lo é fundamental como base para nosso bem-estar, pois, sem isso, não podemos ser felizes."

Que resposta inspirada! Ela surgiu do nada!

Peter olhou-me surpreso e, em seguida, confessou que uma recente pesquisa do Gallup demonstrou que o dinheiro é importante para a maioria das pessoas, para que elas sintam bem-estar ou satisfação na vida. A felicidade – que veio logo depois do senso de bem-estar –, porém, estava intimamente relacionada aos tipos de relacionamento que temos em nossa vida.

Verificando mais cuidadosamente a pesquisa de opinião pública do Gallup, de 2004, descobri o seguinte: enquanto 45% das pessoas solteiras se diziam felizes, 62% das casadas descreviam-se como afortunadas. Entre os não casados estavam aqueles que jamais se uniram em matrimônio, os divorciados, os viúvos e até os que viviam com parceiros.

Aí está. Para terminar bem, devemos sempre nos lembrar daquilo que nossos pais nos ensinaram desde cedo: os relacionamentos importam; as pessoas são importantes. É óbvio que o dinheiro e os bens materiais são necessários, mas, no final do dia, são as pessoas que realmente fazem a diferença.

> No final, atingir a independência financeira diz respeito a pessoas... aquelas que nos amam, as que amamos e todas aquelas a quem nosso auxílio pode fazer toda a diferença.

Como você verá a si mesma quando estiver com 60, 70 ou 80 anos? Quanto dinheiro terá nessa época? Você acha que será uma pessoa feliz e de bem com a vida? Se esse não for o caso, comece imediatamente a trabalhar nesse sentido. Ser linda, sexy e rica é algo que você pode e deve pleitear. Faça-o agora!

NOTA DA AUTORA

A RESPOSTA DE *LINDA, SEXY E RICA*! À CRISE ECONÔMICA DE 2008

A crise financeira de 2008 forneceu muitas lições importantes para homens e mulheres em todo o mundo – como gerenciávamos, investíamos e fazíamos nosso dinheiro crescer no passado e o melhor modo de fazê-lo doravante. Embora a crise estivesse repleta de ameaças, apresentou inúmeras oportunidades. Essa pode parecer uma declaração óbvia, mas é verdadeira. Para distinguir entre as ameaças e oportunidades, as mulheres precisam ser devidamente educadas.

Comecei a escrever este livro antes da explosão da crise. Contudo, conforme Keon e eu refletíamos sobre os efeitos devastadores nas vidas de milhões de pessoas em todo o planeta, percebemos que as lições oferecidas nesta obra continuam plenamente válidas. Fico feliz que este livro tenha sido lançado originalmente em tempos difíceis. Ele oferece às mulheres lições que abrangem o antes, o durante e o depois da crise financeira.

Peço encarecidamente a todas as leitoras que alinhem suas visões pessoal e financeira, equilibrando-as cuidadosamente. Que, em termos financeiros, atentem para a necessidade de planejar despesas e investir, tendo sempre em mente o gerenciamento dos riscos e a diversificação nas aplicações.

Espero que gostem desta leitura. Peço que compartilhem suas opiniões comigo pelo email norma@gorgeoussexyrich.com.

Obrigada por adquirir esta obra. Os ganhos com sua comercialização serão doados para o projeto The Children of Asean (TCOA), uma organização fundada por mim e pelo empresário e ativista David Ong. Para obter mais informações sobre esta causa, que sustenta orfanatos da Asean e luta contra a prostituição e o abuso infantis, acesse www.childrenasean.org.

O PONTO DE VISTA MASCULINO

Tornar-se financeiramente independente não é fácil para a mulher. Existe algo na ideia de dependência que seduz a todos. Contudo, poucos de nós temos a sorte de ser cuidados. Ou o fazemos por nossa conta ou não o fazemos. Ou conseguimos nos sustentar ou não. Ou encontramos um meio de usar nossas habilidades e nossos talentos para ganhar dinheiro e até nos fortalecer, mesmo em períodos difíceis, ou simplesmente nos enterramos.

O que realmente aprendi ao ler este livro tão bem elaborado foi: ele nos oferece um *insight* claro sobre o fato de as mulheres não se tornarem pessoas completas até que encontrem um meio de cuidar de seu crescimento pessoal e de suas finanças – até mesmo, e principalmente, em tempos difíceis. Enquanto elas não souberem que são capazes de sustentar a si mesmas, enquanto forem economicamente carentes em relação aos outros e psicologicamente dependentes em termos de pensamento, renda e sobrevivência, elas não terão controle sobre si mesmas.

O que surge de maneira claríssima é que a partir de um saudável senso de independência vem a autoestima, a autodisciplina, o valor próprio e o autoconhecimento. Irrompe também o reconhecimento do divino em cada ser. Esta é uma obra altamente perceptiva que traz a todas as mulheres enorme conforto nos dias mais difíceis.

David T. L. Ong

Ex-executivo sênior das empresas Merrill Lynch Pierce Fenner and Smith, Deutsche Bank, Credit Lyonnais, Svecia Securities & Asset Management

---

O senhor David Ong também participa de comitês consultivos em empresas privadas, em fundações familiares e em ONGs. Entre os cargos exercidos estão: Membro do comitê consultivo da Raí Family Holding e da Raí Foundation; presidente do Global Advisory Council of the Development Alternatives Group, na Índia; membro do comitê consultivo do Jane Goodall Institute; presidente da ChildCare Foundation; fundador do World Diaspora Bank, do World Diaspora Forum e da World Diaspora Foundation.

Este livro foi impresso
em papel *offset* 75g
pela Paulus Gráfica